金磚國家之俄羅斯及歐亞地區研究

林碧炤、鄧中堅◎主編

崔　琳、連弘宜、許菁芸、魏百谷、
林永芳、邱瑞惠、楊三億、趙竹成、陳文生◎著

五南圖書出版股份有限公司

主編序

　　金磚四國的名稱出現之後，國際間對於這些國家的經濟、政治、外交和社會各方面的發展遠景相當重視，主要原因是在目前相互依賴愈趨緊密的國際關係中，發生在上述地區的變化必然影響到其他國家。對於國際關係、國際安全及國際政治經濟，金磚四國的地位有上升的趨勢。正因為如此，金磚四國究竟是幾國，學界早有不同看法，不過到目前為止，巴西、俄羅斯、印度及中國還是被認為是最具有代表性的四國。

　　國立政治大學國際事務學院在邁向頂尖大學計畫下，組成研究團隊，專注於金磚四國的研究。第一個研究的國家是俄羅斯，我們很感謝所有參與研究的學者及專家，將有關的問題作深入的剖析，而且提出具體的結論。在臺灣的國際關係領域來說，這是針對俄羅斯比較完整的研究成果。

　　俄羅斯及其他金磚四國有發展的潛力，但也面對不同的挑戰。如何研究金磚四國或新興大國，學界還沒有定見。國際政治經濟學及區域研究還是主要的參考架構。本計畫在執行之初，所有參與的同仁也針對分析架構進行討論，最後大家認為因為各自的研究領域不同，由作者本人自行決定採用什麼理論或方法來進行分析。我們希望經由這個研究計畫，國人能對金磚四國有進一步的認識及了解，也為將來的研究打下更為紮實的基礎。

　　鄧中堅院長、林永芳副教授、賴欣儀助理在研究進行過程中費心盡力，我們非常感謝。五南圖書出版股份有限公司的楊董事長榮川先生應允出版本書，爲臺灣的國際關係研究開拓了新天地，特申謝忱。
吳思華校長及王振寰執行長對於本計畫的支持，使得計畫能如期完
成，期望國立政治大學的邁向頂尖大學計畫更上層樓。是爲序。

林碧炤
中華民國一百年十二月十九日

目錄

主編序

第一章　俄羅斯對獨立國協的外交政策
　　　　（崔琳）⋯⋯⋯⋯⋯⋯⋯⋯ 7

第二章　俄喬衝突前後俄羅斯與北約關係之
　　　　研究（連弘宜）⋯⋯⋯⋯⋯ 45

第三章　俄羅斯亞太能源強權之路：從俄羅
　　　　斯能源政策探討俄羅斯遠東地區困
　　　　境與俄中關係問題（許菁芸）⋯⋯ 79

第四章　俄羅斯經濟外交的內涵與運用
　　　　（魏百谷）⋯⋯⋯⋯⋯⋯⋯ 133

第五章　俄羅斯的現代化：外交政策的視角
　　　　（林永芳）⋯⋯⋯⋯⋯⋯⋯ 155

第六章　俄羅斯媒體發展與新聞自由
　　　　（邱瑞惠）⋯⋯⋯⋯⋯⋯⋯ 183

第七章　誘因政策與民主化過程：以塞爾維
　　　　亞為例（楊三億）⋯⋯⋯⋯⋯ 221

第八章　蘇聯解體後的中亞：「民主」進程
　　　　及其選擇（趙竹成）⋯⋯⋯⋯ 263

第九章　戰略黑金磚：伊朗之內外在挑戰與
　　　　出路（陳文生）⋯⋯⋯⋯⋯⋯ 291

第一章　俄羅斯對獨立國協的外交政策

崔琳

壹、前　言

　　俄羅斯在國際上的目標是維護邊境地區安全並創造良好的外部條件以解決國內問題。[1]對俄羅斯來說，其地緣政治、安全利益、大國地位、對外戰略，以及俄羅斯未來如何重新崛起，在很大程度上都取決於與獨立國協的關係。在蘇聯解體之初，基於對來自西方國家資金援助之需求與親西方的對外政策影響下，俄羅斯對於前蘇聯範圍的近鄰國家並無明確的戰略認知與政策，然而隨著獨立國協成立及其後的局勢發展，以及西方所主導的北約東擴計畫逐步明朗，俄羅斯政府認知到，建立以其為主導的獨立國協，作為抗衡北約、維護勢力範圍且維持大國地位的政治、經濟與軍事的聯合體，已經是刻不容緩的戰略任務。

　　如同獨立國協地區內有親俄國家與親西方國家一般，關於俄羅斯對獨立國協政策的研究主題也存在著俄羅斯觀點與西方觀點兩種差別。西方的觀點認為俄羅斯將獨立國協各國視為其勢力範圍（Spheres of influence），在此範圍內俄羅斯不但極力打造威權主義帝國，而且其他的大國必須盡量減少在該區域的影響角色，例如傑克森（Nicole J. Jackson）便認為，俄羅斯有意無意的影響對促進中亞地區非自由民主的政治統治發生了直接和間接的作用；他的文章指出，俄羅斯運用「思想與規範的擴散」、「經濟和文化的力量」、「低調但戰略性的硬實力」，以及「區域組織的發展」四個關鍵的外部因素加強中亞地區的獨裁統治政體；經由區域的威權學習方式，俄羅斯也加強了自己的獨裁。[2]陶斯楚普（Jakob Tolstrup）也有同樣的

1　В.В. Путин, «Послание Федеральному Собранию Российской Федерации», Президент *России*, http://archive.kremlin.ru/appears/2005/04/25/1223_type63372type63374type82634_87049.shtml (16. 04. 2011).
2　Nicole J Jackson, "The role of external factors in advancing non-liberal democratic forms of

立場，他透過「製造穩定」和「製造動盪」兩項政策，說明俄羅斯是如何對其「近鄰」地區不斷加強獨裁者的脅迫能力，且破壞了該區域內各國的民主化，故俄羅斯在前蘇聯地區是一個具有影響力的負面外部因素。[3]此外，克拉莫（Mark Kramer）也在文章中指出，在俄羅斯與獨立國協各國的政治關係發展中，最明顯的就是對專制領導人的接納，他認為無論是葉爾欽或是普欽都不願在獨立國協地區為促進自由民主而努力；相反的，俄羅斯政府尤其是普欽執政期間，最樂見獨裁者支持俄羅斯利益，並堅定的使其國家與獨立國協同一陣線。[4]

　　然而，俄羅斯學者特列寧（Dmitri Trenin）認為獨立國協是俄羅斯的特殊利益範圍（Spheres of interest），而非勢力範圍；從蘇聯解體、獨立國協成立，到其後的一切發展都說明了俄羅斯的利益仍然是在整個蘇後空間，但莫斯科的影響力已經大不如前，無法居於主導地位；對於俄羅斯在獨立國協地區推動威權獨裁的指控，特列寧指出，目前的俄羅斯領導人並不排斥民主，而是擔心美國所推動的民主政策；俄羅斯政府懷疑，美國等西方國家擴大民主的真正目的是要擴張其在獨立國協的勢力範圍，甚至在俄羅斯設計一場顏色革命。[5]另一位學者茨岡可夫（Andrei P. Tsygankov）指出克里姆林宮旨在維持前蘇聯地區之穩定和安全，而不是參與一個帝國建設項目。無論是在烏克蘭、高加索或中亞，普欽看到對俄羅斯的安全和經濟現代化更好的

　　political rule: a case study of Russia's influence on Central Asian regimes", *Contemporary Politics*, Vol. 16, No. 1 (2010), pp. 101–118.

3　Jakob Tolstrup, "Studying a negative external actor: Russia's management of stability and instability in the 'Near Abroad'", *Democratization*, Vol. 16, No. 5 (2009), pp. 922–944.

4　Mark Kramer, "Russian Policy toward the Commonwealth of Independent States: Recent Trends and Future Prospects", *Problems of Post-Communism*, Vol. 55, No. 6(2008), pp. 3–19.

5　Dmitri Trenin, "Russia's Spheres of Interest, not Influence", *The Washington Quarterly*, Vol. 32, No.4 (2009), pp. 3-32.

條件，是透過非正式的外交影響力和軟實力來談判，而不是對獨立國協各國主權的削減，因此雖然克里姆林宮的利益並非總是與西方一致，俄羅斯使用軟實力可能與西方國家維護穩定、促進經濟發展、政治多元化和尊重宗教寬容等目標得以兼容。[6]

　　基本上，本文也同意特列寧的觀點，認為俄羅斯對獨立國協外交政策與是否促進該地區的民主化並無直接的關係。俄羅斯選擇與獨立國協境內的親俄政府合作，發展友好關係，以強硬態度對待與西方關係密切的政府的作為，的確很容易形塑出反對獨立國協各國政府民主化的形象，但是這未必是出於對威權獨裁真正的偏好，反而顯示出俄羅斯對「親俄」或「親西方」政權的優先考量。此外，從俄羅斯與獨立國協關係的互動，以及與該地區其他大國勢力的博弈過程來看，俄羅斯政府的政策幾經調整、改變，其中亦不乏軟硬兼施之作為。因此本文旨在探討俄羅斯對獨立國協的外交政策，從政治、經濟與軍事以及人文與社會等方面說明其對獨立國協政策之作為，並針對足以牽動該政策的相關因素進行分析。

6　Andrei P Tsygankov, "If Not By Tanks, Then By Banks? The Role Of Soft Power In Putin'S Foreign Policy", *Europe-Asia Studies*, Vol. 58, No. 7 (2006), pp. 1079 – 1099.

貳、獨立國協對俄羅斯之戰略意義

　　從俄羅斯官方的相關文件和政府官員所發表的言論來看，獨立國協各國始終都是俄羅斯外交的優先對象，俄羅斯視獨立國協內的各個成員國為特殊的近臨國家，並且將該地區作為自己的利益空間。俄羅斯對獨立國協的戰略目標不僅在整合獨立國協各成員國的政治和經濟，進而成為二十一世紀國際舞臺上的重要一環，也在保障獨立國協地區之區域安定，並鞏固自身在該地區的地位與影響力，使這些國家成為俄羅斯的戰略盟友和夥伴。[7]「俄羅斯外交與國防政策委員會」便指出，「在二○一七年前俄羅斯對前蘇聯地區將保持一系列戰略優勢」：雖然俄羅斯不是前蘇聯地區各國唯一的出口市場，但仍是最重要的出口市場；並且俄羅斯的勞動市場為前蘇聯各國提供數以百萬計移民賺錢的機會，是他們在國內家庭的生活來源。此外，俄羅斯的武裝力量在前蘇聯地區內沒有相匹敵者。儘管目前莫斯科不能獨自確保該地區的安全，但莫斯科參與地區事務的程度還是很高且具有決定性作用；俄羅斯的國際市場及其聯合國安理會常任理事國的地位，使俄羅斯對該區域的意見不容被忽視。[8]對俄羅斯而言，獨立國協地區具有安全與經濟兩方面的戰略意義：

一、俄羅斯需要安全的周邊環境

　　從歷史的角度來看，俄羅斯原本即是一個具有明顯地緣政治特徵

---

7 姜毅，「『獨』或『聯』依然是個問題」，當代世界，第11期（2009年），頁35。
8 俄羅斯外交與國防政策委員會，萬成才譯，未來十年俄羅斯的周圍世界—梅普組合的全球戰略（北京：新華出版社，2008）頁145。

的國家，在發展過程中不斷形成自身獨特的地緣政治優勢，以及由之而產生的國家利益空間，因此獨立國協地區既是其俄羅斯傳統影響力所及區域，也是地緣政治上的重要緩衝和屏障區。以西邊而言，波羅的海三國加入北約後，位於獨立國協歐洲部分的白俄羅斯、烏克蘭和摩爾多瓦三國便成為俄羅斯抵擋西方勢力的最後屏障，這便意味著俄羅斯國家邊界直接與北約軍事力量相接觸，不但失去原有緩衝地帶，也在地緣政治上逐漸遠離歐洲中心，被迫邊緣化且威脅到俄羅斯的強國戰略。

此外，位於外高加索地區的喬治亞、亞美尼亞和亞塞拜然三國，南鄰土耳其、伊朗和伊拉克，環繞黑海，不僅與俄羅斯的北高加索地區緊密相連，也是裏海和中亞地區油氣資源的重要過境管道。同樣的，地處歐亞大陸也擁有豐富資源的中亞五國，一方面提供俄羅斯相關產業如棉花、石油等重要物資，另一方面也是俄羅斯阻擋南部伊斯蘭激進派、恐怖主義和以及毒品、槍支走私等犯罪活動影響的緩衝地帶。對俄羅斯而言，控制外高加索與中亞這些地區，不但具有經濟價值，更能獲得政治的主導權。然而，在美國支持下，亞塞拜然、喬治亞和土耳其三國於一九九九年十一月簽署了關於巴庫-提比利斯-傑伊漢石油管道協議，該管道於二〇〇六年正式使用，使美國既打通不受俄控制的裏海石油外運通道，又可藉保護管道為由在該地區駐軍，因而成為牽制俄羅斯能源外交的一條重要路線。在中亞二十世紀九〇年代俄羅斯尚可控制著中亞地區的政治軍事局勢，但九一一事件後美軍透過反恐行動大舉進駐中亞，雖然削弱了與車臣非法武裝關係密切的塔利班勢力對俄羅斯的滲透及威脅，但阿富汗戰爭結束後，美軍繼續透過與中亞國家簽訂雙邊協定使其駐軍合法化，同時增加對中亞國家的援助，擴大在中亞地區的影響，使俄羅斯對這些地區的影響力相對地下降。

二、俄羅斯與獨立國協各國在經濟面仍具互賴關係

　　俄羅斯與獨立國協各成員國原有的生產連結在蘇聯解體後無法完全切斷，彼此在經濟面仍有相當程度的依賴關係。當代發展研究所（Институт современного развития，ИНСОР）主席尤爾根斯（Игорь Юргенс）指出，俄羅斯與獨立國協的經濟聯繫是建立在獲取獨立國協的礦產原物料，以確保自己的資源基礎、擴大俄羅斯產品市場、獲得其他國家的廉價勞動力、透過在原料加工領域共同計劃的實施，以避免獨立國協各國的貿易商品彼此之間不合理的競爭等方面。相反的，獨立國協各國迫切需要俄羅斯的財政捐助以及優先進入俄羅斯市場。[9]因此維持雙方市場便是俄羅斯與獨立國協各國的選擇。

　　但是獨立國協在俄羅斯的對外貿易已大幅下降：從一九九四年占百分之二十四，至二〇〇九年已降至百分之十四點六。目前獨立國協各國（包括俄羅斯）的貿易額也從二〇〇四年的百分之二十七降至二〇一〇年的百分之二十一；跟歐盟國家的百分之六十五，和北美自由貿易區（美國、加拿大、墨西哥）的百分之四十五相較是相對低的數據。即使如此，二〇一〇年俄羅斯當代發展研究所在其發表的「俄羅斯在獨立國協的經濟利益和任務」的報告中依然要求將獨立國協國家經濟合作的收益，與俄羅斯在前蘇聯地區的長遠和戰略利益聯繫起來，進一步加深獨立國協之整合以達到形成共同經濟空間之目的。因此該報告提出了以下的經濟利益和目標：[10]

9　Анастасия Федорова, «Россия и СНГ», *Открытая экономика*, http://www.opec.ru/1237889.html (24. 04. 2011).

10　«Экономические интересы и задачи россии в снг» (Москва: Институт Современного Развития, 2010) *Институт современного развития*, http://www.riocenter.ru/files/

—建立獨立國協共同經濟空間，並廣泛向歐盟和亞太地區開放，完成歐亞強國的使命；

—開放獨立國協各國礦產原料基地，鞏固自己的資源基礎，取得稀有礦產資源，以提高自己在世界原料市場及保障國際能源安全的角色；

—提升俄羅斯在獨立國協自由貿易區範圍內的影響力；

—透過在初級原料加工領域共同計畫的實施（例如精煉有色金屬、礦物肥料生產等方面），避免與獨立國協國家在國際市場上出現非理性競爭；

—基於日益嚴重的俄羅斯人口問題，以及來自獨立國協各國的勞工移民對俄羅斯勞動條件適應等因素，向獨立國協國家開放勞動力市場；

—吸引獨立國協各國俄語流利的知識精英，填補俄羅斯「智力」向西方外流的空缺，加速俄羅斯經濟的創新進程；

—在具有戰略利益的領域（國防、核能、航空與航太產業）確保穩定且具前瞻性的合作；

—建立獨立國協範圍內的邊境貿易，以促進並造就俄羅斯邊境地區全面經濟發展；

—利用獨立國協包括交通運輸領域在內的地緣戰略潛力。

　　基於蘇聯解體以來地緣政治的變化以及能源政治的新局勢，獨立國協地區成為大國勢力角逐的焦點，也使俄羅斯面臨到失去這些緩衝帶的困境，縮小現有的地緣政治優勢。因此維持俄羅斯在獨立國協地區的原有的政治、經濟影響力，是俄羅斯的必然選擇。

Doklad_SNG.pdf (24. 04. 2011).

參、俄羅斯對獨立國協政策之實踐

一、政策之形成與調整

　　俄羅斯朝野在國家獨立之初即已認知到，以往政經同盟建構的國際政治體系已被經濟力量所主導之國際經濟結構體系所取代，經濟安全與經濟發展是全球各國所追求的目標；在無重大而急迫的安全危機下，俄羅斯的當務之急應是發展經濟以增強國力，且外交工作應積極營造有利的國際環境，以獲取經濟發展所需之資金與技術。有鑑於此，葉爾欽執政初期採取了親西方政策，以尋求歐美國家的資助。在此對外政策的主導下，俄羅斯政府便認為應擺脫獨立國協各國所帶來的經濟包袱。在當時的俄羅斯決策者們看來，其他原蘇聯加盟共和國，「不僅是經濟上的負擔，而且對於俄羅斯來說，也是文化上、精神上和政治上的異類疆域」。俄羅斯應該擺脫對前蘇聯其他加盟共和國的經濟和社會發展所承擔各種代價昂貴的責任，且在西方的幫助下很快地完成自己當前最迫切的任務，復興經濟，完成民主改革並重新成為世界強國。[11]

　　然而，傾向西方的外交政策隨即出現轉變。一方面由於西方國家對俄羅斯仍懷有戒心，不僅所提供的經濟援助常無法落實，或是在給予經濟援助之時，又同時對其他前蘇聯國家增加影響力，使俄羅斯倍感威脅；另一方面，親歐美政策也中斷了俄羅斯與其他獨立國協成員國原有的經濟互補關係，使經濟發展反而蒙受巨大損失。此外，由於蘇聯解體初期多處發生民族衝突和內戰，不但導致居住在獨立國協各國的俄羅斯人蒙受傷害，也造成大量難民流入俄羅斯，使俄羅斯與這些國家的關係更形惡化。基於經濟與安全的考量，從一九九二年中葉

---

11 鄭羽，**獨聯體**（1991～2002）（北京：社會科學文獻出版社，2005），頁236。

起，俄羅斯政府開始逐步修正其對外政策，除了繼續加強與歐盟的合作外，也開始重視獨立國協各國間的經濟整合，以及在軍事安全領域的合作以確保地區的穩定。

　　一九九三年四月三十日，葉爾欽總統公布了「俄羅斯聯邦對外政策構想」，明確闡述了對獨立國協問題的重視，指出俄羅斯的改革、國家危機的克服，以及俄羅斯與俄羅斯人的生存將受到俄羅斯與獨立國協以及其他鄰近國家關係直接影響。[12]然而，基於當時俄羅斯政府依舊採取親西方的外交路線，因此對俄羅斯在獨立國協地區的角色與政策尚不明確，直到一九九四年因為北約開始考慮東擴，以及西方國家對獨立國協事務的介入日漸加重，俄羅斯政府開始重新思考對該地區的政策。當一九九五年九月北約研究機構公開發表了「北約擴大研究」，俄羅斯總統葉爾欽也公布了「俄羅斯聯邦對獨立國協國家的戰略方針」。該戰略方針不僅是俄羅斯對獨立國協政策的框架和基本任務，也反映了它對獨立國協的戰略需求。其中指出：發展與獨立國協各國的關係合乎俄羅斯聯邦的切身利益，並且是使俄羅斯融入全球政治和經濟結構的一個重要因素。俄羅斯對獨立國協各國的主要政策目標是建立一個整合各國經濟和政治，在國際社會中具有合法地位的聯盟。故其基本任務乃在確保在政治、軍事、經濟、人道與法律各方面的穩定；促進獨立國協各國政治與經濟的安定，以展開對俄友好政策；強化俄羅斯在蘇後空間體系內成為主導力量，以提升獨立國協之整合過程。[13]

---

12 «Концепция внешней политики российской федераци», *Дипломатический вестник МИД РФ, специальное издание, Январь,* 1993. 轉引自鄭羽，獨聯體（1991~2002），同前註，頁241。

13 «Об утверждении стратегического курса российской федерации с государствами - участниками содружества независимых государств», *InfoProvo- Законодательство Российской Федерации,* http://infopravo.by.ru/fed1995/ch02/akt12635.shtm (17. 03. 2009).

　　普欽時期俄羅斯對獨立國協政策之基礎也定位在持續加強獨立
國協一體化，且繼續維護獨立國協存在兩方面，不過與葉爾欽試圖融
入西方的做法不同，普欽選擇與西方整合。[14]二〇〇〇年一月頒布的
「俄羅斯聯邦國家安全構想」不僅將獨立國協內整合進程的弱化、獨
立國協邊界地區出現的衝突視為對俄羅斯國家安全的主要威脅之一，
也將整合俄羅斯與獨立國協成員國、進行有效的軍事安全合作、保證
獨立國協成員國集體邊界安全等方面作為保障俄羅斯國家安全的重要
任務。[15]同年六月所頒布的「俄羅斯聯邦對外政策構想」指出：俄羅
斯將發展與獨立國協所有國家的睦鄰關係和戰略夥伴關係，根據與獨
立國協各國整合的階段與進程，界定自己與整個獨立國協、各種次地
區機制的合作，調解獨立國協國家的衝突，發展在軍事政治、經濟和
安全領域的合作。[16]

　　九一一事件後美軍與西方影響力大舉進入中亞，且獨立國協內部
的矛盾也逐漸深化，普欽政府開始調整其獨立國協政策：正視獨立國
協地區多元化發展的政治現實，不再充當資助獨立國協各國家經濟、
回歸本地提供能源的角色，也不再著眼於阻止美國和歐盟勢力進入獨
立國協地區，將政策的主要目標定位在制定大國在該地區的遊戲規則
的權利上。[17]二〇〇五年的獨立國協喀山峰會是俄羅斯推行獨立國協
政策的一個新起點，在會中普欽明確指出，獨立國協成立的宗旨和目

14 Dmitri Trenin, Russia's Spheres of Interest, not Influence, *op. cit.*, p. 10.

15 «Концепция национальной безопасности Российской Федерации, (утв. Указом Президента РФ от 10 января 2000 г. N 24)», *Центр по изучению проблем разоружения, энергетики и экологии*, http://www.armscontrol.ru/start/rus/docs/sncon00.htm (12.04. 2011).

16 «Концепция внешней политики Российской Федерации», *Независимой Газете*, http://www.ng.ru/world/2000-07-11/1_concept.html (11.04. 2011).

17 參閱顧志紅，「評俄羅斯的新獨聯體政策」，俄羅斯中亞東歐研究。第2期（2006年）頁30-33。

標是建立在一種過時的形式和運作方法之上；保留獨立國協，提高工
作效率，符合所有獨立國協成員的利益，並且發展和完善獨立國協亦
是其成員國共同未來的前提；故當務之急乃是排除混亂和崩潰，為建
立更緊密的關係而展開有效工作。[18]二〇〇七年三月二十七日俄羅斯
外交部公布「俄羅斯聯邦外交政策概論」也重申了與獨立國協國家的
關係依舊是俄羅斯外交的重點，「俄羅斯的安全和經濟利益集中在該
區域，其挑戰也肇端於此」。俄羅斯重新調整獨立國協政策目的是為
「構建一種對夥伴國富於吸引力，且逐步過渡到具實質意義的市場與
民主機制」[19]。

　　二〇〇八年七月俄羅斯總統梅德韋傑夫公布了新的「俄羅斯聯邦
對外政策構想」，依舊將獨立國協作為俄羅斯外交的優先方向，也重
申了普欽時期所確定的政策原則：俄羅斯重視與獨立國協國家的友好
關係，以及俄白聯盟國家、歐亞經濟共同體和集體安全條約組織的發
展；提出俄羅斯將在平等互利的基礎上調整與獨立國協每個國家的友
好關係，與具有意願的國家發展戰略夥伴關係和同盟關係。不再把加
強俄白聯盟國家作為對獨立國協政策的首要任務，而是著重進一步發
展歐亞經濟共同體和集體安全條約組織。[20]

　　自二〇〇八年俄喬衝突後，梅德韋傑夫闡述了俄羅斯外交政策
上的五原則：俄羅斯承認國際法基本準則之優先地位；世界應多極

18 В.В.Путин, «Выступление Президента России В.В.Путина на пленарном заседании
Совета глав государств - участников Содружества Независимых Государств, Казань,
26 августа 2005 года», *Посольство Российской Федерации в Республике Молдова*,
http://www.moldova.mid.ru/press-slujba/pr_29082005.htm#2 (11.04. 2011).

19 «Обзор внешней политики российской федерации», *Министерство
Иностранных Дел Российской Федерации*, http://www.ln.mid.ru/brp_4.nsf/sps/
3647DA97748A106BC32572AB002AC4DD (11.04. 2011).

20 «Концепция внешней политики Российской Федерации, 2008» *Президент России*,
http://news.kremlin.ru/acts/785/print (11.04. 2011).

化，俄羅斯不能接受由一個國家做出所有決定的世界格局；俄羅斯不希望和任何國家對抗，將與歐洲、美國和世界其他國家發展友好關係；外交政策優先方向必然是保護本國公民生命和尊嚴與境外企業的利益，實施侵略的任何人將被追究責任；像世界其他國家一樣，俄羅斯在友好國家地區享有特殊利益。[21]該五項原則說明了獨立國協是俄羅斯領導人的首要關注，俄羅斯對獨立國協的任何措施都涉及一些取捨，而且也有助於推動某些目標，當必須做出權衡取捨時，優先考慮的依舊是對獨立國協的政策。其後，俄羅斯對獨立國協政策更積極，不但在當年九月成立「獨立國協事務、海外僑胞暨國際人文合作署」（Россотрудничество, Rossotrudnichestvo），負責處理對獨立國協各國的經濟外交與人文合作。在承認南奧塞提和阿布哈茲的獨立地位後，俄羅斯政府又同時加緊調解亞美尼亞與亞塞拜然的「納卡衝突」和摩爾多瓦的「德涅斯特河沿岸」問題，以避免衝突擴大。

此外，俄羅斯將注意力轉向推動更有效的一體化組織，如歐亞經濟共同體和集體安全條約組織等。面對全球金融危機，俄羅斯一方面提供白俄羅斯、吉爾吉斯坦、塔吉克斯坦等國貸款，並且在歐亞經濟共同體成立一百億美元反危機基金，以克服國際金融危機帶來的負面影響。另一方面，俄羅斯也透過貸款，強化集體安全條約組織，並擴大其在中亞的軍事存在，俄羅斯提供白俄羅斯二十億美元貸款，換得白俄羅斯同意把自己的防空防禦體系與俄羅斯合為一體；向吉爾吉斯斯坦提供二十億美元貸款與一億五千萬美元的援助，吉爾吉斯斯坦則宣布關閉馬納斯的美國空軍基地。二〇一〇年在烏克蘭大選中親俄的亞努科維奇（В. Ф. Янукович, V. F. Yanukovych）當選總統，俄烏

---

21 「梅德韋傑夫宣佈俄羅斯外交政策五項原則」，俄新網，http://2006.rusnews.cn/eguoxinwen/eluosi_duiwai/20080901/42254527.html (2011.04.28).

關係迅速好轉，爭辯已久的加入北約、天然氣價格和過境費、克里米亞海軍基地的使用等問題也都獲得解決。[22]俄羅斯、哈薩克斯坦、白俄羅斯三國海關聯盟於二○一○年七月六日開始運作，在歐亞經濟共同體內的俄哈白統一經濟空間的協議預計從二○一二年一月一日起生效，俄羅斯十多年來努力尋求的獨立國協經濟一體化邁出了第一步。由於經濟聯繫密切，除了吉爾吉斯斯坦、塔吉克斯坦有意加入關稅同盟和統一經濟空間，俄羅斯也希望說服烏克蘭加入。[23]

二、面對獨立國協地區的複雜局勢，俄羅斯採取多種手段維繫和鞏固在獨立國協內的主導地位

（一）政治

在政治方面，俄羅斯一直努力保護、支持其利益並願意與其建立密切關係的政府和領導人，特別是自二○○○年起一連串發生在前蘇聯地區的政治革命，使得俄羅斯政府對這些親俄政府的鞏固更是不遺餘力。[24]烏克蘭的橙色革命，不但造成莫斯科支持的人選亞努科維齊當選無效，也使得俄羅斯政府原本希望組成一個結合俄羅斯、烏克蘭、白俄羅斯和哈薩克斯坦的共同經濟空間，進而成為共同的政治和

22 左鳳榮，俄羅斯外交華麗轉身，**南風窗**，第15期（2010年），頁83。
23 萬成才，「俄羅斯2010年國際環境獲得較大改善」，**中國國際問題研究基金會**，2011-4-5。http://www.cfis.cn/details.asp?board_ID=12&topic_ID=224 (2011.05.28).
24 二○○○年十月塞爾維亞米洛舍維齊政權的垮臺，其次是二○○三年十一月在格魯吉亞的玫瑰革命和下臺的謝瓦爾德納澤，二○○四年年底在烏克蘭發生橙色革命，二○○五年三月吉爾吉斯斯坦出現鬱金香革命，二○○五年五月在烏茲別克斯坦政府的鎮壓騷亂。

安全結構的計劃落空。俄羅斯政府相信，這些動盪完全是以美國為首的西方國家，透過一些非政府組織對地方和基層活動提供民主援助的結果，故從二〇〇五年開始阻止政治騷亂、降低西方影響便成為俄羅斯政府在其國內，以及對獨立國協政策之主要作為。

俄羅斯政府一方面以強硬態度對待與西方互動密切的國家，另一方面對親俄的政府則給予高度的認同，即使這些政府出現扼殺民主改革之作為，在西方各國的眼中是主張專制獨裁的國家，但俄羅斯政府依然支持。例如，二〇〇五年五月烏茲別克斯坦軍隊對安集延（Андижан, Andijan）的抗議民眾開火掃射，在美國與歐盟同聲譴責總統卡里莫夫（Ислам Каримов, Islam Karimov）時，俄羅斯總統普欽與卡里莫夫會面，對卡里莫夫「穩定局勢，恢復正常」之作法予以肯定，並認同卡里莫夫對極端宗教勢力，和外國勢力的精心策劃之指控，指出俄羅斯已獲得關於受過訓練的戰士從阿富汗基地滲入烏茲別克斯坦的情報，且確定這些武裝分子都集中在鄰近地區。[25]在烏茲別克斯坦與西方關係急劇惡化的同時，俄羅斯政府繼續加強與卡里莫夫政權的關係，並展開了一連串的軍事與安全合作。自二〇〇五年中期，與亞塞拜然、塔吉克斯坦、哈薩克斯坦、土庫曼斯坦領導人會面時，普欽政府多次強調卡里莫夫在安集延事件決斷的重要性；俄羅斯官員在公開和私下也呼籲這些國家以及烏茲別克斯坦終止接受西方援助。二〇〇六年白俄羅斯舉行總統大選，俄羅斯與其他獨立國協國家共同譴責西方試圖干涉白俄羅斯總統選舉結果，表示選舉結果的合法性是勿庸置疑的。透過頻繁的高層互訪和密切的政治對話等方式，俄羅斯全面加強與白俄羅斯、亞美尼亞、哈薩克斯坦、吉爾吉斯斯坦、

---

25 «Акция в Андижане готовилась за пределами Узбекистана несколько месяцев», *РИА Новости*. http://www.rian.ru/incidents/20050628/40788757.htmlb (28.04. 2011).

塔吉克斯坦等奉行親俄政策國家的戰略合作關係，擴大了在經貿、能源、交通、軍事、軍事技術、安全等領域的合作。

　　對於像喬治亞希望與西方更加密切的國家，俄羅斯政府則以強硬的方式對待。自蘇聯解體以來因為阿布哈茲和南奧塞提獨立問題、打擊車臣分離主義、潘基西峽谷問題、間諜風波、石油管線鋪設和裏海油氣資源分割等爭執，俄、喬雙方的矛盾一直有增無減。二〇〇八年俄喬軍事衝突，以及俄羅斯其後承認南奧塞提和阿布哈茲為獨立國家，更加說明了俄羅斯政府的目標是透過喬治亞局勢不穩定，導致薩卡什維利政權危機，並且對其他獨立國協國家警告。因此就在二〇〇八年俄喬戰事之後，摩爾多瓦總統沃洛寧（Владимир Воронин, Vladimir Voronin）與俄羅斯梅德韋傑夫會面時表示：摩爾多瓦政府密切關注且認真看待俄喬事件，且承諾將會保持克制，不讓類似事件發生，以避免德聶斯特河沿岸（Приднестровье, Transnistria）的局勢惡化。**26**

　　由此看來，俄羅斯政府似乎是反對民主改革，支持專制獨裁，如學者Kramer所指，「俄羅斯的政策顯然不是希望促進民主、主權國家，或平等地與獨立國協各國內互動。相反的，俄羅斯與獨立國協國家的關係，尤其是在顏色革命之後，旨在維持一個主導位置，維護俄羅斯的經濟利益，防範在任何獨立國協國家發生民主動亂或大規模選

---

26 摩爾多瓦共和國德涅斯特河左岸（又稱東岸）地區俄羅斯族占30%。一九九二年初，摩爾多瓦當局與該地區主張獨立的俄羅斯人發生武裝衝突，駐紮在德涅斯特沿岸地區的俄羅斯第14集團軍也參與其中。二〇〇三年十一月，俄羅斯就解決德涅斯特河沿岸問題建議摩爾多瓦成為一個由摩中央政府和兩個聯邦主體「加告茲」（Gagauzia, Гагаузия）（南部加告茲自治區）及「德河左岸」組成的聯邦國家。摩爾多瓦總統沃洛寧原則上表示接受，但基於該國反對勢力的壓力，二〇〇五年四月，沃洛寧再次當選摩總統後表示，反對俄羅斯提出的在德涅斯特河左岸實現「聯邦化」的方案且要求俄羅斯從德涅斯特河左岸撤軍。

舉抗議」。[27]不過筆者認為俄羅斯的獨立國協政策與是否促進該地區的民主化並無直接的關係。如同前述，俄羅斯對獨立國協戰略目標是在促使獨立國協成為經濟和政治一體化的國家聯合體，保障獨立國協地區安定，以維持一系列戰略優勢及其作為區域大國的主導性位置。因此，俄羅斯勢必要弱化西方勢力對該地區在政治、經濟與軍事各方面的影響力，並降低獨立國協各國被分裂的趨勢。俄羅斯選擇與獨立國協境內「遠離」西方的親俄政府合作，發展友好關係，以強硬態度對待與西方關係密切的政府之作為，自然就形成其反對獨立國協各國政府民主化的形象。

（二）經濟

　　與獨立國協各國的經濟互動方面，俄羅斯主要是透過其能源戰略作為主導獨立國協、鞏固其影響力之方式。由於在蘇聯時期俄羅斯與獨立國協國家均同在一個計劃經濟體制之下，彼此的經濟聯繫十分緊密，特別是能源的供應體系相互連結，因而為俄羅斯加強對該地區的控制提供了先決條件。在二十世紀九〇年代為了促進獨立國協的凝聚力，俄羅斯對獨立國協其他成員國實施經濟補貼，由於當時世界天然氣和石油的價格低廉，故俄羅斯對獨立國協能源出口補貼的成本並未因此過高。然而自二〇〇〇年後，國際能源價格持續升高，為俄羅斯發展經濟和恢復國力提供了有利機會。俄羅斯政府根據國家利益制定其對外能源戰略，不僅保證俄羅斯經濟發展，在外交上也影響著俄羅斯與獨立國協各國的關係。基於地理位置以及各項建於蘇聯時期的

---

27 Mark Kramer, "Russian Policy toward the Commonwealth of Independent States: Recent Trends and Future Prospects," *op. cit.*, p. 9.

基礎建設，俄羅斯不僅是天然氣的提供者，也是天然氣過境經銷商和管理者，並持有世界上最大的天然氣儲量和第八大石油儲量，故其目標是完全掌控能源開採、生產和運輸路線。[28]對俄羅斯而言，白俄羅斯、烏克蘭是關乎俄羅斯能源貿易正常運行的過境運輸國，而中亞與高加索的裏海地區資源儲量豐富，強化對這些地區油氣資源的控制，不僅可以保證俄羅斯的能源安全，也可提高俄羅斯在全球能源市場中的地位。因而加強對獨立國協地區的影響，也成為俄羅斯掌控國際能源定價權和獲取國際能源市場主導權的關鍵。

俄羅斯對獨立國協國家的能源外交手段包括掌控「供給」和「運輸」兩方面，即一方面以浮動價格供應高度依賴的鄰國天然氣，另一方面則是提供他們俄羅斯的天然氣管道，向歐洲輸出能源。在能源供應上，友好國家會享受到低於市場價格的油氣資源，否則就會得到如歐盟國家一般的市場價格，這對於大部分經濟欠佳的獨立國協國家來說是一大打擊。烏克蘭、白俄羅斯和摩爾多瓦都遭受過莫斯科切斷天然氣的待遇，最後他們別無選擇，只能支付俄羅斯要求的價格，就算與俄羅斯友好的國家設法延遲價格上漲，但也未能抵擋俄羅斯的漲價要求。像塔吉克斯坦，吉爾吉斯斯坦和亞美尼亞這類太窮無法支付更高的價格，或是無力償還舊能源債務的國家，則被迫以其國內能源基礎設施、生產和運輸支付的方式換得少許能源獨立。[29]至於像喬治亞和摩爾多瓦與俄羅斯不那麼友好的國家，除了在他們的分裂地區（德涅斯特，阿布哈茲和南奧塞提）可以獲得俄羅斯天然氣的國內低價格外，這些國家都必須面臨漲價的命運。從二〇〇五年到二〇〇八

---

28 Bertil Nygren, "Putin's Use of Natural Gas to Reintegrate the CIS Region", *Problems of Post-Communism*, Vol. 55, No. 4, (2008), p.13.

29 *Ibid.*, p. 14。

年初，價格不斷調升，喬治亞和亞塞拜然大約調漲百分之兩百九十，摩爾多瓦和白俄羅斯漲了的百分之一百二十，烏克蘭也上升了百分之九十五，不過二〇〇八年賣給獨立國協國家的天然氣的價格仍低於歐盟客戶百分之四十。[30]

　　儘管俄羅斯提供親俄的獨立國協國家能源上的補貼，但是其能源戰略的主要趨勢除了進一步使歐盟和獨立國協各國之間的價格均衡外，也同時保留具選擇性的政治操縱。例如，俄羅斯與烏克蘭多年存在的天然氣出口價格和過境運輸問題，隨著二〇一〇年親俄的亞努科維奇（Viktor Yanukovich, Виктор Ф. Янукович）當選烏克蘭總統而出現轉變：俄羅斯對烏克蘭天然氣價格降低百分之三十，天然氣工業公司的損失將由俄羅斯財政預算彌補；並且擴大雙方能源領域的各項合作，包括能源運輸、加工、儲存、銷售，油氣利用，以及電力和核能等。[31]俄羅斯所提供的優惠價格使烏克蘭在二〇一〇年及二〇一一年可節省七十億美元。[32]另外，為影響歐洲主導的「納布科」（Nabucco）天然氣管道計畫，保持自身在對歐盟天然氣出口上的主導地位，俄羅斯從二〇〇九年六月開始不斷增加由亞塞拜然沙赫－傑尼斯（Shah Deniz，Шах-Дениз）天然氣田進口天然氣，並且於二〇一〇年一月宣布，擬購買亞塞拜然全部出口天然氣；相對的亞塞拜然則可以換得俄羅斯在納－卡問題上的支持。

　　同樣的，俄羅斯的過境運輸策略也被用在中亞的天然氣出口

---

30 Bank of Finland, "Pricing of Russian Natural Gas, 2005–2007," January 2008.轉引自Mark Kramer, "Russian Policy toward the Commonwealth of Independent States: Recent Trends and Future Prospects", *op. cit.*, p. 10.

31 「俄烏擴大能源合作，中間商或重返天然氣貿易」，俄羅斯新聞網，http://big5.rusnews.cn/xinwentoushi/20100428/42774952.html (2011.04.30).

32 「烏克蘭今年將節約天然氣款30億美元，明年40億美元」，俄羅斯新聞網，http://big5.rusnews.cn/guojiyaowen/guoji_cis/20100421/42769052.html (2011.04.30).

國。由於中亞在地理上被裏海和俄羅斯隔離，沒有可選擇的天然氣出口替代路線，故俄羅斯實際上是一個買方壟斷的買家。土庫曼斯坦是唯一個在短期內有自己的供應武器應對俄羅斯的中亞天然氣出口國，但最終也不得不面對其地理現實，接受長期有利於俄羅斯的解決辦法。二〇〇三年兩國簽署了長期天然氣供應協定，預計到二〇二五年俄羅斯從土庫曼斯坦購買的天然氣將增至八百億立方米。這意味著土庫曼斯坦天然氣幾乎完全被俄羅斯壟斷，再度使歐盟主導的「納布科」天然氣管道將面臨無氣可供的可能。[33]

（三）軍事

　　儘管俄羅斯軍隊在獨立以後曾面臨嚴重的困境，俄羅斯仍舊保持著優於其他獨立國協國家強大的軍事能力，並且歷任總統都力求與其他獨立國協國家進行多邊的軍事合作。一九九二年五月獨立國協各國簽定集體安全條約，二〇〇二年獨立國協「集體安全條約組織」成立（Организация Договора о Коллективной Безопасности, Collective Security Treaty Organization），成員國包括俄羅斯、白俄羅斯、哈薩克斯坦、亞美尼亞、吉爾吉斯斯坦、塔吉克斯坦和烏茲別克斯坦，其宗旨是建立獨立國協國家集體防禦空間，提高聯合防禦能力，防止並調解獨立國協國家內部及獨立國協地區性的爭端。俄羅斯將集體安全條約組織作為外交工具，以促使其成員國團結。

　　「集體安全條約組織」在東歐地區的合作是以「俄白軍事政治同盟」關係為基礎建構。白俄羅斯是獨立國協東歐三國中唯一加入集體

---

33 陳小沁，「透析俄羅斯能源外交的地區實踐」，俄羅斯中亞東歐研究，第5期，（2010年）頁40。

安全條約組織的國家，也是與俄羅斯軍事一體化程度最高的國家。[34]
隨著俄、白雙方整合的深化，兩國的軍事政治合作關係提供了莫斯科
一個面對歐洲的主要戰略前線，以及俄羅斯與加里寧格勒飛地的連
結，[35]是集體安全條約組織框架內的安全合作的重要組成部分。

　　在高加索區域集體安全條約組織內的合作則相對複雜。亞美尼亞
一直是俄羅斯堅定的盟友，也是目前高加索地區唯一的集體安全條約
組織成員國，一九九七年八月俄羅斯與亞美尼亞簽署了友好合作與軍
事援助條約，俄羅斯在亞美尼亞部署士兵並與亞美尼亞武裝力量共同
保衛獨立國協的外部邊界。不過喬治亞、亞塞拜然與集體安全條約組
織的關係較為複雜，兩國曾於一九九三年加入該組織，亞塞拜然希望
在調解亞美尼亞的納－卡衝突時獲取有利地位，喬治亞則希望平息國
內阿布哈茲的分離主義傾向。但是在俄羅斯與亞美尼亞建立實質性的
同盟關係以後，喬治亞、亞塞拜然便分別質疑俄羅斯在解決納－卡衝
突問題上偏袒亞美尼亞，且支持喬治亞境內的阿布哈茲分離主義，故
兩國於一九九九年條約到期後，宣布退出集體安全條約組織，致使該
組織發展遭受阻礙。[36]

　　集體安全條約組織在中亞地區的安全合作較有成效，[37]它具有提
升俄羅斯在該地區的戰略地位，並阻止伊斯蘭武裝分子攻擊之雙重任

---

34 一九九七年俄白簽署了共同保障地區安全協定以及軍事合作條約。一九九八年一月，
　　雙方通過了共同國防政策構想，決定制定共同的軍事政策，建立聯合指揮執行和保障
　　機構，成立聯合部隊，確定統一的軍事計畫。一九九九年十月簽署則了組建兩國地區
　　聯合軍隊協定，雙方開始建立聯合作戰部隊及相應的指揮機構。
35 Dmitri Trenin, "Russia's Spheres of Interest, not Influence", *op .cit.*, p. 14.
36 王彥，獨立國協集體安全條約組織安全合作模式分析，**外交評論：外交學院學報**，第
　　5期（2007年），第40－41頁。
37 在中亞國家中除中立國土庫曼斯坦外，都是集體安全條約組織的創始國，其中烏茲別
　　克斯坦曾於一九九九年宣布退出集體安全條約組織，但是在二○○六年六月分又恢復
　　了其成員國地位。

務。這主要是因為伊斯蘭極端主義、恐怖主義和民族分離主義威脅著中亞國家的安全，由於單靠自身的力量無力解決此問題，因此對俄羅斯有較強的安全依賴。在蘇聯解體後不久，俄羅斯政府便開始重視對伊斯蘭極端主義及恐怖主義的對抗，一直維護其陸海空基地並透過集體安全條約組織，長期與獨立國協各國在中亞和高加索地區合作，共同打擊恐怖主義和伊斯蘭極端主義。反恐任務不僅是俄羅斯政府對北高加索和中亞地區的基本看法，也被大多數中亞各國政府認同。因此，對俄羅斯的武裝部隊和國家安全機關而言，在俄羅斯境內與獨立國協的反恐任務仍可能是主要的合作項目。

儘管俄羅斯學者特列寧認為集體安全條約組織是一個鬆散、僅提供了俄羅斯與獨立國協國家政治協商、有限程度的協調，和國防與安全機構之間相互運作的聯盟：[38]但俄羅斯在獨立國協內的軍事優勢，使集體安全條約組織發展成為一種以俄羅斯為中心的單向關係，這也使得俄羅斯在該組織內的主導地位與影響力更加穩固。目前，俄羅斯國防部和三軍在八個獨立國協國家，以及南奧塞提和阿布哈茲有二十五個軍事基地。[39]這些軍事部署主要是蘇聯時期遺留下來的，以不同模式進行部署安排，例如，白俄羅斯涵蓋了其境內所有俄羅斯士兵的費用，而哈薩克斯坦則在其領土上賺取重要基地和軍事試驗場豐厚的租金。就算大多數獨立國協國家已對俄羅斯駐軍採取相對嚴格的規章制度，但即使違反規定卻也很少受到制裁。例如，從二〇〇三年至二〇〇八年俄喬衝突爆發之前，俄羅斯空軍屢次侵犯喬治亞領空沒有受到懲罰；在一些國家，尤其是摩爾多瓦、喬治亞、塔吉克斯坦，

---

38 Dmitri Trenin, Russia's Spheres of Interest, not Influence, *op. cit.*, p. 14.
39 即哈薩克斯坦、塔吉克斯坦、吉爾吉斯斯坦、亞美尼亞、亞塞拜然、烏克蘭、摩爾多瓦和白俄羅斯等八國，Лукин, Михаил, «Все Российские базы » *Коммерсантъ Власть,* №19 (723), 21.05.2007 http://www.kommersant.ru/doc/766827/print (30.04. 2011)

俄羅斯地面部隊也已經涉入這些國家的國內政治問題。**40**

（四）人文與社會的軟實力外交

　　除了上述政治經濟與軍事方面，加強對獨立國協地區人文與社會合作的軟實力外交也逐漸受到俄羅斯政府的重視，尤其是在語言、宗教、教育、歷史，以及科技產品，如軟體和DVD等方面。這些軟實力影響所及的對象不是政府和精英，而是社會中的群眾。**41**在中亞，儘管關於以前蘇聯時期對俄羅斯的歷史仇恨與敏感性依舊存在，但是與俄羅斯在文化方面的聯繫也沒有中斷，甚至不斷增長。在一些國家努力促進當地語言發展的同時，俄語仍是整個在獨立國協地區商業、就業和教育的通用語言。此外，在日益多元的外來文化影響下，中亞青年仍舊觀看俄羅斯電影和電視，購買俄羅斯的軟體、CD和DVD。**42**

　　二〇〇一年十月在莫斯科的俄國同胞代表大會發起，以及各地區的支持協助下，克里姆林宮在二〇〇三年撥款兩億一千萬盧布支援在前蘇聯地區的俄羅斯僑民，二〇〇四年該基金又增加了百分之二十。「俄羅斯語言」的聯邦計劃在俄羅斯、前蘇聯和其他歐洲國家實施；亞美尼亞、亞塞拜然、吉爾吉斯斯坦和塔吉克斯坦的斯拉夫大學也已成功運作。儘管一些獨立國協的民族主義精英極力反對在公共和社會

40 Kramer, Mark. Russian Policy toward the Commonwealth of Independent States: Recent Trends and Future Prospects. *op. cit.*, pp. 14-15.

41 Andrei P Tsygankov, "If Not By Tanks, Then By Banks? The Role Of Soft Power In Putin's Foreign Policy", *op. cit.*, p. 1081.

42 Nicole J. Jackson, "The role of external factors in advancing non-liberal democratic forms of political rule: a case study of Russia's influence on Central Asian regimes", *op. cit.*, p. 109.

生活中使用俄語，仍有數百萬人喜歡以俄語交談、做生意。此外，俄
羅斯政府也越來越關注到電子媒體所提供的新機會，俄語在網路上被
列為第十個最常使用的語言。許多人還是比較喜歡連結俄羅斯電信網
絡，一方面是基於對俄語的熟悉，另一方面是因為無法切斷的歷史連
結。**43**

　　相繼出現的顏色革命使俄羅斯政府體認到美國等西方國家透過非
政府組織以及公共外交等方式，推廣自身的政治、經濟和文化理念所
展現出的「軟實力」的勝利，故儘管二〇〇八年以來一連串發生的紛
爭，如俄喬衝突、俄烏天然氣紛爭，以及俄白牛奶風波，俄羅斯政府
也越來越重視軟實力的展現和國家形象的形塑。例如，克里姆林宮所
支持的民主與合作研究所（Институт демократии и сотрудничества,
Institute for Democracy and Cooperation），在巴黎和紐約成立了辦公
室，其任務是向西方對俄羅斯的誤解進行辯解，並對西方的人權和民
主的做法進行研究與調查。它的第一本出版品《橘色網絡：從貝爾格
勒到比什凱克》（Оранжевые сети: от Белграда до Бишкека, Orange
Networks: from Belgrade to Bishkek, 2008）概述俄羅斯對西方的民主
推廣力度的反應，特別是西方運用科技影響獨立國協各國國家革命。
此外，克里姆林宮正日益擴大其行銷俄羅斯計劃，該計畫贊助很多親
克里姆林宮的網站，並考慮以互聯網內容產生間接影響力。**44**二〇〇
九年五月底，俄羅斯總統辦公室成立了「國際形象委員會」，進一步

---

43 Andrei P Tsygankov, "If Not By Tanks, Then By Banks? The Role Of Soft Power In Putin's
　Foreign Policy", *op. cit.*, pp. 1083-1084.
44 Nicole J. Jackson, "The role of external factors in advancing non-liberal democratic forms
　of political rule: a case study of Russia's influence on Central Asian regimes", *op.cit.*, p.
　110.

加強俄羅斯的對外公關和軟實力建設，修復和改善俄羅斯的對外政治形象，減弱在二〇〇八年以來俄羅斯一些重大決策的負面影響。[45]

45 Светлана Ходько, «Россию будут пиарить на Западе, Поддержанием международного имиджа страны займется Сергей Нарышкин», *Независимая газета*, 2009-06-17, http://www.ng.ru/politics/2009-06-17/1_image.html (08.05. 2011)

肆、影響俄羅斯與獨立國協關係互動的因素

　　獨立國協地區在俄羅斯的對外政策中扮演著特殊的角色，俄羅斯是推動獨立國協一體化合作的關鍵動力，在很大程度上也是主導這個地區事務的首要力量。從俄羅斯與獨立國協各國關係互動來看，其政策主要是受到：1.在政治方面的民主化與各國主權因素，2.經濟面的能源因素，以及3.軍事安全方面的北約東擴和北高加索安全等因素的影響，而其中所涉及到的國家除俄羅斯與獨立國協各國以及西方（歐盟與美國）外，還有亞洲新興的中國與印度。

一、在政治方面的民主化與各國主權因素

　　就民主化而言，二○○三年和二○○四年發生在喬治亞以及烏克蘭的顏色革命，使俄羅斯政府開始支持鎮壓民主改革的獨立國協國家以杜絕政治騷亂，因此不論是西方政府或是西方學者都認為，俄羅斯政府試圖停止獨立國協地區內的民主化，甚至莫斯科被稱為是，介於共產國際和神聖同盟之間的「威權國際」（Authoritarian Internationale）的核心，不僅支持獨裁地位、對抗鄰近地區的民主革命，也反對世界各地的西方民主。[46]對此俄羅斯學者特列寧提出不同的看法，他認為目前的俄羅斯領導人並不懼怕民主，而是擔心美國所推動的民主政策。俄羅斯政府懷疑，美國等西方國家擴大民主的真正目的是要促進其在獨立國協的勢力範圍，並對俄羅斯領導人施加壓力。「克里

---

46 共產國際是國際共產主義組織，一九一九年在莫斯科成立，於一九四三年解散。神聖同盟是奧地利、普魯士、俄羅斯和英國聯盟，於一八一五年簽署生效，目的是為反對革命。

姆林宮不是那麼在意發生在喬治亞還是烏克蘭的民主實驗，相反的，倒是非常介意美國和華盛頓用它對付俄羅斯其統治者的力量與決心。克里姆林宮對「橙色革命」最輕微的解讀是，使得烏克蘭親西方；但較嚴重的看法則是，這是一次美國即將在俄羅斯設計一場顏色革命的彩排。[47]因此任何一個獨立國協國家的顏色革命幾乎會對俄羅斯的政策產生深遠影響。目前俄羅斯在獨立國協國家中較擔心，未來十年顏色革命會在白俄羅斯發生。俄羅斯外交與國防政策委員會便認為，白俄羅斯已成為俄羅斯與美國、歐盟爭奪的目標。如果莫斯科採取一系列有利於明斯克的政治和經濟措施，那麼白俄羅斯就將成為俄羅斯可靠的運輸走廊，和俄羅斯向波蘭、波羅的海經濟拓展的前哨，俄白雙方也將成為蘇後地區能源一體化的典範；然而如果白俄羅斯在歐盟和俄羅斯之間奉行隨機應變政策，繼續沿保守的政治機制和行政命令的經濟模式道路走下去，而莫斯科不針對明斯克擬定出深思熟慮的戰略，那麼未來白俄羅斯可能重複烏克蘭的腳本。[48]

此外，基於獨立國協國家政治、經濟自主性日益強化，俄羅斯的獨立國協政策也因此受到影響。各國奉行大國平衡的全方位外交，透過與美、歐、日、中、印加強交往，逐漸增強自己的獨立性；除喬治亞要求加入北約外，摩爾多瓦以及亞美尼亞亦把加入歐盟作為國家中長期發展目標；白俄羅斯對與俄羅斯建立聯盟國家持高度謹慎態度，尤其天然氣危機後，白俄羅斯允許歐盟在明斯克設立代表處，以平衡俄羅斯影響。哈薩克斯坦也努力在中亞地區增加其影響力，烏茲別克斯坦雖在安集延事件後向俄羅斯靠攏，但也不忘修補與美國的關係。

---

47 Dmitri Trenin, "Russias Spheres of Interest, not Influence", *op. cit*., p. 15.
48 俄羅斯外交與國防政策委員會著，萬成才譯，*未來十年俄羅斯的周圍世界—梅普組合的全球戰略*，前引書，頁143，146。

此外，獨立國協各國的主權也表現在接受或拒絕他國在其領土的駐軍。對於九一一後烏茲別克斯坦、吉爾吉斯斯坦等國接受美國駐軍，俄羅斯實際上沒有充分理由、也沒有能力強行阻止美國和西方勢力進入獨立國協地區。

二、經濟面的能源因素

雖然能源供應被俄羅斯作為影響獨立國協各國，以達到政治和經濟目的的手段，不過基於歐美西方國家、中國及印度的能源需求與相關利益，以及能源價格等因素，使得俄羅斯對獨立國協政策在能源經濟方面的權衡必須考慮到這些面向。首先，在國際能源市場和獨立國協能源合作中，俄羅斯遇到來自美國、歐洲和其他國家之競爭。長期以來，中亞國家的油氣出口主要靠過境俄羅斯的管線輸往國際市場，但俄羅斯的能源價格轉入市場行情後，這些前蘇聯加盟共和國便努力減少對俄羅斯能源的依賴，積極轉向美國和歐盟，這便與華盛頓的「管道政治」不謀而合。對美國而言，隨著對進口石油依賴程度不斷加深，美國主張能源開採和運輸多元化，避免過分集中於某個國家或地區，以減少對世界和美國的能源安全所造成的威脅。因此美國希望藉由新能源管線鞏固外高加索乃至整個中亞和裏海地區的政治獨立，降低俄羅斯的影響力及其對中亞能源的壟斷。對歐洲而言，從俄羅斯與烏克蘭、白俄羅斯的天然氣爭端、俄羅斯與喬治亞的軍事衝突，到天然氣歐佩克的成立，讓大部分歐洲國家都感受到過分地依賴俄羅斯的能源政治和能源經濟，已經威脅到歐洲國家的能源安全，因而歐盟也主張能源供給多元化，但也盡量擺脫美國從地緣政治、軍事等方面與俄羅斯對抗的作法，希望與俄羅斯建立長期穩定的地緣能源經濟關係。因此儘管俄羅斯的能源貿易條件存在各種威脅和批評，歐洲與俄羅斯的合作仍不受喬治亞危機的影響，依舊是俄羅斯石油天然氣的主要購買者。故歐盟和美國在開發獨立國協能源供應（特別是天然氣的替代路線）與俄羅斯的能源利益相悖，不僅影響其與西方的關係，也為俄羅斯的獨立國協外交政策增添變數。在俄羅斯普遍存在一種觀點：俄羅斯從不懷疑與西方的能源合作；但是在西方不斷使俄羅斯確信西方願意看到俄羅斯成為繁榮強大的夥伴的同時，俄羅斯也看到另一面事實：西方國家仍持續將能源問題政治化，尤其在裏海能源問題上激化其他國家與俄羅斯的矛盾。**49**

其次，中國和印度也都有確保其天然氣和石油來源之需求。中國和印度對能源需求的激增是二〇〇八年年中帶動國際市場價格的主要因素，並且在未來除非全球經濟持續衰退和國內政治動盪限制了中、印的經濟增長，否則中、印對能源的需求依然是持續增加。在此情況下，如果中、印（特別是中國）與俄對能源安全產生分歧，勢必引發雙邊關係緊張，進一步牽動俄羅斯在獨立國協的政策；但該情況應該不會出現，因為基於俄羅斯仍將致力在整個獨立國協地區享有供應中、印天然氣的最大控制權，故無論是透過建設新的天然氣管道，或與中亞國家建立分銷安排，俄羅斯基本上仍具有最大決定權。

最後，世界石油和天然氣價格若快速持續的下降，也勢必會影響俄羅斯與獨立國協各國關係，或破壞俄羅斯全球能源貿易的作用。由於俄羅斯天然氣工業公司和俄羅斯國有石油公司長期被俄羅斯政府當

---

49 Н.А. Симония, «Геоэнергетические интересы России в Центральной Азии», *Мировая экономика и междунар. отношения.* № 11 (2007), С. 4. 轉引自高淑琴，賈慶國，「俄羅斯能源外交：理論學說的形成及發展趨勢」，東北亞論壇，總第94期（2011年第2期），頁66。

成政治工具，用於支持其內外政策，故常有與公司的最佳利益相悖之作為。此外缺乏足夠持續投資及有效管理，使俄羅斯天然氣工業公司在二〇〇七年時的產量還停留在一九九九年的水準，營運成本（除了稅收之外）也從每桶四點九美元上升至十四點八美元，即使擁有許多來自政府的實質性優惠，公司的債務依舊日益擴大。金融海嘯期間，外國進口需求下降迫使俄羅斯天然氣工業公司降低產量，天然氣價格的暴跌也使俄羅斯天然氣工業公司利潤大幅減少。這種情形說明無論是全球經濟衰退，或意外地轉向替代能源所導致天然氣世界價格長期的下滑，將使俄羅斯失去在獨立國協最有力的槓桿，無法隨心所欲的利用其天然氣資源去處理與其他獨立國協各國的關係，以達其政治和經濟目的。例如，就在二〇〇八年八月的俄喬戰爭結束後，亞塞拜然就在十一月十三日至十四日於巴庫召開的能源首腦會議上簽訂了兩項協定，一項是為鄰邦喬治亞供應五年天然氣的協議，另一項是與哈薩克斯坦簽訂年出口兩千五百萬噸石油的協議。[50]

三、軍事安全方面的北約東擴和北高加索安全因素

與美國等西方國家最大問題來源是未來的北約東擴和歐盟深入喬治亞或獨立國協。從俄羅斯的角度來看，北約給予烏克蘭、喬治亞成員國資格，也可能允許其他獨立國協國家加入，莫斯科必然強烈反對。從二〇〇八年的俄喬衝突即可說明俄羅斯將盡一切可能阻止喬治亞、烏克蘭，或任何其他獨立國協國家加入北約。如果北約在未來十

---

50 赫德蘭（Stefan Hedlund），李承紅譯，「危機中的俄羅斯：一個超級能源大國的終結」，俄羅斯研究，總第162期（2010年第2期），頁52－53。

年仍繼續在獨立國協地區不斷擴大其影響力，可能引起莫斯科不良的反應。事實上，俄羅斯在獨立國協地區的軍事優勢，恐怕是北約也無法挑戰。北約在俄羅斯尚未進入南奧塞提時便提出抗議，但卻完全無法阻止該戰事的發生；北約各國也無法迫使俄羅斯取消在獨立國境內的軍事部署，雖然西方國家的領導人從一九九九年十一月取得莫斯科從喬治亞和摩爾多瓦撤軍，調整回歐洲常規武裝力量（歐洲常規武裝力量條約）的書面承諾，但北約一直未能迫使俄羅斯兌現這一承諾。俄羅斯決定在二〇〇七年七月暫停其參加歐洲常規武裝力量條約[51]、在南奧塞提和阿布哈茲部署一個更大數目的俄羅斯軍隊、西方不斷增長的矛盾，以及二〇〇八年俄喬衝突這幾個因素，使俄羅斯軍隊在未來數年繼續留在喬治亞和摩爾多瓦領土的可能性大增，特別是在南奧塞提和阿布哈茲地區。即使無法獲得國際承認阿布哈茲和南奧塞提為獨立國家，在南奧塞提附近和阿布哈茲領土的俄羅斯軍隊也說明了不是第比利斯或北約，而是俄羅斯才有對這兩個實體政治命運的最終發言權。[52]

　　俄羅斯的獨立國協政策，特別是對亞塞拜然和中亞，也可能受到在北高加索地區或喬治亞再次爆發的戰事所影響。雖然車臣戰事已結束，但北高加索的其他地區，特別是印古什和達捷斯坦的局勢仍不穩定。如果戰爭在該地區全面復發，像第二次車臣戰爭時與喬治亞的

51 一九九九年十一月十九出席歐安組織首腦會議的三十個國家日簽署「歐洲常規武裝力量條約修改協定」，其後隨著北約東擴和美國計劃在捷克和波蘭部署導彈防禦系統，俄總統普丁於二〇〇七年七月十四日簽署命令，決定俄暫停執行「歐洲常規武裝力量條約」及其相關的國際協議，以應對俄國家安全面臨的威脅。十一月三十日普丁簽署了暫停執行「歐洲常規武裝力量條約」的聯邦法案，根據該法案，俄將暫停提供常規武器相關資訊，並拒絕接受核查；在此期間，俄羅斯在發展常規武器方面將不受限制，何時恢復執行這一條約將由總統決定。

52 Mark Kramer, Russian Policy toward the Commonwealth of Independent States: Recent Trends and Future Prospects, *op. cit.*, p. 13.

各種問題與紛爭（如進行跨境空襲）便很容易再發生。北高加索地區新的軍事衝突也可能對俄羅斯與中亞國家的關係有不良影響，伊斯蘭極端主義不論是從北高加索，或是從巴基斯坦和阿富汗蔓延到中亞地區，俄羅斯政府會以集體安全條約組織的協議，協助維持烏茲別克斯坦、哈薩克斯坦、土庫曼斯坦這些中亞國家的穩定與安全。因為在二十世紀九〇年代初俄羅斯政府便已經投入了大量的軍隊與財富，協助塔吉克斯坦處理因為宗教與民族問題所引發的內戰，故俄羅斯現在也不會袖手旁觀。**53**

---

53 *Ibid.*, p. 16.

伍、結　論

　　俄羅斯視獨立國協內的各成員國爲特殊的近臨國家，並且將該
地區作爲自己的利益空間，雙方不僅有經濟面的互賴關係，獨立國協
也是地緣政治上的重要緩衝和屏障區。然而基於蘇聯解體後獨立國協
地區成爲大國勢力角逐的焦點，使俄羅斯面臨到失去這些緩衝帶的困
境，縮小現有的地緣政治優勢。因此維持俄羅斯在獨立國協地區的原
有的政治、經濟影響力是俄羅斯的必然選擇。

　　在政治方面，俄羅斯擔心美國等西方國家擴大民主的眞正目的
是要促進其在獨立國協的勢力範圍，並對俄羅斯領導人施加壓力，因
此俄羅斯一方面透過頻繁的高層互訪和密切的政治對話等方式，全面
加強與親俄政府的關係，並擴大在經貿、能源、交通、軍事與安全等
領域的合作。另一方面，對於與西方來往密切的國家，則以強硬的方
式對待，並弱化美國等西方勢力對該地區的影響力，降低獨立國協各
國被分裂的趨勢。俄羅斯在經濟和能源的利益是爲鞏固能源供應者和
分配者的主導地位。透過「供給」和「運輸」的掌控，並保留具選擇
性的政治操縱手段，加強對獨立國協地區的能源控制，掌握國際能源
價格和市場的主導權。在軍事和國家安全方面，俄羅斯政府始終尋求
更加實質內容的集體安全條約，並在反恐、情報和邊境安全問題與獨
立國協各國政府密切合作。俄羅斯的軍事優勢使集體安全條約組織發
展成爲一種以俄羅斯爲中心的單向關係，這也使得俄羅斯在該組織內
的主導地位與權力更加穩固。有鑒於美國等西方國家透過非政府組織
以及公共外交等方式的勝利，加強對獨立國協地區人文與社會合作的
軟實力外交逐漸受到俄羅斯政府的重視，俄羅斯政府不但在俄羅斯、
前蘇聯和其他歐洲國家推廣俄羅斯語言，也越來越重視軟實力展現和
國家形象的形塑。俄羅斯的國家行銷計劃贊助許多親克里姆林宮的網
站，加強俄羅斯的對外公關和軟實力建設，改善俄羅斯的對外政治形

象。

獨立國協各國主權與民主化、能源、北約問題和北高加索安全等因素影響著俄羅斯對獨立國協之政策。隨著獨立國協各國的自決，以及各種勢力在該地區的競逐持續激烈，獨立國協的歷史、經濟和政治聯繫已逐漸減弱，各國紛紛在原蘇聯勢力範圍之外的地緣政治和經濟領域內發揮作用，企圖在國際舞臺上建立自己政治的獨立性與影響力。獨立國協各國的經濟、勞動力和過境資源將繼續成為西方國家和俄羅斯激烈競爭的對象，西方將積極利用資訊和其他資源對抗俄羅斯增強的影響。獨立國協國家的發展前景在很大程度上將取決於俄羅斯與歐盟、美國、中國關係的發展，以及俄羅斯本身政治現代化和經濟現代化的程度，故為維護在獨立國協地區的利益，俄羅斯將在保持對鄰國政治和經濟影響的必要性，以及願意為此付出的代價之間尋求平衡，並制定出能達到自己目標的整體戰略。

參考文獻

一、中文資料

王彥，「獨立國協集體安全條約組織安全合作模式分析」，外交評論：外交學院學報，5期（2007年），第37－42頁。

左鳳榮，「俄羅斯外交華麗轉身」，南風窗，第15期（2010年），頁82－84。

姜毅，「獨」或「聯」依然是個問題，當代世界。第11期（2009年），頁34－36。

高淑琴，賈慶國，「俄羅斯能源外交：理論學說的形成及發展趨勢」，東北亞論壇，總第94期（2011年第2期），頁61－67。

陳小沁，「透析俄羅斯能源外交的地區實踐」，俄羅斯中亞東歐研究。第5期（2010年），頁38－43。

「梅德韋傑夫宣佈俄羅斯外交政策五項原則」，俄新網，http://2006.rusnews.cn/eguoxinwen/eluosi_duiwai/20080901/42254527.html (2011. 04. 28)

萬成才，「俄羅斯2010年國際環境獲得較大改善」，**中國國際問題研究基金會**，
　　2011-4-5。http://www.cfis.cn/details.asp?board_ID=12&topic_ID=224 (2011.05.28)
鄭羽，**獨聯體**（1991~2002）（北京：社會科學文獻出版社，2005）。
顧志紅，「評俄羅斯的新獨聯體政策」，**俄羅斯中亞東歐研究**，第2期（2006年），
　　頁28－33。
「俄烏擴大能源合作，中間商或重返天然氣貿易」，**俄羅斯新聞網**，http://big5.rus-
　　news.cn/xinwentoushi/20100428/42774952.html (2011.04.30)
「烏克蘭今年將節約天然氣款30億美元，明年40億美元」，**俄羅斯新聞網**，http://
　　big5.rusnews.cn/guojiyaowen/guoji_cis/20100421/42769052.html (2011.04.30)
俄羅斯外交與國防政策委員會著，萬成才譯，**未來十年俄羅斯的周圍世界—梅普組合
　　的全球戰略**（北京：新華出版社，2008）。
赫德蘭（Stefan Hedlund）著，李承紅譯，「危機中的俄羅斯：一個超級能源大國的
　　終結」，**俄羅斯研究**，總第162期（2010年第2期），頁40－63。

二、英文資料

Bank of Finland, "Pricing of Russian Natural Gas, 2005–2007," January 2008.轉引自
　　Kramer, Mark. "Russian Policy toward the Commonwealth of Independent States:
　　Recent Trends and Future Prospects". *Problems of Post-Communism*, Vol. 55, No. 6
　　(2008), p. 10.

Jackson, Nicole J. "The role of external factors in advancing non-liberal democratic
　　forms of political rule: a case study of Russia's influence on Central Asian regimes",
　　Contemporary Politics, Vol. 16, No. 1, (2010), pp. 101–118.

Kramer, Mark, "Russian Policy toward the Commonwealth of Independent States: Re-
　　cent Trends and Future Prospects", *Problems of Post-Communism*, Vol. 55, No. 6
　　(2008), pp. 3–19.

Nygren, Bertil. "Putin's Use of Natural Gas to Reintegrate the CIS Region", *Problems of
　　Post-Communism,* Vol. 55, No. 4 (2008), pp. 3–15.

Tolstrup, Jakob. Studying a negative external actor: Russia's management of stability
　　and instability in the 'Near Abroad', *Democratization*, Vol. 16, No. 5 (2009), pp. 922–
　　944.

Trenin, Dmitri. Russias Spheres of Interest, not Influence, *The Washington Quarterly,*
　　Vol. 32, No.4 (2009), pp. 3-32.

Tsygankov, Andrei P. "If Not By Tanks, Then By Banks? The Role Of Soft Power In Pu-
　　tin'S Foreign Policy", *Europe-Asia Studies*, Vol. 58, No. 7 (2006), pp. 1079 – 1099.

«Акция в Андижане готовилась за пределами Узбекистана несколько месяцев». *РИА "Новости".* http://www.rian.ru/incidents/20050628/40788757.html (28.04. 2011）.

«Концепция национальной безопасности Российской Федерации, (утв. Указом Президента РФ от 10 января 2000 г. N 24)», *Центр по изучению проблем разоружения, энергетики и экологии.* http://www.armscontrol.ru/start/rus/docs/sn-con00.htm (12.04. 2011).

«Концепция внешней политики российской федераци», Дипломатический вестник МИД РФ, специальное издание, Январь, 1993.轉引自鄭羽，獨聯體（1991~2002）（北京：社會科學文獻出版社，2005），頁241。

«Концепция внешней политики Российской Федерации», *Независимой Газете,* 11.07.2000, http://www.ng.ru/world/2000-07-11/1_concept.html (11.04. 2011).

«Концепция внешней политики Российской Федерации. 2008». *Президент России,* http://news.kremlin.ru/acts/785/print (11.04.2011).

Лукин, Михаил, «Все Российские базы» Коммерсантъ Власть, №19 (723), 21.05.2007, http://www.kommersant.ru/doc/766827/print (30.04. 2011）.

«Обзор внешней политики российской федерации», *Министерство Иностранных Дел Российской Федерации,* http://www.ln.mid.ru/brp_4.nsf/sps/3647DA97748A106BC32572AB002AC4DD (11.04. 2011).

«Об утверждении стратегического курса российской федерации с государствами - участниками содружества независимых государств», *InfoProvo-Законодательство Российской Федерации,* http://infopravo.by.ru/fed1995/ch02/akt12635.shtm (17.03. 2009).

Путин, В.В.. «Выступление Президента России В.В.Путина на пленарном заседании Совета глав государств - участников Содружества Независимых Государств», Казань, 26 августа 2005 года. *Посольство Российской Федерации в Республике Молдова,* http://www.moldova.mid.ru/press-slujba/pr_29082005.htm#2 (10.04. 2011).

Путин, В.В.. «Послание Федеральному Собранию Российской Федерации.» 2005.04.25. *Президент России,* http://archive.kremlin.ru/appears/2005/04/25/1223_type63372type63374type82634_87049.shtml (11.04. 2011).

Симония, Н.А. Геоэнергетические интересы России в Центральной Азии // *Мировая экономика и междунар.отношения,* № 11, (2007) С.3-12. 轉引自高淑琴，賈慶國，「俄羅斯能源外交：理論學說的形成及發展趨勢」，東北亞論壇，總第94期

（2011年，第2期），頁66。

«Экономические интересы и задачи россии в снг»(Москва: Институт современного развития ИНСОР 2010), *Институт современного развития,* http://www.riocenter. ru/files/Doklad_SNG.pdf (24.04. 2011).

Федорова, Анастасия, «Россия и СНГ», *Открытая экономика,* http://www.opec. ru/1237889.html (24.04. 2011).

Ходько,Светлана. «Россию будут пиарить на Западе, Поддержанием международного имиджа страны займется Сергей Нарышкин», *Независимая газета, 2009-06-17,* http://www.ng.ru/politics/2009-06-17/1_image.html (08.05. 2011).

第二章　俄喬衝突前後俄羅斯與北約關係之研究

連弘宜

壹、前　言

　　自從美國於二〇〇七年宣布將在東歐部署飛彈防禦系統，俄國前總統普欽（Vladimir Putin；Владимир Путин）便一反過去自九一一事件後配合美國全球反恐的政策。二〇〇七年二月普欽在慕尼黑舉行的國際安全會議上抨擊美國在全球議題上專斷獨行，此舉讓世界更加不穩定。接著，更陸續宣布許多反制措施，包括研發試射飛彈，準備在靠近波羅的海的加里寧格勒州（Kaliningrad）部署飛彈等措施。其次，二〇〇八年八月俄國出兵南奧塞梯（South Ossetia），在面對西方國家對俄羅斯的譴責，俄國現任總統梅德韋傑夫（Dmitri Medvedev；Дмитрий Медведев）表達不希望與西方國家發生對抗，但若遭到攻擊必將反擊。此番談話應為俄國現今面對國際事務，尤其是面對西方國家挑戰時俄羅斯的基本立場。然而梅氏亦表達俄羅斯不想與任何國家發生對抗，俄羅斯不打算將自己孤立起來。至於俄國外長拉夫羅夫（Sergei Lavrov；Сергей Лавров）則清楚闡述俄國未來對外政策的看法，拉氏指出俄羅斯向南奧塞梯地區出兵的決定，為該國捍衛國家利益樹立新的標準。此番言論表明俄羅斯不會屈服於外部壓力。

　　美俄關係自二〇〇八年八月俄國和喬治亞衝突後開始惡化，直至二〇〇九年一月美國新總統歐巴馬（Barak Obama）就職後，美國開始思考修補美俄關係。首先，在二〇〇九年二月美國副總統拜登（Joe Biden）在慕尼黑舉行的國際安全會議中提及，美國準備與俄羅斯重新展開新關係。接著是美國國務卿希拉蕊·柯林頓（Hillary Clinton）和俄國外長拉夫羅夫二〇〇九年三月在日內瓦會面，兩人共同按下「重啟」（Reset）美俄關係的紅色按鈕，達成重啟雙邊關係，協商新戰略性武器裁減條約的共識。二〇〇九年七月歐巴馬總統訪俄修補美俄關係，對於俄國所關切的在東歐部署飛彈防禦系統的議題則以設立委員會「研究」的方式，暫時將雙方的歧見延後討論或暫時「冷凍」起來。

本論文將以俄羅斯與北約關係為主軸，但此雙邊關係與俄美兩國關係有很密切的連動關係。因此，本文將會以美國推動北約東擴議題為核心，主要鎖定在二○○七至二○○八年間美國宣布在東歐部署導彈攔截系統與支持烏克蘭和喬治亞加入北約的議題，及隨後俄羅斯的反制作為。本論文首先闡明俄羅斯對外政策演變，接著論述北約的東擴政策如何挑戰俄國的核心利益及俄國對上述北約政策的認知及反制方法、各國對俄喬衝突的觀點及立場，再者則是比較美國小布希政府及現今歐巴馬政府對俄政策的重點及差異，最後總結俄國與北約的關係。

貳、俄國外交政策演變

一、普欽前期外交政策（二○○○－二○○七年二月）

　　二○○○年俄羅斯總統普欽上臺以來的對外政策，係希望與西方國家開展合作，而非一味地談論俄羅斯的大國地位，主張對外政策須符合實際，堅持務實及效益原則，為國家經濟建設服務[1]。經過多次討論與修改，俄國政府在面向新世紀時，於二○○○年七月提出對外政策第二份綱領性文件「俄羅斯聯邦對外政策概念」，從而確立新世紀俄羅斯外交政策基本目標和整體布局。俄羅斯外交方針的優先方向為保護個人、社會和國家利益[2]。

　　普欽所批准此份新世紀對外政策概念與前任總統葉利欽（Boris Yeltsin；Борис Ельцин）時代的不同處在於：（一）對外政策的目標範圍收縮。俄羅斯所面臨的外交主要來自內部，內部衰弱導致對外政策失敗[3]。「一邊倒」外交政策過度強調意識型態及戰略利益上與西方的一致性，使國家利益遭受巨大損失[4]。「全方位」外交即為修正「一邊倒」外交的缺失，「全方位」外交強調在廣泛參與的國際活動中堅持俄羅斯立場，表明俄國政策有別於以美國為首所代表的西方國家。此類型外交固然堅持俄國利益與立場，但對俄國介入國際議題的焦點未臻妥當，且對自身能力估計過高。新世紀俄國對外政策即修正上述兩者的缺失，在目前實力未足的情況下，俄國將適度縮減對外政

1 羅伊·麥德維杰夫，王曉玉、韓顯陽譯，普京－克里姆林宮四年時光，北京：社會科學文獻出版社，2005年，頁191-194。
2 潘德禮主編，俄羅斯十年（下卷），北京：世界知識出版社，2003年，754-755。
3 羅伊·麥德維杰夫，王桂香等譯，普京時代－世紀之交的俄羅斯，北京：世界知識出版社，2001年，頁33-34。
4 葉自成，俄羅斯政府與政治，臺北：揚智，1997年，頁300-303。

策目標的範圍，以達成目標與手段間的平衡[5]。（二）堅持和保障俄羅斯的核心利益。俄國外交總體原則爲固守核心利益，在其他領域和目標方向保持靈活性，容許做出較大讓步。此舉係避免在無法獲取顯著的國家利益情況下，付出無謂的經濟代價；同時亦盡可能避免與外部世界對抗[6]。（三）突顯外交政策的經濟作用，外交活動需與國家經濟利益結合。盡快發展經濟以增強國力是俄國確保國際地位的基礎。俄國對外政策將緊扣保障國家安全及發展國家經濟這兩個主軸前進[7]。

二、普欽後期俄國外交政策的轉變（二〇〇七年二月-二〇〇八年五月）

自從美國於二〇〇七年宣布將在東歐部署飛彈防禦系統，俄國前總統普欽便一反過去自九一一事件後配合美國全球反恐的政策。二〇〇七年二月十日普欽在第四十三屆「慕尼黑安全政策會議」中強烈抨擊美國於全球「幾近無限制地」使用武力，華府窮兵黷武不僅造成全球局勢動盪，也迫使弱小國家研發核子武器以求自保。普欽致詞時細數美國的不是，包括他當政七年內，俄美間的許多齟齬。例如，「北大西洋公約組織」東擴至波羅的海，根本與北約的現代化無關。他說，北約過去曾承諾，不會在德國東邊部署軍隊，俄羅斯認爲這是北

5　Igor Ivanov. "The New Russian Identity: Innovation and Continuity in Russian Foreign Policy," The Washington Quarterly, 24:3, Summer, 2001, pp.2-3.
6　尚偉，冷戰後俄羅斯軍事戰略思維研究，北京：國防大學出版社，2003年，頁273-280。
7　連弘宜，俄羅斯國家安全戰略，翁明賢等主編，新戰略論，臺北：五南出版公司出版，2007年，頁165-167。

約對俄國安全所作的保證，但如今北約軍力已逐漸逼近俄羅斯。這具有挑釁意義，會減少俄羅斯和北約的政治互信[8]。

此外，普欽批評美國發展彈道飛彈防禦系統，引發新的核子武器競賽。而美國在伊拉克戰爭中的作為，反倒使中東情勢變得更不穩定。普欽還譴責美國破壞若干國際機構的功能，如多次派員赴前蘇聯國家觀察選舉的「歐洲安全暨合作組織」（OSCE），已變成「專為某國外交政策利益服務的粗鄙工具」。這是普欽自上任以來對美國所作最嚴厲的批評，他宣稱「世界已變得單極化，變成由一個國家主宰[9]」。普欽指責美國「在各方面都逾越了它的國界」，其「單方面、違法」的軍事行動根本解決不了任何問題，而這些行動「把我們帶往一個又一個衝突的深淵[10]」。（有關俄國外交各階段情況詳見表一：俄羅斯外交五個階段一覽表）

三、梅德韋傑夫初期外交政策（二○○八年五月-二○○九年七月）

普欽時代進入梅德韋傑夫時代，主要係延續普欽時代後期政

---

8 Vladimir Putin, "Выступление и дискуссия на Мюнхенской конференции по вопросам политики безопасности（慕尼黑安全政策會議演說），" *President of Russia*, <http://www.kremlin.ru/appears/2007/02/10/1737_type63374type63376type63377type63381type82634_118097.shtml>(10 Feb 2007).

9 Andrew Monaghan. "'An Enemy at the gates' or 'from victory to victory'-Russian Foreign Policy," International Affairs, 84:4(2008), pp.719-721.

10 Vladimir Putin, "Выступление и дискуссия на Мюнхенской конференции по вопросам политики безопасности（慕尼黑安全政策會議演說），" *President of Russia*, <http://www.kremlin.ru/appears/2007/02/10/1737_type63374type63376type63377type63381type82634_118097.shtml>(10 Feb 2007).

策。俄國外交重點應是加強俄國對獨立國協國家的影響力、避免北約
實質勢力的東擴、加強與歐盟對話、直接與美國商討國際議題並坦率
地表達自身立場及解決方式、與東方國家印度及中國保持更密切的關
係、加強在國際組織的影響力，尤其突顯聯合國在解決國際衝突上的
角色，選擇一些與自身利益相關的議題，強烈表達俄國的立場。隨著
俄國綜合國力提升，俄國會加強在世界各地區的影響力，但與其利益
相關的國家優先地發展更密切的關係。這亦是普欽外交的特點之一，
基本上普欽主張外交係為國內經濟發展服務，外交不從事對實質國力
提升無助益之事。

　　上述俄國外交重點便包括持續加強與中國及印度的關係。俄中除
兩國雙邊關係的面向外，亦藉由上海合作組織加強與區域國家間的合
作，除增進對區域國家的影響力，亦可提升兩國在國際間的地位。至
於對東亞國家日、韓則保持友好，期望這兩個經濟較佳的國家能投資
開發遠東及西伯利亞。對北韓則保持基本的影響力。

　　俄國對美政策則相對複雜許多，俄國隨著綜合國力的提升，對
於美國不友好的舉動提升反對的強度，但重點是美國對俄政策本身亦
不是一成不變。從九一一事件後，美國對俄國的合作感到滿意，待
反恐行動告一段落之後便開始質疑俄國的民主、法治、傳媒自由等
議題[11]，再計畫於東歐部署反飛彈系統。因此俄國對美政策係較處於
「接招」態勢，相較之下無主動出擊的動作[12]。不過科索沃獨立事件
可成為一個觀察點。俄國強烈反對該國獨立，稱此舉係在國際間形
成一個惡例，並指出必要時可能動用武力[13]。基本上，由於此事件觸

---

11 羅伊‧麥德維杰夫，王尊賢譯，普京總統的第二任期，北京：社會科學文獻出版社，
　2006年，頁220-223。

12 許志新主編，重新崛起之路－俄羅斯發展的機遇與挑戰，北京：世界知識出版社，
　2005年，頁311-313。

13 Reuters, "Russia Issues New Warning Over Kosovo," *China Post website*, <http://www.

及俄國最敏感的部分 ── 內部民族問題，加上俄國傳統上支持塞爾維亞，而這事件亦如前述是屬於「選擇一些與自身利益相關的議題，強烈表達俄國立場」的事件。

　　普欽外交政策另一項和過去俄國（蘇聯）政府不同之處，其中很重要的一點在於對歐洲的看法，過去認為歐美一體皆為所謂西方國家，但普欽很強調歐洲一體，而且希望俄國能夠融入歐洲[14]，亦即所謂「歐洲是歐洲人的歐洲」。因此，歐洲國家對俄國的接受程度就成為俄國對歐政策是否成功的關鍵。由於前蘇聯集團的東歐國家或原蘇聯加盟國紛紛選擇加入歐盟，基於過去交往的經驗對俄國的印象可能不是太好，但隨著時間流逝，這些國家與俄國的關係逐漸步上正常國家的交往，再加上有歐盟當靠山，與俄國交往的勇氣亦逐步增強。歐盟是有可能與俄國逐步藉由對話彼此了解，追求共同的利益，在政策上有逐步趨同的可能性。歐洲國家現階段對俄國最在意的部分應屬能源議題。俄國擁有此項「武器」，讓俄國在與歐洲國家的交涉中，擁有更多的籌碼，俄國必然不會放棄發揮此「武器」功用的機會，設法讓歐洲向自身方向靠近，間接讓歐美關係冷淡，如能達成此目標，基本上俄國對歐美的外交政策已符合現階段（普欽後期及後普欽時期）的目標。

　　在外交方面，從梅德韋傑夫目前的表述來看，他在外交方面要堅持普欽路線，從國家利益出發，奉行過去八年來的獨立外交路線。近年來俄羅斯與以美國為首的西方國家態度強硬的實質，在於雙方實力對比的變化，俄羅斯國力重新增強，導致了它不可能再像以前那樣對

---

chinapost.com.tw/international/2008/02/13/142650/Russia-issues.htm>(13 Feb 2008).
14 許志新主編，重新崛起之路－俄羅斯發展的機遇與挑戰，北京：世界知識出版社，2005年，頁335-339。

西方「忍氣吞聲」。普欽在即將卸任前已感受到西方國家期待梅氏應
較好交涉，普欽在會見德國總理梅克爾（Angela Merkel）時明白表
示，俄羅斯新當選總統梅德韋傑夫將在國際舞臺上積極維護俄國家利
益，西方國家與梅德韋傑夫打交道並不會「更容易」[15]。

表一　俄羅斯外交五個階段（1992-2011.09）一覽表

外交政策	時　間	總　統	外　長	內　容
一邊倒	1992-1995	葉利欽（1991-1999）	柯茲列夫（1992-1996）	希望全面改善和發展與西方國家的關係，期待獲得大量經濟援助，並與西方結成戰略聯盟，以實現最終融入西方世界的戰略目標。
全方位	1996-1999		普利馬可夫（1996-1998）	希望與世界所有國家建立完全平等伙伴關係，捍衛俄羅斯自身利益，改變對西方國家一昧讓步的局勢，重振俄羅斯大國地位，並努力成為世界多極體系中的一極。
經貿至上	2000-2007.02	普欽（2000-2008.05）	伊凡諾夫（1998-2004）	希望與西方國家開展合作，而非一昧地談論俄國大國地位，主張對外政策須符合實際，堅持務實及效益原則，為國家經濟建設服務。
強勢作為捍衛利益	2007.02-2009.09	梅德韋傑夫（2008.05-2011.09）	拉夫羅夫（2004-2011.09）	勇於面對西方的挑戰，敢批評美國在國際事務上的處理方式，對違反俄國利益事項，適時給予反擊。

15 Vladimir Putin, "Ответы на вопросы журналистов по окончании переговоров с Федеральным канцлером Германии Ангелой Меркель（普京和梅克爾會談結束後記者會回答問題），" *President of Russia*, <http://www.kremlin.ru/appears/2008/03/08/2237_type63377type63380_161952.shtml>(8 Mar 2008).

| 東西併重 | 2009.09-2011.09 | | | 重回與西方國家（尤其是美國）合作的道路，藉由與美國的修好，努力營造大國的姿態。持續加強與東方國家實質的合作，藉由經貿利益來加強國內基礎建設。 |

資料來源：連弘宜，俄羅斯國家安全戰略，翁明賢等主編，新戰略論，臺北：五南出版公司出版，2007年，頁165-167；葉自成，俄羅斯政府與政治，臺北：揚智，1997年；潘德禮主編，俄羅斯十年（下卷），北京：世界知識出版社，2003年；許志新主編，重新崛起之路─俄羅斯發展的機遇與挑戰，北京：世界知識出版社，2005年；作者自行整理。

參、北約近來東擴引發俄羅斯的反制行動

一、美國強力支持烏克蘭及喬治亞加入北約

　　二〇〇八年四月二日至四日北大西洋公約組織（NATO；簡稱北約）在羅馬尼亞首都布加勒斯特（Bucharest）舉行高峰會，該次高峰會是北約成立以來規模最大的一次。該次會議主要有三項議題：「東擴」、「行動」及「能力建設」。「東擴」係指克羅埃西亞、阿爾巴尼亞、馬其頓、烏克蘭及喬治亞等國能否加入北約；「行動」係指阿富汗和科索沃（Kosovo）安全問題；「能力建設」則指將賦予北約新意涵及新任務[16]。

　　該次會議最受囑目的顯然是北約東擴議題，會議最後決議邀請克羅埃西亞及阿爾巴尼亞成為北約第二十七及第二十八個會員國；馬其頓則因希臘反對，終未能加入。此外，儘管有美國強烈的支持，但因歐洲內部未產生共識，尤其是德、法兩國反對，使本次會議未能通過烏克蘭及喬治亞兩國加入北約[17]。

　　德法兩國的反對除了自身的國家利益（主要以經濟利益為主），及歐洲安全（亦牽涉到自身安全問題）外，更深層的問題恐是全歐洲統合問題。隨著歐洲不斷東擴，此舉意味著歐洲實力不斷提升，因此更需要擺脫美國的控制。當初由於美蘇兩極對峙，歐洲成為雙方的前線，西歐國家無力單獨面對蘇聯可能的軍事行動，因而參與由美國所領導的北約。但現今情況已大幅改觀，昔日的對手已表達願意和自己建立更緊密的關係，對手的勢力範圍（東歐諸國）更早已加

---

16 Dmitri Trenin. "NATO and Russia:Parnership or Peril?" Current History, Oct. 2009, pp.300-301.

17 "Bucharest Summit Declaration," *NATO*, <http://www.nato.int/docu/pr/2008/p08-049e. html>(3 Apr 2008).

入北約或歐盟，已經成為自身的一部分。此時思考擺脫美國的控制、或向美國表達反對其主導議題的態度、或至少向俄羅斯表達尊重其意向，避免與俄國關係惡化，顯然是德法等歐洲領導國家應採行的政策選項。

　俄羅斯對這兩個前蘇聯共和國加入北約乙事表達強烈反對的態度，顯然造成德法兩國在此事上採取謹慎態度的原因。這其中牽涉：（一）國家利益；（二）歐洲安全；（三）全歐洲統合等層面。首先，有關涉及德法兩國國家利益層面，俄羅斯是歐洲能源供應的主要來源之一，對德國的重要性更是不可或缺，德國無法對俄羅斯的強烈反對立場視而不見。若德俄關係惡化，俄國可能在能源供應採取報復舉動，德國在經濟上將會受到嚴重的衝擊。能源問題極可能是歐洲未來發展的關鍵，而此關鍵又繫於俄羅斯。俄羅斯已利用其豐富的能源及其擁有輸送管道的優勢，讓歐洲感受到俄羅斯的壓力[18]。其次，有關歐洲安全層面，俄國除採取能源議題報復外，也可能會採取軍事方面的反制行動。俄羅斯時任總統普欽在二〇〇八年二月就曾表達過，如果烏克蘭入約，同意在其領土上部署反導系統，俄國可能不得不將戰略核導彈對準烏克蘭[19]。

---

18 Leonid, A. Karabeshkin. & Dina R. Spechler. "EU and NATO Enlargement: Russia's Expectations, Responses, and Options for the Future, European Security, Vol. 16, Nos.3-4, Sep-Dec. 2007, pp.311-312.

19 Vladimir Putin, "Выступление на встрече с высшими офицерами по случаю их назначения на вышестоящие должности и присвоения им высших воинских (специальных) званий)（高級軍官晉任暨布達典禮演說），" *President of Russia*, <http://www.kremlin.ru/appears/2008/02/15/1553_type63376type122346_160260.shtml>(15 Feb 2008).

二、俄國對北約強力東擴的立場與態度

　　自上世紀九〇年代初蘇聯解體，西方國家短暫討論北約存廢，確定繼續存在並將組織任務作調整後，即積極開始進行東擴的工作。同時俄羅斯也展開反對該組織東擴的反制行動，俄美（歐）之間關係隨著此議題發展有時面臨劍拔弩張的情況[20]。從第一波東歐三國（波蘭、捷克、匈牙利）在一九九九年入約、第二波東歐七國（愛沙尼亞、拉脫維亞、立陶宛、斯洛伐克、羅馬尼亞、保加利亞、斯洛維尼亞）在二〇〇四年入約[21]，本次巴爾幹半島的克羅埃西亞及阿爾巴尼亞兩國入約應可稱為第三波入約。根據過去北約東擴的經驗可歸納出兩個層次：第一層次為成員國向東擴張，亦即接受更接近俄羅斯邊界的國家加入；第二層次則為軍事設施向東部署，此將對俄羅斯防衛造成威脅。俄羅斯原則上當然反對北約東擴（包括會員國及武器部署），但最後在會員國入約的第一層次方面則會妥協（不論出於自願或不得不同意），對於武器部署在新加入會員國方面則採取強烈反對的態度[22]。俄羅斯對於歐洲其他國家入約的底線應會以前蘇聯共和國為限（愛沙尼亞、拉脫維亞、立陶宛三國除外），亦即堅決反對前蘇聯共和國加入北約，對於原屬蘇聯勢力範圍的東歐國家則採取默認的態度。故俄羅斯若要阻止烏克蘭及喬治亞加入，較佳的方式恐需由該兩國內部著手，設法讓兩國出現親俄政權，才可減緩兩國政府急欲加

---

20 潘德禮主編，俄羅斯十年（下卷），北京：世界知識出版社，2003年，頁781-783。

21 袁勝育，轉型中的俄美關係－國內政治與對外政策的關聯性研究，北京：社會科學文獻出版社，2006年，頁209。

22 Vladimir Putin, "Заявление для прессы и ответы на вопросы журналистов по итогам заседания Совета Россия–НАТО（有關俄羅斯-北約會議成果報告及回答記者提問），" *President of Russia*, <http://www.kremlin.ru/appears/2008/04/04/2030_type63380type82634_163119.shtml>(4 Apr 2008).

入北約的立場[23]。

俄羅斯現今對北約（歐盟或歐洲）係採取戰略守勢，而且還是在其對俄羅斯採取軍事行動後，俄羅斯才加以反擊。有關全歐洲統合議題，前普欽政府及現今梅德韋傑夫政府的外交政策是以融入歐洲為主要基調之一，俄羅斯也表達參與歐洲事務的意願與誠意，但俄國主張應由歐洲國家來決定自己的事務，反對非歐洲國家（主要指美國）對歐洲事務干預，更表明俄羅斯應有對歐洲全面統合（主要指俄羅斯融入歐洲）議題享有發言權[24]。

23 Anrrey Makarychev. "Russia, NATO, and the "Color Revolutions," Russian Politics and Law, vol.47, no.5, Sep.-Oct., 2009, pp.42-43.
24 許志新主編，重新崛起之路—俄羅斯發展的機遇與挑戰，北京：世界知識出版社，2005年，頁352-354。

肆、俄喬衝突彰顯全球安全議題的爭議性

　　二○○八年八月上旬喬治亞突對南奧塞梯（South Ossetia）地區發動軍事行動，俄羅斯亦迅速回應出兵進入該地區。原本在北京參與奧運開幕式的俄羅斯總理普欽亦迅即回國處理這次事變。西方國家在俄喬衝突中呼籲雙方停火，並設法回到事變前的狀態。歐盟輪值國主席法國總統沙科吉（Nicolas Sarkozy）親赴莫斯科斡旋，終達成六點停火協議[25]。但俄喬雙方仍不斷指責對方違反協議內容，美歐方面亦開始對俄羅斯的出兵舉動加以抨擊。俄國突然宣布承認本次俄喬衝突地區南奧塞梯及另一個爭議地區阿布哈茲（Abkhazia），兩地區獨立。

一、美國反應

　　美國對於俄喬衝突自事件開始即採取強烈譴責的態度，美國時任總統小布希在北京參加奧運時即對此事件發表看法，表明俄國入侵喬治亞是不能接受的，要求俄國停止對喬治亞採取的軍事行動[26]。隨著事件的發展，小布希又發表聲明譴責俄國的軍隊利用威脅和恃強凌弱的手法在喬治亞推進，並警告俄國「它正走向國際孤立」。布希再度聲稱主張分離的南奧塞梯和阿布哈茲是喬治亞領土的一部分，美國將和盟國合作，確保喬治亞的獨立及領土完整。布希強調，西方不能靜

---

25 由法國起草，俄喬雙方接受的停火協議六原則如下：停止使用武力；停止所有軍事行動；對人道援助徹底放行；喬治亞部隊返回永久駐地；俄羅斯部隊返回衝突前的位置；舉行有關南奧塞梯以及阿布哈茲兩地區前途的國際談判。
26 George W. Bush, "President Bush Discusses Situation in Georgia," *White House Website*, <http://www.whitehouse.gov/news/releases/2008/08/20080811-1.html>.

坐觀望喬治亞的進展「受到莫斯科的圍攻」[27]。布希在俄國議會上下
兩院投票通過決議，承認南奧塞梯和阿布哈茲兩個地區的獨立，並呼
籲梅德韋傑夫總統承認這兩個地區時，公開呼籲俄國勿承認此兩個區
域為獨立國家。因為承認這兩個地區的獨立是違反國際法行為，美國
聲稱在此問題上會支持喬治亞[28]。

　　美國當時國務卿賴斯（Condoleezza Rice）除赴歐盟輪值國法國
與法國總統沙科吉會商，由沙柯吉出面斡旋俄喬衝突外，並訪問喬
治亞，表示美國的支持[29]。但此舉顯然不足展現美國對此事強烈的決
心，美國由當時副總統錢尼（Dick Cheney）出訪包括此次爭議國家
在內的喬治亞、烏克蘭及亞塞拜然（Azerbaijan）等三國。訪問喬治
亞舉動顯然表示美國對喬治亞立場的強烈支持之意，另烏克蘭及亞塞
拜然則顯示美國加強與前蘇聯共和國關係之意。尤其是烏克蘭和喬治
亞皆積極尋求加入北約。至於亞塞拜然則較著重在能源議題方面。西
方國家支持的能源走廊途經亞塞拜然和喬治亞，俄國出兵南奧塞梯讓
西方國家擔心該能源走廊的安全。錢尼此次訪問此三國是向該地區發
出一個信號，美國未對該地區撒手不管。錢尼在訪問喬治亞時措詞強
烈譴責俄國，指稱俄羅斯企圖通過「非法」手段改變喬治亞版圖，為
俄國在國際舞臺上的可信度投下陰影。錢尼同時表達美國將全力支持
喬治亞加入北約[30]。

27 George W. Bush, "President Bush Discusses Situation in Georgia," *White House Website*, <http://www.whitehouse.gov/news/releases/2008/08/20080815.html>.

28 George W. Bush, "President Bush Condemns Actions Taken by Russian President in Regards to Georgia," *White House Website*, <http://www.whitehouse.gov/news/releases/2008/08/20080826-2.html>.

29 Condoleezza Rice, "Remarks with Georgian President Mikheil Saakashvili," *US Department of State Website*, <http://www.state.gov/secretary/rm/2008/08/108289.htm>.

30 Dick Cheney, "Remarks by Vice President Cheney and President Saakashvili of Georgia After Meeting," *White House Website*, <http://www.whitehouse.gov/news/releas

二、北約反應

　　北約於俄喬衝突後不久於布魯塞爾召開緊急外長會議，磋商如何應對俄羅斯在喬治亞展開的軍事行動。這次會議是應美國要求而召開，主要爲喬治亞政府提供強而有力的支持，強調北約對該國領土完整的承諾。美國時任國務卿賴斯在會中表達西方國家一定不能讓俄羅斯通過攻擊喬治亞，取得任何戰略優勢**31**，但北約成員國之間對應當如何懲罰俄羅斯仍存在重大分歧。美國、加拿大、英國及大多數東歐國家要求對俄羅斯採取強硬姿態，而法國和德國等大多數西歐國家則擔心強硬姿態會損害與莫斯科的關係。俄羅斯方面則在緊急外長會議後不久宣布停止與北約的所有軍事合作。俄國外長拉夫羅夫說得很坦白：莫斯科並不是關閉未來合作的所有大門，但是北約必須決定什麼對它來說更重要；是繼續支持喬治亞，還是與俄國發展伙伴關係**32**。俄羅斯對北約持續支援喬治亞表達不滿，已發出警告將中止與北約在阿富汗反恐戰爭中的合作。俄羅斯表達出，是否做出這一決定將取決於北約在喬治亞問題上的行動，俄羅斯中止和北約在阿富汗問題上的

---

es/2008/09/20080904.html>.

Condoleezza Rice, "Remarks After the Meeting of the North Atlantic Council at the Level of Foreign Ministers," *US Department of State official website*, <http://www.state.gov/secretary/rm/2008/08/108557.htm>(19 Aug 2008).

31 Condoleezza Rice, "Remarks After the Meeting of the North Atlantic Council at the Level of Foreign Ministers," *US Department of State official website*, <http://www.state.gov/secretary/rm/2008/08/108557.htm>(19 Aug 2008).

32 Sergey Lavrov, "Стенограмма выступления Министра иностранных дел России С.В.Лаврова в МГИМО(У) МИД России по случаю начала нового учебного года, 1 сентября 2008 года) （九月一日開學日在俄羅斯外交部國莫斯科國際關係大學演說）," *Russian Department of Foreign Affairs official website*, <http://www.mid.ru/brp_4.nsf/2fee282eb6df40e643256999005e6e8c/dc8247ee1acb0d95c32574b70038a1a5?OpenDocument>(1 Sep 2008).

合作將影響北約向阿富汗戰場運送後勤補給[33]。

三、歐盟反應

　　歐盟對於俄喬衝突舉行緊急峰會並發表聲明表示，俄羅斯對南方鄰國喬治亞的入侵是不可接受的，且強烈譴責俄羅斯承認分離地區阿布哈茲和南奧塞梯獨立。歐盟各成員國在如何對俄羅斯做出反應的問題上意見分歧。英國主張暫停歐盟與俄羅斯的夥伴關係會談，而法國和德國則尋求與俄羅斯進行對話。義大利也主張對俄羅斯採取更具有安撫性的方式。最後各方妥協達成協議，歐盟同意推遲歐俄新的合作夥伴關係對話，直至俄羅斯撤出其在喬治亞的軍隊至衝突前的地點[34]。歐盟和俄羅斯新的伙伴關係協議主要涉及能源和貿易領域。歐盟內部經歷了十八個月的磋商，才同意授權啓動談判[35]。

　　現階段歐盟與俄羅斯發展雙邊關係的主要依據仍爲一九九七年所簽署的「夥伴與合作協定」（Partnership and Cooperation Agreement）。但經過十年後該協定已不符時空背景，同時顯得有些

---

33 Sergey Lovrov, "Выступление и ответ на вопрос СМИ Министра иностранных дел России С.В.Лаврова по итогам встречи Президента Российской Федерации Д.А.Медведева и Президента Французской Республики Н.Саркози в Майндорфе, Москва, 9 сентября 2008 года（回答媒體有關梅德韋傑夫及沙柯吉會談內容），" *Russian department of Foreign Affairs official website*, <http://www.mid.ru/brp_4.nsf/2fee282eb6df40e643256999005e6e8c/8a659f2f8196219fc32574bf00511685?OpenDocument>(9 Sep 2008).

34 "Presidency Conclusions of the Extraordinary Council of the European Union," *EU official Website*, <http://www.consilium.europa.eu/uedocs/cms_Data/docs/pressdata/en/ec/102545.pdf>.

35 Reuters, "Sarkozy heads to Russia seeking shift on Georgia," *Reuters official Website*, <http://www.reuters.com/article/latestCrisis/idUSL7538745>(7 Sep 2008).

過時，協定已到期，須由新的立法架構來取代。部分歐盟會員國也同時針對俄羅斯天然氣供給的可信度產生質疑，因此堅持將能源供給相關規範列入歐盟與俄羅斯新的雙邊協定中。俄羅斯較偏好協定內容不涉及能源問題。多數歐盟會員國希望能與俄羅斯達成相關協議，主要為全面性改善氣候變遷問題以及讓俄羅斯現任總統梅德韋傑夫能改變過往主政者的不妥協立場。歐盟係以此俄歐雙邊關係的架構協定的磋商及簽署來設法牽制俄國的行動。

四、聯合國反應

聯合國安理會在有關喬治亞局勢的決議案上陷入僵局，美國和俄羅斯互相拒絕對方提出的決議草案。法國在聯合國會議中向各國傳閱他們提出的決議草案，內容要求俄羅斯馬上從喬治亞撤軍，並確保該國的領土完整。俄羅斯拒絕這份草案，理由是他們堅信南奧塞梯和阿布哈茲都想從喬治亞獨立[36]。莫斯科轉而傳閱他們自己的決議草案，要求聯合國安理會認可此前由法國提出，得到俄羅斯和喬治亞同意的停火協議。但是美國及其盟國堅稱俄羅斯沒有遵守停火計畫，因為俄軍從喬治亞撤軍的速度不夠快。至二〇〇八年八月底止安理會已就喬治亞問題召開六次緊急會議，由於俄羅斯的否決權，會議沒通過任何決議或聯合聲明。美俄在聯合國的攻防戰主要是美國譴責俄羅斯進攻喬治亞，而俄羅斯則以美國進攻伊拉克及西方支持科索沃獨立反擊。

---

36 「聯合國安理會第五九六九次會議記錄」，聯合國官方網站，<http://daccessdds.un.org/doc/UNDOC/PRO/N08/492/96/PDF/N0849296.pdf?OpenElement>（2008年8月28日）。

五、中國反應

　　二〇〇八年八月下旬上海合作組織（以下簡稱上合組織）在其成員國塔吉克（Tajikistan）首都杜尚別（Dushanbe）舉行年度峰會，該組織六個成員國領導人親自出席。本次會議最受人囑目的是該組織，包括中國對俄羅斯和喬治亞衝突的態度及是否支持俄羅斯所採取的舉動。

　　俄國利用參與上合組織峰會的機會尋求成員國的支持，但該組織並沒有給予俄國全力的支援。包括中國在內的該組織成員國僅在本次峰會的「杜尚別宣言」表示，該組織成員國歡迎二〇〇八年八月十二日在莫斯科由法國總統與俄國就解決南奧塞梯衝突通過六點原則，「支持俄羅斯在促進該地區和平與合作中發揮積極作用」，「呼籲有關各方通過對話和平解決現有問題，致力於勸和促談」[37]。但同時在該宣言中亦明白表達「企圖單純依靠武力解決問題是完全行不通的」，「必須尊重每個國家和每個民族的歷史和文化傳統，以及根據國際法為維護國家統一和領土完整、促進各民族和睦相處、共同發展所作的努力」[38]。

　　俄國雖然未獲得上合組織全力支援，但在另一個議題，有關美國準備在東歐的波蘭及捷克布署反導系統及雷達站方面，俄國的立場則獲得上合組織的認同。該組織在會議宣言中指出：「建立全球反導系統不利於維護戰略平衡，國際社會就軍控和核不擴散做出的努力，增強國家間信任和地區穩定」[39]。

---

37 「上海合作組織成員國元首杜尚別宣言」，上海合作組織官方網站，<http://www.sectsco.org/news_detail.asp?id=2349&LanguageID=1>。
38 同前註。
39 同前註。

伍、美俄關係改善帶動北約與俄國關係 逐步恢復正常

一、美國新政府釋放改善關係的訊息

　　美俄關係自二○○八年八月俄國和喬治亞衝突後開始惡化，直至二○○九年一月美國新總統歐巴馬就職後，美國開始思考修補美俄關係。首先，在二○○九年二月美國副總統拜登在「慕尼黑安全政策會議」中提及，美國準備與俄羅斯重新展開新關係。他表達：「現在是按下重設鍵和重新檢視我們可以和應該合作之處的時候了。」拜登提及俄國方面最反對的東歐部署飛彈防禦計劃，並表達歐巴馬團隊可能會檢討此事。當時與會的俄國副總理伊凡諾夫（Sergei Ivanov）回應，拜登的談話「非常正面」，表示美國對俄國政策的基調發生相當大的變化。俄羅斯駐北約特使羅戈辛（Dmitry Rogozin）對拜登上述有關飛彈防禦的談話表達審慎歡迎。接著美國國務卿希拉蕊‧柯林頓（Hillary Clinton）和俄國外長拉夫羅夫（Sergei Lavrov）於二○○九年三月在日內瓦會面，兩人共同按下「重啟」美俄關係的紅色按鈕，並強調「這不但是一個改變雙邊關係的開端，也是美俄在世界重要問題上發揮領導作用的開端。」兩人達成重啟雙邊關係，協商新戰略性武器裁減條約的共識。

　　歐巴馬與梅德韋傑夫利用二○○九年四月在倫敦參加G20峰會的機會，兩國領導人首次會晤並發表「美俄總統聯合聲明」[40]，稱他們將「超越冷戰思維」，開創雙邊關係的新時代。之後，兩國代表團針

---

40 "Заявления для прессы по итогам встречи с Президентом Соединённых Штатов Америки Бараком Обамой," *President of Russia*, <http://www.kremlin.ru/transcripts/3613>.

對內容廣泛的議題（包括恢復戰略性武器管制談判、重新啟動已停止運作的北約－俄羅斯理事會，及美國可能重新考慮在東歐部署飛彈防禦系統計劃，加強美俄經濟合作等議題），進行雙方會商[41]。

美國期待藉由提議一個全面性新戰略關係，將能鼓勵俄國協助美國達成在阿富汗及伊朗的目標。同時，美國亦希望能讓俄國總統梅德韋傑夫有機會決斷美俄關係，因為過去都是由前總統普欽拍板定案。儘管美俄關係惡化的焦點在東歐飛彈防禦體系問題上，但歐巴馬政府選擇在二〇〇九年底完成新的戰略性武器裁減條約的談判並簽署。因為這項條約將用來取代一九九一年簽訂，二〇〇九年底即將終止的「第一階段裁減戰略武器條約（Strategic Arms Reduction Treaty; START I）」。

二、歐巴馬訪俄展現善意

歐巴馬於二〇〇九年七月訪俄，此行主要在修補美俄關係。在此大前題下，美國希望與俄國就今年底即將終止的「第一階段裁減戰略武器條約」，重新開啟新一輪的談判，並希望在年底完成談判並簽署協議。其次，美國希望俄國能「借道」讓美軍利用俄國領空運輸必要人員及物資至阿富汗。由於美國重新加強在阿富汗的軍事行動，故向俄國提出此項請求更加迫切，藉由俄國領空不僅省時且安全。再者，則是恢復美俄關係惡化前的交流，並擴大兩國合作的領域。同時設立委員會來專責處理雙方關注的交流項目。最後，對於俄國關切的議題

---

41 James Goldgeier. "A Realist Reset with Russia," Policy Review, Aug. and Sep. 2009, pp.25-27.

則以設立委員會來「研究」的方式，暫時將雙方的歧見延後討論或暫時「冷凍」起來。

　　歐巴馬此次訪俄所表達的善意亦獲得俄國正面積極的回應。兩國元首會面表達需由兩國開始以身作則，將美俄雙方的核彈頭降低到雙方開始限武談判以來的最低點。歐巴馬明確指出，美國決心重新開始美俄關係，在雙方共同的利益上有效合作。兩國元首所簽署的限武初步協議將是新的正式限武協議的藍本，提供兩國限武專家作為進一步會談的基礎。梅德韋傑夫稱此次限武協議係合理的妥協。歐巴馬在兩國元首聯合記者會上表示，將在二○一○年舉行全球核子安全峰會。雙方還商討合作穩定阿富汗情勢，包括俄國提供阿富汗軍隊援助及協助訓練反毒人員。美方希望在美俄關係升溫後，俄國能協助壓迫伊朗和北韓放棄他們的核武計劃。梅德韋傑夫對此議題作出正面回應，俄羅斯準備協助美國對抗中東及朝鮮半島核武擴散問題，包括「暗地裡」研發核武的政權。此外，在反恐、全球暖化及經濟衰退等議題上也需要俄國合作。

　　美俄關係可能的發展走向，可由美國方面歐巴馬新政府及俄羅斯方面梅德韋傑夫政府兩個面向來觀察。歐巴馬在總統競選官方網頁的涉外政策中，雖然專門列出「面對復興的俄羅斯」一節作為對俄政策的綱領，但其涉外政策的三大主軸（分別是嚴格管制核武原料落入恐怖份子手中、以堅定且無前提下的與伊朗進行直接外交而消除其威脅、更新美國外交），尤其以前兩項需要俄羅斯的合作，因此對俄外交重點將會落在與俄國商討核子不擴散及削減核子武器的議題上。這些議題若要能達到效果，雙方關係的友善及互信就很重要。而要達到互信，雙方應儘量避免針鋒相對的議題，或有嚴重損害對方利益的情況產生。美國新政府若要完成自身所提出的外交任務三大主軸，就必須更考量俄羅斯關切的事項及立場。至於俄國方面關切的事項則為北約束擴議題，其中最重要為烏克蘭及喬治亞擬加入北約乙事，其次為美國擬在波蘭及捷克建立反導系統及雷達站等議題。再者則是俄羅斯周邊國家認為依靠美國支援，對俄羅斯進行挑戰，如俄喬衝突之類的情形[42]。

有關歐巴馬訪俄期間所承諾對於俄國關切的議題，設立委員會來「研究」乙事，「研究結果」於二○○九年九月中旬揭曉：美國政府正式公布取消東歐部署飛彈防禦體系計畫。俄國同時亦宣布凍結在加里寧格勒州（Kaliningrad）部署短程飛彈的計畫。有關裁減核武議題方面，美俄兩國於二○一○年四月八日在捷克首都布拉格由兩國領導人親自簽署「裁減戰略武器條約」。[43]

三、「北約－俄羅斯理事會」恢復運作

歐巴馬就任總統後，採行一系列緩和美俄關係的措施，其中二○○九年七月訪俄行程應是此政策的具體表現。俄國方面對美國政策轉變則採取積極配合的態度，對於美國期待俄國在國際社會協助美國的部分亦幾近全盤接受。在就美俄關係於二○○九年下半年積極改善的同時，俄羅斯亦同時恢復與北約的往來，雙方關係改善具體落實在恢復召開「北約－俄羅斯理事會」會議上。「北約－俄羅斯理事會」係於二○○二年成立，主要是取代北約與俄羅斯先前的合作機構「常設

---

42 Oksana Antonenko and Bastian Giegerich. "Rebooting NATO-Russia Relations," Survival, vol.51, no.2, Apr.-May, 2009, p.20

43 「簽署裁減戰略武器條約」，克里姆林宮網站，<http://www.kremlin.ru/transcripts?date_text=%D1%81+08.04.2010+%D0%BF%D0%BE+08.04.2010&since=08.04.2010&till=08.04.2010>(2010年4月8日)。

聯合理事會（PJC）」。先前此機構係為雙方諮商及合作的論壇，而轉型為「北約－俄羅斯理事會」則為著重於諮商、建立共識、合作、聯合決策、聯合行動的機制[44]。北約組織的每一成員與俄羅斯皆可以平等身份，針對雙邊共同利益的安全議題進行廣泛協商。[45]

「北約－俄羅斯理事會」於二○○九年十二月在布魯塞爾恢復開會。由於二○○八年八月俄喬衝突，美國及北約強力批評俄羅斯派兵進入南奧塞梯，俄羅斯遂宣布斷絕與北約的關係。此次雙方恢復接觸後，主要著重於信心建立方面。會議主要討論議題包括：雙方所面對的共同威脅及挑戰；決定具體計畫以解決上述威脅，係恐怖主義、大規模毀滅性武器擴散問題、抑或阿富汗不穩定。此次會議的目標係基於互信、共享觀點及目標，在北約與俄羅斯間建立戰略夥伴關係。[46]

「北約－俄羅斯理事會」會議結束後，北約祕書長拉斯穆森（Anders Fogh Rasmussen）隨即前往俄羅斯訪問，與俄國主要領導人及外長舉行會談。除了簡要說明會議結果外，最主要係闡述北約的立場。與俄國外長進行主要工作層級的會談，但在與俄國總統梅德韋傑夫與總理普欽的會談內容方面則呈現些許差異。在對梅德韋傑夫會談中主要係有關北約與俄羅斯未來關係的前景、雙方所認知未來的挑戰、阿富汗戰事方面雙方的合作等議題；在對普欽的會談方面則著重

---

44 Tuomas Forsberg. "Russia's Relationship with NATO: A Qualitative Change or Old Wine in the New Battles?" *Journal of Communism Studies and Transition Politics*, vol.21, no.3, Sep., 2005, pp.339-341.

45 "NATO-Russia Council," *NATO*, <http://www.nato-russia-council.info/htm/EN/nrc.shtml>(15 Oct 2010).

46 "NATO Secretary General Anders Fogh Rasmussen at the meeting of the NATO-Russia Council at Foreign Affairs Ministers level, Brussels," *NATO*, <http://www.nato-russia-council.info/htm/EN/news_48.shtml>(15 Oct 2010).

當今歐洲安全議題、喬治亞目前情況及歐洲傳統武力條約（CFE）等
議題。[47]

---

47 "NATO Secretary General and Chairman of the NATO-Russia Council Anders Fogh Ras-
mussen holds talks with Russian leaders," *NATO*, <http://www.nato-russia-council.info/htm/
EN/news_49.shtml>(15 Oct 2010).

陸、結　語

　　自從上世紀九○年代初蘇聯解體後，以美國為主的西方國家極力推動北約轉型，並進行向俄國西方國境推進的東擴。俄國在九○年代因深陷經濟困境，僅能勉強應對設法讓西方放緩東擴的速度，最後在得知西方東擴之勢不可違逆後，與西方就北約東擴達成一項「默契」，亦即俄國默認原蘇聯集團的東歐國家加入北約，但北約的武器不可部署在新加入的東歐會員國內。此外，俄國僅默認北約東擴至原蘇聯集團的東歐國家，但絕不允許將原蘇聯加盟共和國納入（波海三國愛沙尼亞、拉脫維亞及立陶宛除外，該三國在二戰前係獨立的國家，二戰開始後遭蘇聯占領）。以上便是俄國的「兩條紅線」。美國擬在捷克及波蘭部署飛彈防禦體系踩到俄國第一條紅線；北約打算納喬治亞及烏克蘭為成員國踩到第二條紅線。當美國踩到這兩條紅線後，皆引發俄國強烈的反擊。

　　至於上述俄國最關切的「兩條紅線」議題，第二條紅線則以暫緩討論喬治亞和烏克蘭兩國加入北約的方式來因應。原本二○○八年在羅馬尼亞舉行的北約峰會，美國堅持讓喬、烏兩國入會，但德、法兩國力主慎重，因而暫緩此事。然而，美國當時已表達隔年（二○○九）要讓上述兩國入會的立場，但當年（二○○九）在捷克舉行的北約峰會，並沒有積極討論喬、烏兩國入會的議題。可見美國已接受俄國對此事積極反對的態度，並沒有要與俄國針鋒相對的傾向。第一條有關北約在東歐部署飛彈防禦體系，美國指稱部署該體系為防衛伊朗飛彈攻擊的說法似乎無法說服俄國，故歐巴馬政府決定設立委員會來評估部署此系統的必要性。二○○九年九月中旬美國政府正式公布取消東歐部署飛彈防禦體系計畫，俄國同時亦宣布凍結在加里寧格勒州（Kaliningrad）部署短程飛彈的計畫。

　　俄國對外政策顯然將美歐分開。對美強硬，對歐則較軟。以美國爲首的北約力量強踩俄國的兩條紅線，引發俄國強力反彈。但美國政府因人事異動，對俄政策亦有明顯地轉變，上述兩條紅線都由美國主動化解。根據歐巴馬自己所提出建立「無核武器世界」的概念，再加上阿富汗戰爭的重啓，以及需要俄國協助制止伊朗，甚至北韓發展核武的議題，美俄需要合作的議題頗多。再加上全球金融危機，美國經濟受到重挫，相反地，俄國則與中國共同挑戰美國在全球的領導地位，俄國甚至舉行首屆「金磚四國」峰會，展現俄國企圖在全球經濟上扮演更重要角色的決心。美國此時與俄國修好關係，對自身利益而言有其必要，況且若能以此拉抬梅德韋傑夫在俄國的聲望，甚至能讓以梅氏爲主的俄國內部溫和派勢力抬頭，情勢若如上述發展將是美國及其所主導的北約所樂於看到的局面。

參考文獻

一、中文資料

官方文件
「上海合作組織成員國元首杜尙別宣言」，上海合作組織官方網站，<http://www.sectsco.org/news_detail.asp?id=2349&LanguageID=1>。

「聯合國安理會第五九六九次會議記錄」，聯合國官方網站，<http://daccessdds.un.org/doc/UNDOC/PRO/N08/492/96/PDF/N0849296.pdf?OpenElement>（2008年8月28日）。

「簽署裁減戰略武器條約」，克里姆林宮網站，<http://www.kremlin.ru/transcripts?date_text=%D1%81+08.04.2010+%D0%BF%D0%BE+08.04.2010&since=08.04.2010&till=08.04.2010>（2010年4月8日）。

"Bucharest Summit Declaration," *NATO Website*, <http://www.nato.int/docu/pr/2008/p08-049e.html>(3 Apr 2008).

"Presidency Conclusions of the Extraordinary Council of the European Union," *EU of-*

ficial Website, <http://www.consilium.europa.eu/uedocs/cms_Data/docs/pressdata/en/ec/102545.pdf>.

專書

尙偉，冷戰後俄羅斯軍事戰略思維研究（北京：國防大學出版社，2003年）

袁勝育，轉型中的俄美關係－國內政治與對外政策的關聯性研究，（北京：社會科學文獻出版社，2006年）

許志新主編，重新崛起之路－俄羅斯發展的機遇與挑戰（北京：世界知識出版社，2005年）

連弘宜，俄羅斯國家安全戰略，翁明賢等主編，新戰略論 （臺北：五南出版公司出版，2007年），頁153-171

葉自成，俄羅斯政府與政治（臺北：揚智，1997年）

潘德禮主編，俄羅斯十年（上下卷），（北京：世界知識出版社，2003年）

羅伊‧麥德維杰夫，王曉玉、韓顯陽譯，普京－克里姆林宮四年時光，（北京：社會科學文獻出版社，2005年）

羅伊‧麥德維杰夫，王桂香等譯，普京時代－世紀之交的俄羅斯，（北京：世界知識出版社，2001年）

二、英文資料

期刊

Antonenko, Oksana and Bastian Giegerich. "Rebooting NATO-Russia Relations," Survival, vol.51, no.2, Apr.-May, 2009, pp.13-21.

Forsberg, Tuomas. "Russia's Relationship with NATO: A Qualitative Change or Old Wine in the New Battles?" Journal of Communism Studies and Transition Politics, vol.21, no.3, Sep., 2005, pp.332-353.

Goldgeier, James. "A Realist Reset with Russia," Policy Review, Aug. and Sep., 2009, pp.15-27.

Ivanov, Igor. "The New Russian Identity: Innovation and Continuity in Russian Foreign Policy," The Washington Quarterly, 24:3, Summer 2001, pp.7-13.

Karabeshkin, Leonid, A. & Dina R. Spechler. "EU and NATO Enlargement: Russia's Expectations, Responses, and Options for the Future, European Security, Vol. 16, Nos.3-4, Sep-Dec., 2007, pp.307-328.

Makarychev, Anrrey. "Russia, NATO, and the "Color Revolutions," Russian Politics and

Law, vol.47, no.5, Sep.-Oct.,2009, pp.40-51.

Monaghan, Andrew. "'An Enemy at the gates' or 'from victory to victory'-Russian Foreign Policy," International Affairs, 84:4(2008), pp.717-733.

Trenin, Dmitri. "NATO and Russia:Parnership or Peril?" Current History, Oct., 2009, pp.299-303.

網路資料

"NATO-Russia Council," *NATO Website*, <http://www.nato-russia-council.info/htm/EN/nrc.shtml> （15 Oct 2010）.

"NATO Secretary General Anders Fogh Rasmussen at the meeting of the NATO-Russia Council at Foreign Affairs Ministers level, Brussels," *NATO Website*, <http://www.nato-russia-council.info/htm/EN/news_48.shtml> （15 Oct 2010）.

"NATO Secretary General and Chairman of the NATO-Russia Council Anders Fogh Rasmussen holds talks with Russian leaders," *NATO Website*, <http://www.nato-russia-council.info/htm/EN/news_49.shtml> （15 Oct 2010）.

Bush, George W., "President Bush Condemns Actions Taken by Russian President in Regards to Georgia," *White House Website*, <http://www.whitehouse.gov/news/releases/2008/08/20080826-2.html>.

Bush, George W., "President Bush Discusses Situation in Georgia," *White House Website*, <http://www.whitehouse.gov/news/releases/2008/08/20080811-1.html>.

Bush, George W., "President Bush Discusses Situation in Georgia," *White House Website*, <http://www.whitehouse.gov/news/releases/2008/08/20080815.html>.

Cheney, Dick, "Remarks by Vice President Cheney and President Saakashvili of Georgia After Meeting," *White House Website*, <http://www.whitehouse.gov/news/releases/2008/09/20080904.html>.

Reuters, "Russia Issues New Warning Over Kosovo," *China Post website*, <http://www.chinapost.com.tw/international/2008/02/13/142650/Russia-issues.htm> （13 Feb 2008）.

Reuters, "Sarkozy heads to Russia seeking shift on Georgia," *Reuters official website*, <http://www.reuters.com/article/latestCrisis/idUSL7538745> （7 Sep 2008）.

Rice, Condoleezza, "Remarks After the Meeting of the North Atlantic Council at the Level of Foreign Ministers," *US Department of State official website*, <http://www.state.gov/secretary/rm/2008/08/108557.htm> （19 Aug 2008）.

Rice, Condoleezza, "Remarks with Georgian President Mikheil Saakashvili," *US Department of State official website*, <http://www.state.gov/secretary/rm/2008/08/108289.

htm>.

三、俄文資料

官方文件

"Заявления для прессы по итогам встречи с Президентом Соединённых Штатов Америки Бараком Обамой," *President of Russia*, <http://www.kremlin.ru/transcripts/3613>.

Lavrov, Sergey, "Стенограмма выступления Министра иностранных дел России С.В.Лаврова в МГИМО(У) МИД России по случаю начала нового учебного года, 1 сентября 2008 года)," *Russian Department of Foreign Affairs official website*, <http://www.mid.ru/brp_4.nsf/2fee282eb6df40e643256999005e6e8c/dc8247ee1acb0d 95c32574b70038a1a5?OpenDocument>（1 Sep 2008）.

網路資料

Lovrov, Sergey, "Выступление и ответ на вопрос СМИ Министра иностранных дел России С.В.Лаврова по итогам встречи Президента Российской Федерации Д.А.Медведева и Президента Французской Республики Н.Саркози в Майндорфе, Москва, 9 сентября 2008 года," *Russian Department of Foreign Affairs official website*, <http://www.mid.ru/brp_4.nsf/2fee282eb6df40e643256999005e6e8c/ 8a659f2f8196219fc32574bf00511685?OpenDocument>(9 Sep 2008).

Putin, Vladimir, "Выступление и дискуссия на Мюнхенской конференции по вопросам политики безопасности," *President of Russia*, <http://www.kremlin.ru/appears/2007/02/10/ 1737_type63374type63376type63377type63381type82634_118097.shtml>(10 Feb 2007).

Putin, Vladimir, "Выступление на встрече с высшими офицерами по случаю их назначения на вышестоящие должности и присвоения им высших воинских (специальных) званий)," *President of Russia*, <http://www.kremlin.ru/appears/2008/ 02/15/1553_type63376type122346_160260.shtml>(15 Feb 2008).

Putin, Vladimir, "Заявление для прессы и ответы на вопросы журналистов по итогам заседания Совета Россия–НАТО," *President of Russia*, <http://www.kremlin.ru/ appears/2008/04/04/2030_type63380type82634_163119.shtml>(4 Apr 2008).

Putin, Vladimir, "Ответы на вопросы журналистов по окончании переговоров с

Федеральным канцлером Германии Ангелой Меркель," *President of Russia*, <http://www.kremlin.ru/appears/2008/03/08/2237_type63377type63380_161952. shtml>(8 Mar 2008).

第三章　俄羅斯亞太能源強權之路：從俄羅斯能源政策探討俄羅斯遠東地區困境與俄中關係問題

許菁芸

壹、俄羅斯亞太出路之重要性與政治系統模型架構

　　從一九九一年前蘇聯解體後，經歷了葉爾欽時期（一九九一一一九九九）的經濟動盪與國際地位衰退的影響，俄羅斯一直將能源視為其東山再起的條件。近年來，全球能源價格不斷攀升，能源需求不斷升溫，為俄羅斯利用能源復興大國地位提供了難得的機遇。

　　由於北約與歐盟的再次東擴嚴重地威脅了俄羅斯地緣政治的安全，且歐盟與俄羅斯的經濟關係發展對於雙方關係的促進已到達了瓶頸，想要使雙方關係有新的突破，俄羅斯加入歐盟的議題必定需要重新浮上檯面，歐盟一直想規避的俄羅斯「定位」問題，勢將引發一連串的爭議，如果處理不當，雙方關係將趨於惡化。尤其是自二〇〇六年起俄羅斯對西方（美與歐盟）外交政策的急轉直下[1]與東向能源政策的重視。二〇〇九年俄烏天然氣紛爭之能源爭議已日益擴大雙方的不信任，歐盟將經濟重心放置在再生能源的研究與量產，持續減少對傳統能源（或一次性能源）的使用，而俄羅斯則將外交與經貿方向修整，雖然仍持續與歐盟的經濟合作，但卻也將重心部分挪向亞太地區，進而直接影響了世界的權力體系的脈動。

　　亞太地區在俄羅斯能源出口市場的戰略重要性與日俱增，發展與亞太地區國家的能源合作，有利於俄羅斯吸引這些國家的資金，開發東西伯利亞和遠東地區的油氣資源，促進當地經濟發展，還有利於俄

1　吳玉山（2009）認為二〇〇六年起俄羅斯對西方的外交政策突然急轉直下的因素並不是如西方論點般純然外在環境，也就是國際因素所導致，不可否認，國際因素（俄羅斯國力的復甦，歐盟與NATO的東擴）也是因素之一，但最重要的原因在於國內政治環境，普欽未來的繼位布局與二〇〇七年和二〇〇八年的國會和總統大選，才是驅使俄羅斯對美及歐盟外交政策轉變的主要導因。詳見Yu-Shan Wu, "Russia's Foreign Policy Surge: Causes and Implications" *Issues & Studies*, no. 1 (March 2009): 117-162

羅斯融入亞太經濟整合過程。而俄羅斯的快速復甦，代表著其位於迅速變化的東北亞之遠東區的重要性提高的可能。因此，從二〇〇五年至今，俄羅斯前總統暨現任總理普欽就一直計畫要以能源強權擴大俄羅斯在亞太地區的角色和地位，也一直將「以能源強權重返亞太」做為目標。[2]

　　面臨迅速崛起的亞太經濟，俄羅斯要面對的除了外部——中國崛起的挑戰外，更重要的是內部——西伯利亞與遠東地區的問題，尤其是遠東區問題。因為遠東地區是俄羅斯的亞太出口，此地區幅員遼闊、資源豐富、人口稀少，有著極大的開發潛力，卻同時又是俄羅斯境內極為貧窮、地區競爭力低下、交通及基礎設施落後，人口極度負成長的低度開發地區。

　　再者，俄國當局已經意識到，「如果不積極參與亞太地區經濟整合，根本不能解決俄羅斯遠東地區的經濟和社會問題」[3]。也就是說，俄羅斯當局認為要發展遠東地區的經濟有賴於俄羅斯與亞太地區的經濟整合，俄羅斯要成功與亞太經濟整合則要重視遠東地區的經濟與建設，因此，俄羅斯當局已開始把發展遠東地區的經濟與保障遠東地區地緣政治安全（尤其是面對中國崛起與朝鮮半島不穩定的威脅）視為相關問題，原因在於遠東地區發展與俄羅斯的亞太出路息息相關。

　　而檢視俄羅斯在亞太地區能源安全面臨的問題與外部威脅，有下列四項：一、俄羅斯因為早期缺乏資金開發，因此遠東地區的能源受制於一些外國或跨國石油公司；二、俄羅斯出口能源開發與自由運

2　Rozman, G. (2008) 'Strategic thinking about the Russian Far East: a resurgent Russia eyes its future in northeast Asia', *Problems of Post-Communism*, 55(1),36–48.

3　Иванов И., «Россия в Азии и Азия в России », *Азия и Африка сегодня*, N1,2004г, c.3

輸的各種限制，其中包含西伯利亞區和遠東區的石油開採基礎設施老舊，及運輸管線的缺乏與不順暢；三、可能發生的邊界軍事衝突；四、國際市場原油和天然氣價格的漲跌。

　　而為了解決這些問題與外在威脅，俄羅斯東向能源戰略的實際運作，就是在國內層次上直接控制本國能源公司並調控外資的持股與投資範圍，而在國際體系層次上，因為俄羅斯的亞太出口—遠東區的開發落後，俄羅斯在遠東的勢力無法正面與東亞各國相抗衡，再加上各國對於俄羅斯能源的強烈需求，因此，維持東亞能源供給「樞紐」**4**的角色，外交上與各國親善卻也保持等距、彈性而不強硬的態度，緩和並解決俄羅斯石油供給的外在威脅。對俄羅斯來說，日本、中國及其他東北亞國家是其未來原油出口的潛在市場；而對亞洲國家來說，未來進口俄羅斯原油對本國石油供應多元化大有好處。

　　而在俄羅斯能源政策開始重要調整時，二〇一〇年八月三十日「東西伯利亞—太平洋」輸油管線（Eastern Siberia to the Pacific pipeline，簡稱ESPO；Нефтепровод "Восточная Сибирь - Тихий океан"，簡稱（ВСТО））至中國大慶的支線正式開通啓動後，中俄能源合作進入了一個新的階段。此條油路管線的開通涉及了俄、中、日等國家對能源的競合，由此競合過程可以看出，隨著能源議題在全

4　此「樞紐」角色定義為「戰略三角」理論模型中六個角色的其中之一。樞紐是三角戰略當中最有利的一個角色，樞紐與二個側翼都維持了親善關係，但是二個側翼卻是敵對的狀態。樞紐搖擺在二翼之間，使二翼為了求得樞紐的友誼而給予樞紐利益。因此容易造成二翼相互猜忌，同時增強二翼追求樞紐的動機。樞紐對每一個側翼而言都是敵人的朋友，為了爭取與樞紐的合作，側翼會對樞紐非常親善而給他許多的利益。如果一個側翼對樞紐不夠積極時，樞紐會偏向另一個側翼，藉此刺激其改變態度。樞紐必須保持本身的實力。樞紐對二側翼的態度必須平衡並具有彈性。但如果樞紐實力不足，而和其中一個側翼的親善態度固定，則會影響樞紐的地位，而無法維持樞紐的角色，享有樞紐的利益。詳見吳玉山，抗衡或扈從—兩岸關係新詮，（臺北：正中書局，1997）

世界的重要性持續發酵與擴充，能源合作已變成各國外交重點的同時，能源合作似乎可以獨立於各國間的政治價值與認同之外。

　　因此，本文之研究目的在於分析俄羅斯亞太出口—遠東區與中俄關係的發展，並從俄羅斯能源政策之邏輯思維，以國內層次分析俄羅斯東向能源運作，對於遠東區的困境之解決是否有所助益，抑是反其道而行。最後，從國際體系層次之俄中關係的能源互動來探討俄羅斯之亞太目標運作與實踐。

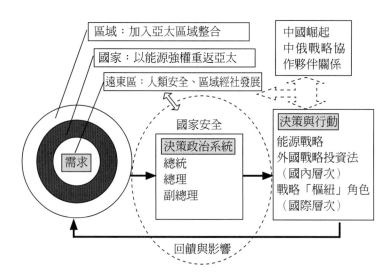

圖1　俄羅斯東向能源政策之政治系統模型圖

資料來源：本文作者自繪。

　　由於本文研究涉及俄羅斯當代能源政策與東向能源戰略發展，因此會特別針對「二〇二〇年前俄羅斯能源戰略」（Russia's Energy Strategy to 2020；Энергетическая стратегия России на период до 2020 года）、「二〇三〇年前俄羅斯能源戰略」（Russia's Energy Strategy to 2030；Энергетическая стратегия России на период до

2030 года）與「外國戰略投資法」（the Foreign Strategic Investment Law，或簡稱 "FSIL"，Закон о стратегических иностранных инвестициях，或簡稱 "ЗСИИ"）、「產品分成協議」（Production Sharing Agreements，簡稱PSAs；Соглашение о разделе продукции в сфере нефтедобычи，簡稱СРП）等相關政策與法條在文中章節做一分析。因此，本文基本上使用了歷史研究法和文獻分析法，並以伊斯頓（D. Easton）政治系統（Political System）模型理論（輸入─轉換─產出─回饋）架構俄羅斯能源政策之政治系統圖（見圖1），伊斯頓強調一般系統分析，認為政治系統是「一個由環境包裹著的行為系統，這個行為系統在環境的影響下產生並反轉過來影響環境」。輸入和輸出是他的政治系統分析模式的兩個中心概念。[5]因此，本文以俄羅斯能源政策之需求輸入與政策產出於遠東區及亞太國家運作實施與影響，逐節探討能源政策的需求─亞太地區、國內、地區（輸入）至以國家安全為最高考量的「決策政治系統」，以國內層次與國際系統層次戰略的決策與實際行動（產出），而影響俄羅斯之國內（遠東區）、外（中俄關係）環境（回饋）。

5　系統理論模型系是伊斯頓（D. Easton）於一九五三年發表「政治系統：政治學現狀研究」（The Political System. An Inquiry into the State of Political Science）一書，首次將一般系統論應用於政治分析，提出了政治系統分析的基本觀點和方法。見D. Easton, *The Political System. An Inquiry into the State of Political Science*, New York: Knopf. 1953

貳、俄羅斯遠東區定義與遠東區困境

一、俄羅斯遠東區定義

俄羅斯遠東[6]區（Russian Far East，簡稱RFE，Дальний Восток России），二〇〇〇年以前對於俄羅斯遠東區的範圍界線模糊，而稱呼也有多種，或稱「外貝加爾區」（Transbaikalia，Забайкалье）[7]，或廣義地定義從烏拉山至太平洋岸的地區為「西伯利亞和遠東區」（Siberia and the Far East，Сибирь и Дальний Восток），而沒有明確地說明西伯利亞和遠東區的實際分界。

普欽在二〇〇〇年五月十三日發布第八百四十九號總統令「關於聯邦區內俄羅斯聯邦總統全權代表」（On the Plenipotentiary Representative of the President of the Russian Federation in a Federal District，О полномочном представителе Президента Российской Федерации в федеральном округе），將俄羅斯聯邦的八十九個主體聯合分成七個聯邦區（Federal districts，Федеральный округ）[8]，

---

6 俄羅斯人習慣只稱遠東（Far East，Дальний Восток），但與國際習慣用法不同，國際上所謂之遠東（Far East），在俄羅斯人認知裡為「亞太地區」（the Asia-Pacific Region，Азиатско-тихоокеанский регион，俄文縮寫為ATP）或「東亞」（East Asia，Восточная Азия）。

7 「外貝加爾區」（Transbaikalia，Забайкалье）現包含兩個聯邦主體——布里亞特共和國（Buryat Republic，Республика Бурятия）和外貝加爾邊區（Zabaikalsky Krai，Забайкальский край）——二〇〇八年三月一日赤塔州（Chita Oblast，Читинская область）和阿金—布里雅特自治區（Agin-Buryat Autonomous Okrug，Агинская Бурятский автономный округ）正式合併而成所在區域，現為貝加爾湖以東至遠東區西部，外貝加爾是西伯利亞聯邦區（位於烏拉山至遠東區中間）的東南部分。

8 這七個聯邦區分別為：以莫斯科（Moscow，г. Москва）為中心的中央聯邦區（Central Federal District，Центральный федеральный округ），以聖彼得堡（Saint Petersburg，г. Санкт-Петербург）為中心的西北聯邦區（Northwestern Federal District，Северо-западный федеральный округ），以頓河羅斯托夫（Rostov-on-Don，г. Ростов-на-Дону）為中心的南方聯邦區（Southern Federal District，Южный федеральный округ），以下諾夫哥羅德（Ni-

從此，俄羅斯遠東區正式指稱俄羅遠東聯邦區（Far East Federal
District，Дальневосточный федеральный округ），包含九個聯邦主
體：阿穆爾州（Amur Oblast，Амурская область）、楚科奇自治區
（Chukotka Autonomous Okrug，Чукотский автономный округ, Чукотка）、
猶太自治州（Jewish Autonomous Oblast，Евре́йская автоно́ мная
о́бласть）、堪察加邊區（Kamchatka Krai，Камчатский край —爲堪
察加州（Kamchatka Oblast，Камчатская область）和克里亞克自治
區（Koryak Autonomous Okrug，Корякский автономный округ正式
合併而成）[9]、哈巴羅夫斯克邊區（Khabarovsk Krai，Хаба́ровский
кра́й）、馬加丹州（Magadan Oblast，Магада́нская область）、濱海
邊區（Primorsky Krai, Примо́рский край）、薩哈（雅庫特）共和國

zhny Novgorod，г. Нижний Новгород）爲中心的伏爾加河沿岸聯邦區
（Volga Federal District，Приволжский федеральный округ），以葉凱薩琳堡（Yekat-
erinburg，г. Екатеринбург）爲中心的烏拉爾聯邦區（Urals Federal District，Уральский
федеральный округ），以新西伯利亞城（Novosibirsk，г. Новосибирск）爲中心的
西伯利亞聯邦區（Siberian Federal District，Сибирский федеральный округ）和以哈
巴羅夫斯克（Pyatigorsk，г. Хабаровск）爲中心的遠東聯邦區（Far East Federal Dis-
trict，Дальневосточный федеральный округ），下表爲二〇〇九年俄羅斯聯邦之聯邦
區概況：

	聯邦區名稱	面積 (KM²)	人口 （01.01.2009）	俄羅斯聯邦 主體數	聯邦區中心
1	中央聯邦區	652,800	37 121 812	18	莫斯科市
2	南方聯邦區	589,200	22 901 524	13	頓河羅斯托夫
3	西北聯邦區	1,677,900	13 462 259	11	聖彼得堡市
4	遠東聯邦區	6,215,900	6 460 094	9	哈巴羅夫斯克
5	西伯利亞聯邦區	5,114,800	19 545 470	12	新西伯利亞城
6	烏拉爾聯邦區	1,788,900	12 254 976	6	葉凱薩琳堡
7	伏爾加河沿岸聯邦區	1,038,000	30 157 844	14	下諾夫哥羅德

9 二〇〇期年七月一日堪察加州（Kamchatka Oblast，Камчатская область）和克里亞克
自治區（Koryak Autonomous Okrug，Корякский автономный округ）正式合併成立俄
羅斯聯邦新主體堪察加邊區（Kamchatka Krai，Камчатский край）。

（Sakha（Yakutia） Republic, Респу́блика Саха́（Яку́тия））和薩哈林州（Sakhalin Oblast，Сахали́нская о́бласть）。俄羅斯遠東聯邦區（見圖2）是俄羅斯聯邦最大的地理行政區，占地六百二十萬平方公里，占俄羅斯總領土的百分之三十六點一。遠東區人口稀少，且經濟發展分配不平均，該區百分之六十九的GDP集中於該區南部，也就是哈巴羅夫斯克邊區、濱海邊區、阿穆爾州、猶太自治州和薩哈林州[10]。

　　這些地區是俄羅斯在亞洲的人口中心、資源中心、經濟中心，也是太平洋艦隊的大陸依靠。沒有了這些領土，俄羅斯就會與勘察加、薩哈林島（中稱「庫頁島」）失去便捷的交通聯繫，東北亞的安全根本地失去保障。

　　再者，俄羅斯遠東區擁有三個令俄羅斯聯邦中央值得注意的特點，（一）與東、西西伯利亞區同為俄羅斯原物料礦產，尤其是能源的產地寶庫，能供應東亞眾多人民與新興經濟的廣大需求，而遠東區就是連結雙方需求、工業發展及供應民生必需品的重要大出口；（二）從歐俄的觀點來看，遠東區給與俄羅斯成為亞太與東北亞地區的合法性會員資格，增加了俄羅斯的地緣政治影響力；（三）擁有漫長的海岸線和阿穆爾河邊界的俄羅斯遠東區，使得雙方跨國關係之建立能夠迅速啟動東北亞的整合，而此跨國關係是兩國關係中的重要組成部分及努力加強該區基礎設施的關鍵點。而過去可能會在亞太區域整合中被忽略的俄羅斯，現可經由遠東區來讓亞太諸國重視俄羅斯的存在。[11]

---

10 Kalashnikov, V., et al., Energy sector of the Russian Far East: Current status and scenarios for the future. Energy Policy (2009), doi:10.1016/j.enpol.2009.09.035, pp.1-15

11 Gilbert Rozman, *Northeast Asia's Stunted Regionalism: Bilateral Distrust in the Shadow of Regionalism* (New York: Cambridge University Press, 2004).

　　而亞太地區經濟迅速發展形成了對於原物料，尤其是能源的巨額需求，替俄羅斯的西伯利亞地區和遠東地區開啓了開發與發展的契機，也提供了前所未有的商機。

1.阿穆爾州
(Amur Oblast, Амурская область)
2.猶太自治州
(Jewish Autonomous Oblast, Евре́йская автоно́мная о́бласть)
3.堪察加邊區
(Kamchatka Krai，Камчатский край)
4.馬加丹州
(Magadan Oblast, Магада́нская о́бласть)
5.濱海邊區
(Primorsky Krai, Примо́рский край)
6.薩哈林州
(Sakhalin Oblast，Сахали́нская о́бласть)
7.哈巴羅夫斯克邊區
(Khabarovsk Krai, Хаба́ровский край)
8.楚科奇自治區
(Chukotka Autonomous Okrug, Чукотский автономный округ, Чуко́тка)
9.薩哈（雅庫特）共和國
(Sakha (Yakutia) Republic, Респу́блика Саха́ (Яку́тия))

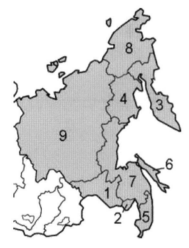

二、遠東區之困境：國家安全V.S.經濟發展

　　多年來，俄羅斯的遠東區一直因為該區落後的經濟狀態、官僚的腐敗治理，及與中、日、兩韓間的國境關係問題，而被視為危機區域（ a region in crisis）。而遠東區長久以來一直處於邊境政策的困境，Lavrov（二○○六）認為俄羅斯唯有經由促進西伯利亞區和遠東

區經濟成長，才能成功加入亞太地區的整合[12]，雖然莫斯科當局對於此點非常明瞭，但由於俄羅斯西伯利亞與遠東區長久以來一直無法有具體成效的開發，且地廣人稀，只有河流為其天然地理屏障。是故，保障俄羅斯領土安全與主權為其首要考量，也因為其無法與亞太各國競爭，為了保障遠東地區的地緣政治安全，俄羅斯固然放棄了前蘇聯的武力威脅政策，但仍長期保持對鄰國的警覺與敵意；如邊界地區軍事安全戒備、長期實施資源管控、嚴格限制外國勞動力及移民，導致結果為此一地區開發不足、經濟發展嚴重遲滯和人口大量流失，而使得此地區相對於亞太各國經濟蓬勃發展，愈加顯得落後，然此差距卻有愈加擴大的趨勢。[13]而此落後狀態導致了遠東區諸多問題。

現將遠東區面臨的地區問題詳述如下：

（一）遠東區南北區極度分配不均、經濟發展與基礎設施落後

俄羅斯遠東區根據能源供電系統（energy supply systems）的差異可分為南北兩區，北區包含堪察加邊區、馬加丹州、薩哈（雅庫特）共和國和楚科奇自治區等四個聯邦主體，而南區包含哈巴羅夫斯克邊區、濱海邊區、阿穆爾州、猶太自治州和薩哈林州等五個聯邦主體。

北區因為距離遙遠、發展最為落後，不平均且分散的發展特點使得此區的供電系統之燃料與能源供應是由相對較小的能源公司所提

---

12 Sergei Lavrov, "The Rise of Asia and the Eastern Vector of Russia's Foreign Policy," *Russia in Global Affairs* 4, no. 3 (2006):pp. 70, 77.

13 Stephen Blank, "At a Dead End.Russian Policy and the Russian Far East", *Demokratizatsiya*, Vol XVII, No 2, Spring, 2009, pp130-131

供，居民沒有多餘的選擇空間，而由於缺乏發達的運輸系統和能源配送基礎設施，使得北區的能源供應相對於南區較爲昂貴。而南區的能源供應系統則是由俄羅斯統一電力公司東方分部（Unified Power Grid of the East，OES Vostoka；Единая энергетическая система России，ЕЭС России）統一運作，整個遠東區之人口、能源配送系統與運輸基礎設施都集中在南區。[14]

　　過去俄羅斯遠東區一直被莫斯科當局視爲生產原物料的邊緣地帶，區內還有百分之三十居民之生活低於貧窮水準。[15]而此肇因於莫斯科當局的主要政策爲「在周邊建立友好睦鄰與互利合作地帶」[16]，開發遠東地區經濟則爲第二順位，也就是國家安全高於地區的經濟發展。這對於遠東地區居民的需求似乎有所落差，造成遠東區目前的發展現況仍有待加強。

（二）人口長期負成長

　　從蘇聯解體後，葉爾欽時期俄羅斯國內不穩定和經濟動盪，遠東區的居民多移往歐俄地區，自一九八九年至二〇〇〇年，超過一半的遠東區人口減少百分之十至百分之六十，有些區域還一年人口負成長百分之十以上。[17]俄羅斯總統梅德韋傑夫於二〇一〇年七月三日在阿穆爾州的布拉戈維申斯克[18]（Blagoveshchensk, Благове́щенск）發

14 Kalashnikov, V., et al.," Energy sector of the Russian Far East: Current status and scenarios for the future". *Energy Policy* (2009), doi:10.1016/j.enpol.2009.09.035, pp.1-2

15 Christoffersen, Gaye, "Russia's breakthrough into the Asia-Pacific: China's role", *International Relations of the Asia-Pacific*, Volume 10 (2010), p68.

16 Иванов И., «Россия в Азии и Азия в России », *Азия и Африка сегодня*, N1,2004г, с.4

17 Peter A. Fischer, "Migration and Development in Russia", available at: http://migration.uc-davis.edu/ols/fischer_russia.html.

18 中稱「海蘭泡」。

言，憂心遠東區的居民日益減少，是個危機警訊。據俄政府有關部門二〇一〇年初的統計，俄羅斯遠東地區居民約爲六百五十萬人，比二〇〇九年同期減少兩萬人。在近二十年內，遠東地區居民減少了百分之二十五，主要原因是居民爲了尋求更好的生活條件而大量外移。[19]

（三）人類安全威脅

「人類安全」（human security）有很多的定義，最普遍的定義爲「聯合國開發計畫」（United Nations Development Programme，UNDP）所提出，人類安全最基本的層次就是個人安全要置於政體安全和國家安全之上，人類安全議題關切的是經社發展對人類發展的威脅，包含能源、食物、健康和環境安全。而「東協模式」（ASEAN way）[20]，包括APEC，都將人類安全議題視爲較傳統國家安全議題更爲重視，且已成爲亞洲多邊主義的準則。在二〇〇七年UNDP人類發展報告中，認爲俄羅斯遠東區之不平等待遇（與其他區域相比）和遠低於其他聯邦區的貧窮狀態，是威脅到遠東區的人類安全的關鍵因素。[21]使得此地區相對於亞太各國經濟蓬勃發展，愈加顯得落後，而此差距有愈加擴大的趨勢。

再者，遠東區的國境問題也導致了遠東區居民的人類安全威脅，「文明間（inter-civilizational）關係比之於政府間

---

19 RIA Novosti, "Medvedev concerned by falling population in Russia's Far East", 2010.07.03, http://en.rian.ru/russia/20100703/159674420.html

20 東協最知名的特點就是在談判協商時採取「東協模式」（The ASEAN Way，或稱亞洲方式），也就是成員國間尋求共識，協商，對內政、領土和主權採取不干涉、不使用武力、和平解決爭端，遵守聯合國憲章的原則。

21 UNDP (2007) 'Russia's regions: goals, challenges, achievements', *Human Development Report 2006/2007 for the Russian Federation.*

（intergovernmental）關係」更能展現出該跨境邊區百萬人民的問題，與反應出地區間複雜互動的同時，跨境毒品、非法移民、走私貨品及環境汙染問題接踵而來。[22]遠東區當地居民抱怨莫斯科不了解或是不想了解地區的需求是解決國境問題。

　　總而言之，近年來，俄羅斯對於做為重返亞太地區的能源供應大國的角色極為重視，且俄羅斯大部分的油氣礦區皆位在西伯利亞地區與遠東地區，西西伯利亞地區是最早開發的，因為早期輸歐的石油和天然氣皆是由此區輸出。而東西伯利亞地區和遠東地區人口稀少、開發落後，再加上俄羅斯對亞洲地區的不重視，對於國外投資商於該區的開發專案皆給予較優惠的條件。但隨著中國的崛起與亞太地區的經濟日益成長，這些開發專案包含礦區和輸往亞太地區的油氣管線建設，開始被中央重新重視與審視，並對戰略部門訂定相關法律與條款嚴加控制資源。由此可見，能源是做為其提升在亞太地區權力與安全的工具，其對俄羅斯的重要性可見一斑。這對以國家安全為能源戰略指導方針的遠東區發展走向，是否有助於遠東區的發展仍有待商榷。

---

22 Larin, V. (2008) 'Interregional cooperation between Russia and China at the beginning of the 21st century: experience, problems, prospects', Far Eastern Affairs, 36(2), pp.5-6.

參、俄羅斯能源政策之演進發展：從二○○三年之「俄羅斯二○二○年前能源戰略」到二○○九年之「二○三○年前能源戰略」

　　普欽於二○○○年執政時，俄羅斯的經濟情勢明顯好轉，國際石油價格也開始向上攀爬，能源部門成為俄羅斯經濟的核心支柱、國家財政收入和外匯的最重要來源；無論國內或國外對於俄羅斯的油氣資源利益的角逐日益激烈。

　　二○○三年的「尤科斯（Yukos，ЮКОС）事件」[23]是俄羅斯能源政策的主要轉折點，也是俄羅斯石油公司國營化發展的起點，並且顯然預示著普京政府有意強化對俄羅斯石油公司的控制。

　　於是，二○○三年八月二十八日俄羅斯聯邦政府批准通過第№1234-R號「俄羅斯二○二○年前能源戰略」，又稱「俄羅斯能源戰略」。設定了俄羅斯能源發展的優先方向，明確規定「能源是俄羅斯發展經濟的基礎和推行內外政策的工具」[24]，要擴大能源出口，開發

---

23 尤科斯公司（Yukos Oil Company，Нефтяна́я Компа́ния ЮКОС）總裁霍多爾科夫斯基（Mikhail Khodorkovsky, Михаи́л Бори́сович Ходорко́вский）於二○○三年六月被捕入獄。二○○三年十二月，尤科斯公司被宣布為拖欠稅款的公司，並被要求向俄羅斯聯邦政府支付罰金，二○○四年十二月尤科斯公司將其主要子公司Yuganskneftegaz（Юганскнефтегаз）轉讓給Rosneft公司。這些事態發展預示著，俄羅斯聯邦政府打算最終解散尤科斯公司。俄羅斯政府將對一些石油生產、煉油和石油產品銷售於公司進行拍賣。二○○六年八月一日尤科斯公司被法院宣告破產。二○一○年尤科斯公司於歐洲人權法庭 The European Court of Human Rights（ECHR）正式向俄羅斯政府提出訴訟。見 BBC News. "Yukos case against Russia begins at European court". 4 March 2010. http://news.bbc.co.uk/1/hi/world/europe/8549226.stm.

24 Министерство промышленности и торговли Российской Федерации (Минпромторг России)，«Энергетическая стратегия России на период до 2020 года», Утверждена распоряжением Правительства Российской Федерации от 28 августа 2003 г. № 1234-р. http://www.minprom.gov.ru/docs/strateg/1

新的能源銷售市場，使能源供給市場多元化，開採其他國家領土的資源，強化俄羅斯公司在國內市場的運作，與外資簽訂長期合約藉以發展國內自然資源，並規範外資進入原物料開發，維持國家控制對油氣探勘開發與運輸路線的戰略性決策。[25]

　　據此，二〇〇四年開始，俄羅斯政府轉向國家主權主義（statism）[26]，將石油、天然氣與重要地下礦產資源鎖定控制「戰略」（strategic）部門[27]，特別是原物料部門的石油。[28]因此，相關能源產業從政府部門做垂直整合（見圖3），對於戰略部門的具體決策都需由總統、總理及相關顧問來決定，[29]總統是最後的決策者，副總理負責監控與協調石油公司來提高石油生產、改進稅收制度和籌建「東西伯利亞—太平洋」輸油管線（Eastern Siberia to the Pacific pipeline，簡稱ESPO；Нефтепровод "Восточная Сибирь - Тихий океан"，簡稱 ВСТО）[30]；能源部（Ministry of Energy；Министерство энергетики РФ）、自然資源與環境部（Ministry of Natural Resources Environment，Министерство природных ресурсов и экологии）和其他相關機構來負責監管俄國的石油公司的生產運作。

25 Sergey Sevastyanov, "The More Assertive and Pragmatic New Energy Policy in Putin's Russia: Security Implications for Northeast Asia", *East Asia* (2008) 25:36

26 Philip Hanson, "The Russian Economic Puzzle: Going Forwards, Backwards or Sideways?" pp.879-883.

27 除了石油和天然氣外，現在更逐步擴大到銀行和國防相關工業。

28 宋鎮照、張子楊、楊鈞池、洪敬富、馬祥祐、許菁芸、張義東、蔡育岱，全球金融大海嘯下的國際政治新秩序—變動中的亞太國家機關、市場經濟與全球金融的發展關係，臺北：五南。頁223。

29 H Balzer, "The Putin thesis and Russian energy policy" *Post-Soviet Affair*, (2005) 3, pp. 21–24.

30 M Kroutikhin, "Energy policymaking in Russia: From Putin to Medvedev" *NBR Analysis, Russian Energy Policy & Strategy*, (July 2008) 9, pp. 23–31.

```
                                    ┌──────────┐
                                    │   總統    │
                                    └──────────┘
                                          │
┌───────────────┐                   ┌──────────┐
│  戰略決定      │ ⟸               │   總理    │
│ （Strategic   │                   └──────────┘
│  Decisions）   │                        │   ┌──────────┐
└───────────────┘                        └───│  副總理   │
                                             └──────────┘
┌───────────────┐     ┌──────────┐  ┌──────────────┐  ┌──────────┐
│  執行控管      │ ⟸  │  能源部   │  │ 自然資源與環境部 │  │ 其他部門  │
│ （Control of  │     │（Ministry │  │（Ministry of  │  │（Other   │
│ Implementa-   │     │ of Energy）│ │ Natural Resources│ │ Agencies）│
│  tion）        │     └──────────┘  │ and Environment）│ └──────────┘
└───────────────┘        直接控管      └──────────────┘      調控
                      （Direct control）                （Regulation）
┌───────────────┐     ┌──────────┐        ┌──────────┐
│  運作          │ ⟸  │ 主要國營石油 │      │ 主要私人石油 │
│ （Operations） │     │ 企業       │       │ 企業       │
└───────────────┘     └──────────┘        └──────────┘
```

| Transneft | Rosneft | Gazprom | LUKOIL | Surgut-neftegas | TNK-BP |

（唯一石油管線　（東西伯利亞和遠東區
獨占企業）　　　主要國營石油企業）　　　　　　地區企業

| Gazprom Oil | Slavneft | Tatneft | Bashneft |

圖3　俄羅斯石油工業之主要決策角色

資料來源：茲參考 Leonty Eder, Philip Andrews-Speed, and Andrey Korzhubaev, "Russia's evolving energy policy for its eastern regions, and implications for oil and gas cooperation between Russia and China" *Journal of World Energy Law & Business,* 2009, Vol. 2, No. 3, p.225 修改而成。

　　一般而言，能源商業活動鏈由三個基本要素組成，即能源的生產、運輸和加工銷售。在油氣領域，這些要素包括探勘和開發（上游）、油氣運輸（中游），終端產品的加工、批發和零售（下游）。只有大型的公司有能力涉及兩個或三個領域，而大多數公司基本上專門從事一個領域的業務。俄羅斯的大型石油公司，最主要有七個，包含上游油氣探勘和開發與下游終端產品的加工、批發和零售，兩個國營企業，「天然氣工業公司」（Gazprom，Газпром，後文皆以Gazprom稱），包括Gazprom neft（Газпромнефть）和Slavneft（Славнефть）和「俄羅斯石油公司」（Rosneft，Роснефть後文皆以Rosneft稱）；兩個民營企業（忠於中央指示），Lukoil（Лукойл）和 Surgutneftegaz（Сургутнефтегаз）；兩個地區企業，Tatneft（Татнефть）和 Bashneft（Башнефть）；及一個俄英合資企業TNK-BP（ТНК-BP Холдинг）。至於中游的運輸則由國營企業「石油運輸管道公司」（Transneft，Транснефть，後文皆以Transneft稱）獨占。**31**

再者，俄羅斯中央政府堅持所有的出口輸送管都必須為國營企業Transneft所控管，凍結了私人企業建造及管理新輸送管線的申請。**32**而除了上述之大型石油企業外，俄羅斯的石油公司與大多數西方國家不同，僅從事石油貿易活動。而天然氣的開採、運輸與銷售則由Gazprom統一負責，國家擁有該公司約百分之四十的股份。

由於二〇〇八年底爆發的全球金融危機，二〇〇三年之「二〇二〇年前俄羅斯能源戰略」中的一系列主要指數都需重新審議，因此，二〇〇九年十一月十三日俄羅斯聯邦政府批准通過第№1715-R號「俄羅斯二〇三〇年前能源戰略」，又稱新「俄羅斯能源戰略」。該戰略旨在最大範圍內地提高自然資源利用率，以確保經濟穩定發展，提高居民生活品質，鞏固俄羅斯的國際地位。因此，俄羅斯新

31 Leonty Eder, Philip Andrews-Speed, and Andrey Korzhubaev, "Russia's evolving energy policy for its eastern regions, and implications for oil and gas cooperation between Russia and China" *Journal of World Energy Law & Business*, 2009, Vol. 2, No. 3, p.224
32 參閱宋鎮照、張子楊、楊鈞池、洪敬富、馬祥祐、許菁芸、張義東、蔡育岱，全球金融大海嘯下的國際政治新秩序—變動中的亞太國家機關、市場經濟與全球金融的發展關係，臺北：五南。頁223。

「能源戰略」的戰略目標是將自身的能源資源潛力達到最有效地利用，藉此強化俄羅斯在世界能源市場中的地位，並爲國家經濟得到最大利基。「二〇三〇年前俄羅斯能源戰略」分爲三個階段實施：第一階段：克服金融危機對能源領域的影響，爲後金融危機時期加速發展創造條件，並對燃料能源行業進行現代化改造；第二階段：在落實燃料能源行業創新發展的基礎上，整體提高能源和經濟領域的能源利用率；第三階段：實現對傳統能源的高效利用，並爲向新能源過渡創造條件。[33]

　　歸結該二〇三〇年能源戰略三階段的運作可以發現，「二〇三〇年前的能源戰略」與四年前之「二〇二〇年前能源戰略」雖然在主要的生產數據與主要指數都有修改，但基本性質仍是不變；一是仍將油氣資源及地下礦產視爲戰略部門，雖有在此次的戰略中提及放寬管制，但仍堅持國家主導相關能源決策。二是儘管歐洲仍將是俄油氣出口的主要方向，可是俄整個油氣出口的成長將主要取決於俄羅斯東部區域市場的發展。因此，俄羅斯對東北亞與亞太地區的外交政策考量將會與俄羅斯的西方政策比重逐漸拉近。三是除了加強出口外，爲增強國力，新「俄羅斯能源戰略」仍舊承襲前戰略，對於滿足國內市場需求更加注重。由此可見，莫斯科當局將能源視爲國家安全資產，而非市場產品來看待[34]。

33 Министерство энергетики РФ, «Энергетическая стратегия России на период до 2030 года», Утверждена распоряжением Правительства Российской Федерации от 13 ноября 2009 г № 1715-p.詳見俄羅斯能源局官方網站http://minenergo.gov.ru/activity/energostrategy/pr_5.php?sphrase_id=41851
34 Sergey Sevastyanov, "The More Assertive and Pragmatic New Energy Policy in Putin's Russia: Security Implications for Northeast Asia", *East Asia* (2008) , No. 25, p. 53

肆、國內層次之東向能源戰略的實際運作

　　根據「二○二○年前的能源戰略」和「二○三○年前能源戰略」所制定的能源發展方向，俄羅斯東向能源政策對於外資與外國最欲接觸的油氣與地下礦產資源等戰略部門的調控運作方式，以層次分析法（Level of analysis）分為國內層次與國際體系層次[35]來做分析。

　　從國內層次面來說，俄羅斯對於能源戰略的最終目的是國家安全，包含地緣政治安全、能源安全和國家安全。俄羅斯東向能源戰略運作的互動主體為俄羅斯政府與國外投資商（通常是跨國石油公司），國外投資商雖是跨國企業，但在俄羅斯強勢的能源戰略及國家主權至上的俄羅斯大國思想下，純經濟合作如隨著國際環境變遷而察覺利益受損，尤其是在戰略部門，則會動用種種調控（regulation）手段來迫使國外投資商屈服；再者，莫斯科當局與國外投資商是屬於權力不對稱關係，國外投資商趨於劣勢，但此也顯示俄羅斯的投資環境依舊極為惡劣。

　　而在國際體系層次面（於下節討論），俄羅斯的東向能源戰略比國內層次上之國家安全目的，還多了「以能源強權重返亞太」的國際體系因素考量。因此，觀察俄羅斯在國際體系層次的能源戰略運作，就是讓自身保持在「樞紐」的戰略角色。此層次的互動主體則為國家，包含中、日、中亞五國（並無實際參與，但在中國與俄羅斯的輸油管線協商時，占有一定地位）等國，尤其是與中國的能源競合上，俄羅斯與中國雙方互為戰略協作夥伴，在東北亞的權力結構上，皆是具有一定決定性的國家，有著國際政治與國際權力體系之考量。因

---

35 層次分析法（level of analysis）是將國家活動從國際體系層次和國內政治結構層次層面與區域層面來加以觀察，J. David Singer, "The Level-of-Analysis Problem in International Relations," *World Politics*, Vol. 14, No. 1, The International System: Theoretical Essays. (Oct., 1961), pp.77-92.

此，此種俄羅斯與東北亞區域國家的合作，是可以與國外投資商的純商業投資合作分開視之，莫斯科當局態度也迥然而異。此國內與國際體系層次的差異，可以察覺到莫斯科當局對能源「政熱經冷」——對能源之國際政治與國際權力體系相關議題（尤其主體為國家）熱衷合作，純屬能源經濟合作（主體為跨國石油公司）冷硬對待並嚴加把關——之明顯特徵。

在國內層次面，莫斯科當局對於東向能源的國內戰略運作為確保國內能源需求安全，包含能源價格、產地與相關能源公司之投資比率等，以國內能源需求為最優先，次而考慮國外需求。其對於外資最欲接觸的油氣與地下礦產資源等戰略部門的調控運作方式可以下列兩個莫斯科當局與外資的互動來說明之。一、訂定相關法律與投資條款，使得外資須經由聯邦中央決策，才能有限度地參與相關投資計畫或參與公司運作。二、對一九九〇年代中期按產品分成協議（Production Sharing Agreements，簡稱PSAs；Соглашение о разделе продукции в сфере нефтедобычи，簡稱СРП）的外資參與俄羅斯境內油氣田專案進行調節外資持股管控[36]。

一、訂定外資投資相關法律與條款

二〇〇五年國家杜馬通過，二〇〇六年生效的新「礦產資源法」（New Mineral Resources Law）明確規定礦產資源只歸聯邦中央所有，將礦產資源收歸中央管控，並取消了地方政府批准和監管自

---

36 Sergey Sevastyanov, "The More Assertive and Pragmatic New Energy Policy in Putin's Russia: Security Implications for Northeast Asia", *East Asia* (2008) , No. 25, p. 42-44

然資源開發的權力，此進一步加強中央集權的同時，也更加嚴格限制了外資對於俄羅斯資源礦產的涉入程度。

俄羅斯政府並於二○○八年五月頒布了於四月二十九日生效的「關於外國投資者向對俄羅斯聯邦國防和安全具有重要意義的商業主體進行投資的程序的聯邦法律」，簡稱「外國戰略投資法」（Federal Law "On Foreign Investments in Legal Entities of Strategic Importance to the National Defense and State Security of the Russian Federation"，簡稱the Foreign Strategic Investment Law or "FSIL"；"О порядке осуществления иностранных инвестиций в хозяйственные общества, имеющие стратегическое значение для обеспечения обороны страны и безопасности государства"，簡稱 Закон о стратегических иностранных инвестициях или ЗСИИ），該法律成爲俄羅斯管理外國投資者在俄羅斯戰略部門進行投資的最新法律依據。此法定義包含地下礦產資源等四十二項對俄羅斯經濟具有戰略重要性的產業，統稱爲「戰略部門」（Strategic Company，Хозяйственное общество, имеющее стратегическое значение），其中包括核能、太空航行業、航空業、武器生產與銷售、軍事和特種設備生產和銷售、在聯邦級礦產地進行礦產地質探勘和開採等。[37]關於該法的主管審核單位爲「聯邦反壟斷局」（Federal Antimonopoly Service, or "FAS"，Федеральная антимонопольная служба или ФАС），但最後的決定權卻是在總理普欽領導的「俄羅斯外資監督政府委員會」（State commission for the Control of Foreign

---

37 戰略部門包含國防、核能、某些運輸活動（包括機場，海港，鐵路和輸油氣管道）、某些電信和媒體業務（但不包括與網路有關的業務）、某些電力和供熱相關的公司、漁業和特種金屬等「敏感」（sensitive）的產業。

Investment in the Russian Federation, Правительственная комиссия по контролю за осуществлением иностранныхинвестиций в Российской Федерации）。

該法對外資認定採取兩種標準，一是外國政府、國際組織或者出於國際組織控制下的機構，二是一般外國投資者。

基於安全理由，對於第一種外資，也就是國家等級，規定最爲嚴格。此種外資如欲購買俄羅斯戰略部門企業百分之二十五以上的股份，必須得到「俄羅斯外資監督政府委員會」的批准。

而一般投資者（第二種）持有戰略性部門公司百分之五十以上股份，就被視爲「控制」（control，контроль）。如果外國投資者希望獲得對某個戰略性部門公司的控制權（直接或間接），則該投資者必須和執法機關協商，獲得政府的審核同意（第三點一條第三項和第五條）。而該法更針對地下礦產資源，或稱戰略領域（subsoil area of federal importance ,or Strategic Field，Хозяйственное общество, имеющее стратегическое значение и осуществляющее пользование участком недр федерального значения）（第六條）訂出了嚴格的外國投資規定。根據該法，如果持有某戰略性地下礦產公司百分之十以上的股份，也會被政府當局視爲「控制」（第五點三條）。也就是說，外國公司收購戰略性地下礦產公司，如石油、天然氣等，不得超過百分之十的股份，而且也無法經由委外經營的方式取得經營權。如果持股超過百分之五，應事先向政府相關部門提出戰略投資審核批准申請。**38**

---

38 «Закон о стратегических иностранных инвестициях», компанией "Дьюи энд ЛеБоф ЛЛП". http://www.russianlaws.com/ru/Newsdetail.aspx?news=7054, updated at March 2009

「外國戰略投資法」要求外國投資者優先考慮與Rosneft、Gazprom等國營大型油氣公司展開合作，鼓勵國內油氣公司或企業與外資簽定長期油氣供給契約，或是乾脆避開「外國戰略投資法」對外資的限制，加強對非戰略部門油氣資源項目的投資或收購。[39]

二、對一九九〇年代中期依「產品分成協議」的外資參與俄羅斯境內油氣田專案進行調節外資持股管控。

一九九五年十二月六日俄羅斯國家杜馬批准通過第№ 225-ФЗ號「聯邦產品分成協議法」（ On Production Sharing Agreements，О соглашениях о разделе продукции）[40]，一九九九年一月俄頒布了「對『俄聯邦產品分成協議法』進行修改和補充的聯邦法」（О внесении изменений и дополнений в Федеральный закон О соглашениях о разделе продукции）[41]，修改和補充主要涉及一些限制性條款。該法是一部調節國內外投資者在俄境內投資尋找、勘探和開採礦物資源及有關活動的聯邦法，投資者有權按協議進行上述作業，並由自己承擔費用和風險。產品分成協議（Production Sharing Agreements，簡稱PSAs；Соглашение о разделе продукции в сфере

---

39 馮方、許升輝、許敏，「俄羅斯油氣工業上遊合作項目投資環境及潛力分析」，石油科技論壇，2010年第1期，頁67

40 Государственная Дума ,"О соглашениях о разделе продукции", 1995/12/06，詳見俄羅斯官方網站：http://www.concession.ru/parseDocument.php?DocFName=27

41 Государственная Дума , "О внесении изменений и дополнений в Федеральный закон 'О соглашениях о разделе продукции'"，1999/01/07，詳見俄羅斯官方網站：http://www.concession.ru/parseDocument.php?DocFName=33

нефтедобычи，簡稱СРП）基本分爲三部分：（一）回償產品
（compensation products，Компенсационная продукция）歸投資者
所有，用以沖抵其執行協議的費用支出。（二）盈利產品（profitable
products，прибыльная продукция）由國家和投資者按產品分成比率
分享，部分歸投資者，部分作爲國家盈利稅收，而產品分成比率取決
於油田的開發利潤。（三）使用費，爲投資者將所得利潤按協議之利
潤分成參數上繳國家，作爲資源開發和利用的各項費用。

　　該法的制定是因爲俄羅斯缺乏開發當地油氣田的資金，同時也
是爲了避免油氣勘探、開發的巨大經濟風險，因此爲了吸引大型的國
外投資者，其簡化了投資者與國家之間的相互關係；尤其是在稅收部
分，即徵稅基本上是按協議條款分配產品所取代。且在協議有效期
內，投資者免交除利潤稅、資源使用稅、俄籍僱員的社會醫療保險費
和俄羅斯居民國家就業基金費以外的其他各種稅費。俄政府希望通過
這種方式吸引更多外國投資，把外國投資吸引到開採條件較差的礦區
和礦種，對於投資者的資金投入、生產技術水準、生態汙染控制技術
提出了較高要求。俄多數地方政府因能從中得到實惠而贊成該法，反
對產品分成協議法主要是以俄石油公司爲代表的生產企業。

　　但，由於行政管理機構繁多、審批程序複雜、官僚行政作風
拖延，造成投資商的退稅困難。而從二○○一年開始，俄羅斯進行
全面的稅制改革，二○○二年俄羅斯開徵統一的礦產資源開採稅，
簡化了石油部門的的稅制，這使得產品分成協議對外資的吸引力降
低。是故，產品分成協議自實施以來，僅執行了三個專案協議，均
是在 一九九○年代中期簽署，因各個油田的石油儲量和投資費用有

所不同，各個專案的經濟效益也不同。兩個在薩哈林島[42]（Sakhalin, Сахалин）大陸架，「薩哈林一號」（Sakhalin-1，Сахалин-1）專案[43]，主要投資商為埃克森美孚公司（Exxon Mobil），和「薩哈林二號」（Sakhalin-2，Сахалин-2）專案，[44]主要投資商為合資企業「薩哈林能源」公司（Sakhalin Energy），最初最大股東為英荷皇家殼牌公司（Royal Dutch Shell），二○○七年Gazprom買了百分之五十加一的股份而成為最大的股東；一個在涅涅茨自治區（Nenets Autonomous Okrug，Не́нецкий автоно́мный о́круг），「哈里亞克」（Kharyaga，Харьяга）[45]專案，主要外商為法國達道爾公司（Total）。

自年二○○○年以來，國際石油價格逐年高漲，而上述協議是在特定的經濟、政治及特定石油價格，如簽訂「哈里亞克」產品分成協議時的石油價格為十六～十八美元／桶）條件下簽署的。因此，在石

---

42 薩哈林島（Sakhalin, Сахалин），中國習稱「庫頁島」。

43 「薩哈林1號專案」是俄最大的外商投資專案之一。一九九五年六月三十日，俄羅斯政府與相關投資商簽定該專案的產品分成協議，該專案由美國埃克森美孚公司（Exxon Mobil）（持股30%）、日本薩哈林石油和天然氣發展公司（Sakhalin Oil & Gas Development Co. Ltd.）（持股30%）、印度石油天然氣公司（ONGC Videsh Ltd.）（持股20%）和俄羅斯石油公司（Rosneft）（持股20%）共同參與實施。專案主要內容是開發薩哈林沿岸大陸架上的三個油氣田—柴沃（Chayvo，Чайво）、奧多普圖（Odoptu，Одопту-море）和阿爾庫通達吉（Arkutun-Dagi，Аркутун-Даги）。

44 「薩哈林2號」專案是俄羅斯與外國企業最早在石油、天然氣領域開展國際合作的一個重大專案。一九九四年六月二十二日，俄羅斯政府和薩哈林州政府代表石油、天然氣資源的所有者，與三井物產株式會社（Mitsui）（持有25%的股份）、三菱商事株式會社（Mitsubishi）（持有20%的股份）、英荷皇家殼牌公司（Royal Dutch Shell）（持有55%的股份）組成的「薩哈林能源」（Sakhalin Energy）投資公司簽訂了產品分成協議。專案主要內容是開發皮利通-阿斯托赫（Piltun-Astokhskoye，Пильтун-Астохское）油田和隆斯克（Lunskoye, Лунское）油氣田。

45 「哈里亞克」專案是法國道達爾公司和俄羅斯政府於一九九五年十二月在開發哈里亞克油田上達成產品分成協議。在該油田專案中，法國道達爾（Total）公司持有50%股份，挪威油氣公司海德魯公司（Norsk Hydro ASA）持有40%股份，涅涅茨自治區掌控的涅涅茨石油公司（Nenets Oil Co，Ненецкая нефтяная компания）持10%股份。

油價格大約都維持在七十～九十美元／桶的近幾年來，俄羅斯政府開始認爲當年簽訂的協議是無利可圖，遂要求重新協議。

再者，除了投資商上繳的使用費外，盈利稅收是投資商先扣除回償產品費後才依產品分成比率上繳。而二〇〇五年宣稱因鋼鐵價格飆漲及盧布升值因素，Shell將「薩哈林二號」專案之成本上修兩倍至兩百億，Exxon Mobil將「薩哈林一號」專案之成本提高百分之三十至一百七十億，此舉大大降低了莫斯科的盈利稅收，並引起外商與莫斯科之間的不滿及衝突。

根據俄羅斯能源生產的明確規定，石油、天然氣開採和運輸專案必須透過國家生態鑒定。因此，二〇〇六年俄羅斯政府正式採取行動，自然資源部與地方政府機關聯合指責「薩哈林二號」專案相關的開發與施工將使鄰近的海灣、森林資源被破壞，魚類產卵的河流被毀壞。此舉的目的在迫使外國投資商與俄羅斯當局妥協，重新協商當年的「產品分成協議」，增加俄方的獲利比例，並試圖削減外商的持股比例。二〇〇六年秋，三井物產株式會社（Mitsui）（持有百分之二十五的股份）宣稱薩哈林能源公司對於環境造成的損害將支付約五百億的罰鍰與賠償。二〇〇六年十二月英荷皇家殼牌公司（Royal Dutch Shell）與其他外商決定要重新協商「薩哈林二號」的持有比例條款，並與俄羅斯國營公司Gazprom簽定草案。Gazprom以七十四億五千萬買下薩哈林能源公司百分之五十加一的股份，其他外商持股百分之五十，其中，英荷皇家殼牌公司（Royal Dutch Shell）持股減爲百分之二十七點五，三井物產株式會社（Mitsui）持股減爲百分之十二點五，三菱商事株式會社（Mitsubishi）持股減爲百分之十。

相關類似的事件也發生在合資公司「秋明—英國石油公司」

（TNK-BP, ТНК-ВР）[46]開發伊爾庫斯克州（Irkutsk Oblast, Ирку́тская о́бласть）的Kovykta（Ковыкта）天然氣田開發案上，「Kovykta」開發案雖不是「產品分成協議」專案，但俄羅斯政府也是利用環境問題來迫使TNK-BP公司放棄在Kovykta天然氣田中的權益，以撤消TNK-BP公司在Kovykta天然氣田中的許可證為手段，迫使原持有開發公司Rusia Petroleum（РУСИА Петролеум）[47]約百分之六十二點四股份的TNK-BP公司要將股份以十億賣給俄羅斯國營公司Gazprom；而二〇〇八年底全球金融危機之故，Gazprom財政緊縮，因此雙方陷入談判僵局，TNK-BP公司的天然氣田開發許可證也被撤銷，二〇一〇年六月TNK-BP公司以無法償還貸款為由，已向當地法院申請Rusia Petroleum破產。[48]

　　而同樣在二〇〇六年，莫斯科當局也發出聲明要觀察「薩哈林一號」專案油田開發是否對環境造成嚴重汙染。薩哈林地方政府因此軟性建議由持股百分之二十的Rosneft來主持專案運作，藉此協助美國Exxon Mobil來避開與莫斯科當局調節機構正面衝突。此舉雖沒有縮減Exxon Mobil的持股比例，卻也間接地加強俄羅斯當局對專案的控制，符合俄羅斯能源戰略的布局。[49]

---

46 這幾年來，外國公司收購俄羅斯公司股份的興趣不斷提升。二〇〇三年英國石油公司宣布收購俄羅斯「秋明石油公司」，「秋明—英國石油公司」（TNK-BP）成立，英國石油公司的資源擁有量大增。

47 Rusia Petroleum（РУСИА Петролеум）為Kovykta（Ковыкта）天然氣田開發案的合資公司，英國石油公司與俄羅斯公司合資之TNK-BP公司持有62.4%的股份，俄羅斯Interros（Интеррос）公司持股25.8%，伊爾庫斯克州政府持股11.2%。

48 Reuters, "Russia's TNK-BP seeks Kovykta unit bankruptcy", 2010/06/03 . http://cn.reuters.com/article/companyNews/idUKLDE65207320100603

49 Sergey Sevastyanov, "The More Assertive and Pragmatic New Energy Policy in Putin's Russia: Security Implications for Northeast Asia", *East Asia* (2008) , No. 25, pp.42-44

伍、國際體系層次之東向能源戰略的實際運作：以俄中關係為例

在國際層次面，俄羅斯做為一個在歐洲和亞洲都有地緣政治和地緣經濟的歐亞國家，在制定其經濟與外交策略時，必然要考慮到國家發展中此種二元化的特性[50]。而普欽於二○○○年擔任俄羅斯總統後，曾多次表示俄羅斯不僅在過去、現在和將來，仍然是一個大國。而其在外交上的作為，也一直表現出「大國」與強國的姿態，對於西方認為俄羅斯聯邦為歐洲的外緣國家頗不以為然。因此，在普欽任內，「實用歐亞主義」（Pragmatic Euroasianism）便成為俄羅斯歐洲與亞太外交的主要思維，[51]但由於二○○三年「尤科斯（Yukos，ЮКОС）事件」[52]、二○○三年格魯吉亞（Georgia，Грузия）的「玫瑰革命」（Rose Revolution）[53]、二○○四年的「別斯蘭（Beslan，Беслан）人質事件」[54]和二○○四年烏克蘭的「橙色革

---

50 Titarenko,M., Mikheev,V., "The Asia-Pacific Region and Russia," *International Affairs*, 2001, p.56

51 「實用歐亞主義」最主要根植於俄羅斯的地緣政治與現實主義，其主要思想為俄羅斯位處歐亞交界，理當享有歐亞利益、制定平衡歐亞利益的外交政策，並從中得到並保障俄羅斯的最佳利益。Rangsimaporn, Paradorn. "Interpretations of Eurasianism: Justifying Russia's role in East Asia." *Europe-Asia Studies*, May2006, Vol. 58 Issue 3, pp. 372-376

52 同註21。

53 二○○三年格魯吉亞（Georgia, Грузия）的「玫瑰革命」（Rose Revolution）是二○○三年十一月在格魯吉亞發生反對當時總統謝瓦納茲（Eduard Shevardnadze，Эдуард Амвросиевич Шеварднадзе）及其所領導政府的一系列示威活動，其領導人反對黨領袖薩卡什維利（Mikheil Saakashvili，Михаил Николозович Саакашвили）每次公開露面都拿一枝玫瑰花，因此被稱為玫瑰革命。最終，薩卡什維利領導的反對黨獲得了勝利，建立了民主選舉的政府，其本人當選格魯吉亞總統，而原格魯吉亞總統謝瓦納茲辭職。在二○○四年三月二十八日進行的格魯吉亞議會選舉中，薩卡什維利總統領導的政黨獲得全部一百五十個議席。

54 「別斯蘭人質事件」是指二○○四年九月一日，車臣分離主義武裝分子在俄羅斯南部北奧塞梯共和國別斯蘭市第一學校製造的一起劫持學生、教師和家長作為人質的恐怖活動，到二○○四年九月三日事件結束。該事件造成了三百二十六人死亡，在俄羅斯國內造成很大影響，也引起了國際社會的廣泛關注。普欽指出恐怖分子在別斯蘭市

命」[55]（Orange Revolution，Помаранчева революця），西歐與美國皆與莫斯科當局的政治經濟政策對立，甚至譴責與干預，而讓普欽在第二任時期外交方向產生了轉變，開始著手加強與亞太地區的合作，特別是與中國間重啟一度有所鬆弛的俄中戰略協作夥伴，引起了國際間高度的關注。

而面臨迅速崛起的亞太經濟，俄羅斯將「以能源強權重返亞太」作為目標，並在與中國的夥伴關係下，與亞太地區的能源需求國（包含中、日、韓等）的合作議題上，保持在「樞紐」的戰略角色，這也使得在俄羅斯在國際體系層次的東向能源運作保持了以下「樞紐」的特點：

（一）與能源需求國（側翼）都維持了親善關係。

（二）對於能源供給安全問題，會搖擺在能源需求國家；如中、日兩國（側翼）之間，使能源需求國為了求得樞紐（俄羅斯）的能源供給而給予樞紐利益。因此容易造成能源需求國相互猜忌，同時增強能源需求國追求樞紐的動機。故，為了爭取與樞紐的合作，能源

製造的人質事件是滅絕人性的，其殘忍史無前例。這是對整個俄羅斯、整個民族的挑釁，是對整個國家發動的進攻。而美國在象徵性地譴責恐怖分子的同時，卻表示不排除與車臣持不同政見者繼續接觸的可能，建議俄羅斯與車臣分裂主義人士談判和妥協，引起了俄羅斯強烈的不滿。

55 指二〇〇四年至二〇〇五年圍繞烏克蘭總統大選過程中由於嚴重貪汙、影響選民和直接進行選舉舞弊所導致的在烏克蘭全國所發生的一系列抗議和政治事件。在二〇〇四年十月三十一日的烏克蘭總統大選中，由於沒有任何候選人達到法律規定的50%的多數，因此此同年十一月二十一日在得票最多的兩名候選人尤申科（Viktor Andriyovych Yushchenko，Віктор Андрійович Ющенко）和亞努科維奇（Viktor Fedorovych Yanukovych，Віктор Федорович Янукович）之間舉行重選。尤申科的選舉活動中使用橙色作為其代表色，因此這場運動使用橙色作為抗議的顏色。這個運動的標誌是橙絲帶和一面書有Так! Ющенко!（「對！尤申科！」）的旗。迫於這些抗議運動烏克蘭最高法院宣布這次重選的結果無效，並規定在同年十二月二十六日重複重選。這次重選受到嚴屬的觀察。烏克蘭國內和國際的觀察員均確認這次第二次重選基本上沒有任何問題。尤申科在這次重選中明顯以52%的結果獲勝。亞努科維奇獲44%。二〇〇五年一月二十三日尤申科入職，標誌著澄色革命的最終勝利。

需求國會對樞紐非常親善而給他許多的利益。

　　（三）如果一個側翼（能源需求國）對樞紐不夠積極時，樞紐會偏向另一個側翼，藉此刺激其改變態度。

　　（四）俄羅斯（樞紐）必須保持本身的實力。對側翼的態度必須平衡並具有彈性。不和其中一個側翼的親善態度固定。**56**

　　在亞太區域中，中國近二十年內在政經等方面強勢崛起，俄國也逐漸從蘇聯解體的挫敗中復甦，前者擁有相當大且成長快速的經濟及軍事體系；後者則有核武、豐富石油天然氣，及重要的軍事策略地位。兩者皆是美國不想也不能放棄建立良好關係的重要國家，也是預估在不久的未來，決定東亞區域霸權舞臺上主要的玩家。因此，從國際體系層次探討俄羅斯東向能源戰略，面對中國的崛起與龐大的能源需求，中俄雙方合作夥伴關係與能源競逐，尤其是俄中輸油管線的建立，皆可看出俄羅斯對於亞太區域的重視與慎重。

一、俄中合作夥伴關係

　　俄中能源合作自一九五〇年代初期開始，當時是由蘇聯提供中國發展現代石油工業的科技與技術，而此種援助在一九五八年俄中關係惡化時就停止了。在這之後的數十年，兩者皆各自發展自身的石油和天然氣工業。俄羅斯成為歐洲主要的天然氣出口國，而中國則成為東亞主要的石油出口國。

　　這樣的情況在一九九〇年代初期有了改變。這樣的改變有兩個

---

56 有關「樞紐」特點，摘自吳玉山，抗衡或扈從──兩岸關係新詮，(臺北：正中書局，1997)，見註4。

因素，一是蘇聯解體，使新獨立的國家，包括俄羅斯，開始政策的轉變。二是中國成為純粹的石油進口國，且開始了解增加使用天然氣作為能源供給的潛在利益。於是，在一九九〇年代中期，俄中公部門與能源公司都認為建構自俄輸中的主要油氣管線是當前必行的措施。[57]

且從一九九〇年代初蘇聯解體後，中俄雙邊關係在摸索中前進，由於雙方在國際體系運作上，對一些國際議題，尤其是區域安全議題，在美國的的介入下，雙方的合作意願與看法日漸趨同，雙方合作可獲得的利益亦有增加的趨勢，因而形成中俄合作日益密切的互動結構。

一九九六年四月二十三日葉爾欽在訪問中國的路上，將先前中俄聯合聲明中的「要發展長期、穩定、睦鄰友好、相互合作、面對二十一世紀的建設性夥伴關係」（to develop long-term, stable, good-neighbor, mutually cooperative, constructive partnership facing the 21st century）修正為「發展平等信任、面向二十一世紀的戰略協作夥伴關係」（to develop an equal and trustworthy strategic partnership oriented toward the 21st century）[58]。而這也是第一次，俄羅斯和中國公開宣示雙邊將建立戰略協作夥伴關係，兩國展開全面合作，對具有高度戰略性的區域及國際議題加強彼此溝通，合作範圍及內容皆大幅擴展。兩國建立元首定期會晤機制，為兩國全面交往及各領域合作提供制度性保障。另兩國總理層級定期會晤機制亦自一九九六年十二月正式啟動，專責研商兩國經濟合作問題。[59]

---

57 Herman Pirchner Jr, "The Uncertain Future:Sino-Russian Relations in the Twenty-First Century", *Demokratizatsiya*, Vol.16, No.4, October 2008, p.310

58 Li Jingjie, " From good neighbors to strategic partners", in Sherman W. Garnett, ed., Rapprochement of Rivalry?- Russia-China Relations in a Changing Asia(Washington, DC: Carnegie Endowment for International Peace, 2000), p. 88.

59 蔡昌言、連弘宜，「「中國崛起」對中美與中俄關係發展之戰略意涵」，遠景基金會

　　David Kerr（二〇〇五）認為俄中「戰略協作夥伴關係」字面意義遠大於實際性質，雖然其關係的產生與美國冷戰後的單邊外交政策走向息息相關，但與美抗衡另一層意義就是願意負擔實際成本；這意味著不僅是國內資源重新定向的成本，也包含著引起霸權不滿的成本。[60]

　　但，姑且不論雙方的夥伴合作關係是否穩固，中俄兩國於二〇〇四年十月簽訂「中俄國界東段補充協定」，[61]中俄邊界的糾紛在中國對領土主權問題的不堅持下順利解決，其主要考量應該是拉攏俄羅斯能源合作之目的。因此，中國的能源需求安全很明顯是中國置於與俄羅斯之戰略協作夥伴關係的主要支柱。

　　中國的能源現狀總體來說是擔憂超過樂觀。自一九九三年中國由石油出口國變為石油進口國之後，中國的石油需求一直在不斷上升。二〇〇三年中國已經成為世界上僅次於美國的第二大能源消費國，以及僅次於美日的第三大石油進口國。二〇〇九年中國已經超過美國成為全球第一大能源消費國。二〇一五年中國的石油需求量將達四億兩千萬噸。[62]到二〇三〇年，中國可能需要每年進口六億多噸石油，是國內石油生產量的三倍。在此同時，中國對於天然氣的需求也快速成長，雖然在中國整體的能源架構上，最主要依賴的能源為煤，煤業及相關能源產業結構大大地排擠到天然氣的市場建立。但中國當局開始察覺到增加使用天然氣成為其工業及經濟發展的重要性，而中國境內

季刊，第九卷第三期，2008 年7 月，頁109。

60 David Kerr, "The Sino–Russian Partnership and U.S. Policy Toward North Korea: From Hegemony to Concert in Northeast Asia", *International Studies Quarterly* (2005) 49, 411–437

61 新華網，「中俄互換《關於中俄國界東段的補充協定》批准書」，2005/06/02, http://news.xinhuanet.com/world/2005-06/02/content_3036268.htm

62 OECD/IEA, *World Energy Outlook* 2008.pp.191-193 http://www.worldenergyoutlook.org/

天然氣產量稀少，因此，勢必要大量進口天然氣。

　　中國自九一一事件後，對於能源安全極端重視，原因有二：一是中國的原油來源最主要來自於政治紛爭不斷與戰爭風險的中東地區（高達百分之五十五），而美國藉由伊拉克戰爭大幅度地掌握了中東地區的石油控制權，使得中國的原油供給大幅度受到牽制。二是中國自中東、非洲和亞太的原油海運路線都要經過水道狹窄、且是美國全球戰略明確必需控制的通道之麻六甲海峽，以及連接波斯灣和印度洋、情勢不穩定的荷姆茲海峽等戰略要地，令中國倍感威脅。[63]

　　中國的能源赤字（預估每年達到七千萬桶的石油），再加上中國國家能源安全的需求，使得兩國的能源關係快速成長。中國對俄羅斯能源的需求代表中國需要增進自身的能源安全，以免受到國際石油供給的牽制，而這也代表俄國必須增加對中國石油生產和輸送的能力。因此中俄聯合計劃石油管線就是為了確保石油貿易盡可能的快速成長。

二、從「安大線」、「安納線」至「泰納線」的俄中能源競合：「東西伯利亞─太平洋」輸油管線

　　俄羅斯遠東輸管線一直是備受外界矚目的問題，尤其是俄羅斯究竟欲修建從中國建議的安加爾斯克（Angarsk，Ангарск）到中國大慶（Daqing，Дацин）的「安大線」，還是從日本建議之安加爾

---

63 Andrew Andrews-Speed, Xuanli Liao, Roland Dannreuther, *The Strategic Implications of China's Energy Needs*, New York: Oxford University Press, 2002

斯克（Angarsk，Ангарск）到納霍德卡（Nakhodka，Находка）港口的「安納線」。最後，俄羅斯不選擇中國建議的「安大線」，也不選擇日本建議的「安納線」，而決定了在「安納線」的基礎上作出遠離貝加爾湖（Lake Baikal，озера Байкал）的修改方案——「泰納線」，也就是目前也通稱的「東西伯利亞—太平洋」輸油管線（Eastern Siberia to the Pacific pipeline，簡稱ESPO；Нефтепровод "Восточная Сибирь - Тихий океан"，簡稱ВСТО）（見圖4），但優先在第一段工程——泰舍特（Taishet，Тайшет）至斯科沃羅季諾（Skovorodino，Сковородино）結束後（二○○九年十二月二十八日竣工開通），自斯科沃羅季諾建一條支線至中國大慶（二○一○年八月三日已竣工開通）。除了涉及俄羅斯要在中國與日本的能源競合中維持「樞紐」的考量外，也涉及了俄羅斯重返亞太能源強權的權力體系與市場考量。

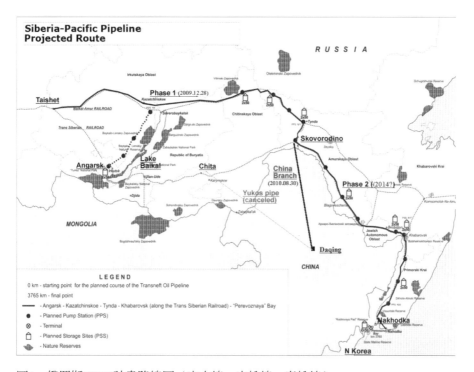

圖4　俄羅斯ESPO計畫路線圖（安大線→安納線→泰納線）

資料來源：茲根據Leonty Eder, Philip Andrews-Speed, and Andrey Korzhubaev. "Russia's
　　　　　evolving energy policy for its eastern regions, and implications for oil and gas co-
　　　　　operation between Russia and China" Journal of World Energy Law & Business,
　　　　　2009, Vol. 2, No. 3, p.233 修改而成。

　　「泰納線」的起點改在距安加爾斯克西北約五百公里的泰舍特
（Taishet，Тайшет）；該管線穿越貝加爾湖北部，然後沿著貝加爾-
阿穆爾大鐵路（簡稱貝阿鐵路，Baikal-Amur Mainline，Байкало-
Амурская Магистраль）南下，途經Kazachinskoye（Казачинское）
和斯科沃羅季諾（Skovorodino，Сковородино），並沿著俄
中邊境地區一直通向納霍德卡附近的科濟米諾灣（Kozmino，

Козьмино）。「泰納線」的管道設計總長度為四千一百三十公里，途經伊爾庫茨克州（Irkutsk Oblast，Иркутская область）、阿穆爾州（Amur Oblast，Амурская область）和哈巴羅夫斯克邊疆區（Khabarovsk Krai，Хаба́ровский кра́й），至濱海邊區（Primorsky Krai，Примо́рский край），管道的年輸油設計能力為八千萬噸，輸油管道的直徑為一千兩百二十毫米，沿途修建三十二個油泵站。

對俄羅斯而言，「泰納線」是最符合俄羅斯的能源戰略及亞太能源強權目標，原因如下：

（一）「泰納線」能讓俄羅斯的原油出口接觸最多的能源需求國

中國的石油生產區主要在東北、華北區域大慶、勝利和渤海灣等一九六〇年所開發的油田，然這些已開發油田產量逐年稀少，不敷所需，而大慶為最主要的提煉中心。因此，中國對於石油最迫切的問題在於如何延續主產區的產能、提煉及石化工業，加速石化產業轉型及燃油供應穩定。故「安大線」成為中國之中俄合作首選項目，自二〇〇一年起，就一直和俄協商興建。但因為「安大線」只能向中國供油，如興建完成，中國為單一消費國，會讓中國對於俄羅斯的石油因獨占亞太市場而在價格上受制於中國的需求，因此對「安大線」的興建計畫多加拖延。

二〇〇三年日本首相小泉純一郎訪問俄羅斯，並簽訂「日俄行動計畫」強調開發西伯利亞、遠東區域石油管線鋪設，二〇〇三年十一月Transneft提出修建「安納線」取代「安大線」。但因該線終點納霍德卡（Nakhodka，Находка）港口離大慶之距離，如用鐵路運輸成本終究不如石油管線，因此中國乃轉往其他選擇方案「中哈管線」，又恐會失去中國此一巨大能源市場，「安納線」終究被修正方案「泰納線」所取代。「泰納線」則可以同時爲日本、韓國和中國等亞洲各國，提供了一個比中東石油節省大量運費的可靠油源。不僅如此，「泰納線」輸送的石油還可以越過太平洋，輸往美國西海岸，對俄羅斯外交的第一要務俄美關係有益。

（二）「泰納線」是俄羅斯「樞紐」角色的呈現

俄羅斯在「安大線」、「安納線」，至最後決議「泰納線」，爲達到自身最大的利益，俄羅斯都一直堅持在「樞紐」角色的維持，其表現在下列幾點：

1. 各與中、日保持親善關係，並使兩國加強給予俄羅斯利益。

俄羅斯與中、日能源需求國（側翼）都維持了親善關係，並長期在兩國的需求間搖擺，不使自身偏好，不偏向任何一國，而使得中、日兩國求得樞紐（俄羅斯）的能源供給而給予樞紐利益。

「安大線」協商初期，中日雙方各負擔自方領土上的管線架構，但因俄方管線較長，爲中方的兩倍，因此俄方一直拖延該方案的實施。之後，中方答應提供該管線百分之五十的借貸資金協助（以石油抵扣），但該項利益提出卻因爲日方的介入，提供更優惠的五十億美元的貸款協助開發油田及建設輸油管道，而顯得遜色。「安大線」與「安納線」之爭，使得中國相當惱怒日本的行爲而相互猜忌[64]，同時增強中、日兩個能源需求國追求俄羅斯能源的動機。爲了爭取與俄

---

64 T. Toichi, 2003, " Energy Security in Asia and Japanese Policy", *Asia-Pacific Review*, Vol.10, No.1, pp.44-51

羅斯的合作，中、日兩國對俄羅斯非常親善而給予許多的利益。

2. 俄羅斯（樞紐）保持本身的實力，對中、日兩國的態度維持平衡並具有彈性，而不和其中一個需求國的親善態度固定。

　　俄羅斯後來決議「泰納線」，雖是在「安納線」的基礎上，但官方的說法是「安大線」距離貝加爾湖僅二十公里，容易造成當地的生態汙染爲由，放棄了「安大線」，但如選擇「安納線」則會失去了「樞紐」角色的平衡，進而影響到中俄的戰略協作夥伴關係，也會致使兩國的經貿往來陷入低潮。

　　因此，俄羅斯修改了輸油管線的起點，改爲泰舍特（Taishet, Тайшет），更接近石油產地，並承諾中國支線修建優先；也就是會優先鋪設西伯利亞通往中國的輸油管線，之後才會興建供應日本的遠東港口路線。

　　而「泰納線」設計的輸油能力是每年運輸八千萬噸石油，其中五千萬噸運往納霍德卡，然後通過太平洋運至日本等地，另外的三千萬噸準備運往中國。就中國雖然感覺在爭取「安大線」失利，但透過莫斯科當局巧妙的政治「樞紐」角色運作，在「泰納線」，也就是ESPO線支線完工開通後，先行比日本諸國得到原油供給，給予中國尊重。日本、東亞各國在未來管線開通後，也得分沾ESPO的利益，俄羅斯更得以在未來成功地經由能源強權供給者在亞太區域立足。

陸、俄羅斯能源政策對遠東區困境與俄中關係問題影響之探討

　　俄羅斯在普欽時期的中央再極權（recentralization, рецентрализация）[65]政策，就是要建立一個「強大的國家」（Strong State），試圖恢復有效的垂直權力鏈[66]（restore an effective vertical chain of authority）[67]體系，而此種中央集權的強勢作法，不僅是針對聯邦主體主權運作，更將能源、燃料、礦產等原物料資源收歸國營。而隨著原物料能源價格的升高，俄羅斯的經濟快速復甦，俄羅斯對原物料礦產能源出口的依賴不斷增加，俄羅斯聯邦中央愈來愈希望能徹底掌控原物料、礦產和能源利益，以提高聯邦中央的支配權力。

　　俄羅斯的亞太政策的野心不僅僅是「亞太能源強權」，而是成為「亞太地區的能源超級強權」（an energy superpower in the Asia-Pacific region）[68]，進而加入並主導亞太地區的整合；而其亞太政策的成功關鍵，就是遠東區經濟必要且有效的發展。而遠東區的經濟發展卻又取決於俄羅斯的能源政策與俄中關係，俄羅斯遠東區困境與俄中關係合作的本質，也就是能源，有著極大的相關（見圖5）。

65 Владимир Я. Гельман , «Возвращение Левиафана? Политика рецентрализации в современной России.» *Полис*, N2 (2006), C.90

66 觀察俄羅斯聯邦中央的作法與行政運作，所謂的垂直權力鏈體系現象，就是中央控制政黨，政黨再控制地方議會及首長，而地方議會和首長再來控制聯邦主體，出現層層權力鏈的控制。見許菁芸、宋鎮照，「「分」或「合」—試析俄羅斯之聯邦制」，「後共國家二十年—延續與轉變」學術研討會，國立政治大學俄羅斯研究所，2009.11.14

67 Cameron Ross, "Federalism and Electoral Authoritarianism under Putin," *Demokratizatsiya*, Vol. 13, Issue 3 (Summer 2005), p.355.

68 Nodari Simoniia, "Russian East Siberia and The Far East," *Global Asia* 1, no. 1 (2006):71–79; Vladimir Ivanov, "Russia's Energy Politics: Focusing on New Markets in Asia," (symposium, Joint U.S.-Korea Academic Studies: New Paradigms for Transpacific Collaboration, Vol.16, Korea Economic Institute, Washington, DC, October 16–18, 2006), 61–79.

　　如從國內層次面與國際體系層次面之俄羅斯東向能源戰略的實際運作來看遠東區困境與俄中關係，可以發現到下列數點問題：

一、遠東區經濟發展建設問題

　　遠東區的經濟發展需要大規模的資金投注，無論是來自中央或來自外資的投資。但隨著能源戰略的實施，中央雖掌握能源的垂直控制，其「溢出」（Spillover Effect）效應卻難以解決。再者，因遠東區距離莫斯科太遠，中央的政策與地方的需求有著極大的落差，因此，遠東區的建設資金來源成為中央與地方傷透腦筋的難題。

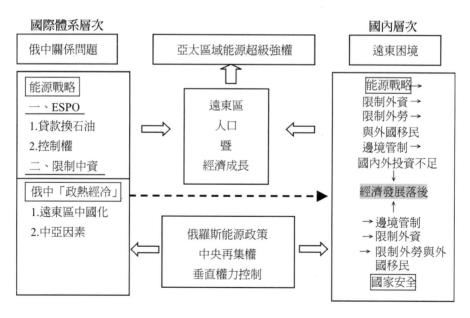

圖5　俄羅斯能源政策對於國內層次與國際體系層次運作之檢視

資料來源：作者自繪。

（一）「溢出效應」一：對於外資的限制

　　針對遠東區困境，俄羅斯政府也積極想藉著能源戰略來發展當地的經濟，而俄羅斯能源政策對遠東區困境之解決方式，最主要的是依靠外資的大型開發案，想藉此來發展遠東區。但新「礦產資源法」、「外國戰略投資法」等卻對外資諸多控制，且行政程序繁複；再者，外資與俄羅斯政府簽訂「產品分成協定」合約，在油價高漲的今天，俄羅斯政府認為無利可圖的情況下，以環境汙染等理由要求重新協議，均對外資不利，令外資卻步。

（二）「溢出效應」二：遠東困境的循環

　　能源戰略的實施是對於上游油氣探勘和開發、中游的運輸，乃至下游終端產品的加工、批發和零售，都以攸關國家安全的能源戰略和政權當局垂直控制來作把關。因此，對於油氣產地的西伯利亞地區和遠東區愈加管控，尤其是遠東區亦為俄羅斯之亞太出口，是原物料、商品輸至外國的轉運站，有大片土地與外國接壤，俄羅斯卻脫離不了以往對於遠東區的政策困境。也就是過去俄羅斯為了保障遠東地區的地緣政治安全，俄羅斯雖然放棄了前蘇聯的武力威脅政策，但仍長期保持對鄰國的警覺與敵意；如邊界地區軍事安全戒備、長期實施資源管控、嚴格限制外國勞動力及移民。導致結果為此一地區開發不足、經濟發展嚴重遲滯和人口大量流失的因素，這些都是俄羅斯注重傳統國家安全所造成的。

　　但現在能源戰略的實施，仍是不脫國家安全的窠臼，雖然與中國就邊界的問題達成了協議，但為了防止中國的移民與遠東區的中國化，對於遠東區的控制卻是讓當地居民來負擔相關成本。如二〇〇六年，加緊管控單幫客的簽證，只允許一個月自中國往返一次，且只能帶回五十公斤的貨物，並禁止當地進口商進口配備右方向盤的車來保護莫斯科國產汽車公司；二〇〇七年，禁止外國人在市場擺攤交易，並限制未經註冊公司的船用產品進口，且對於外國工人嚴加控管，除非是有強烈的需求，卻無法在本地工人找到，才可聘用，而且薪資不可低於本地工人，必須和本地工人一般薪資。[69]這樣的中央管控結果，只是讓遠東區的經濟、投資條件更加惡劣，不僅解決不了遠東區的經濟發展，甚至在遠東區的困境上仍繞著原問題，也就是在「國家安全」上打轉，又再落入困境的循環。

（三）地方行政無法與中央管控配合

　　大型國家開發案的完成是要莫斯科方面能得到足夠的收入來發展遠東區，建造至亞洲的輸油氣管及相關的設備（如高傳輸電線）。但，即使在國際油價高達一百四十五元／桶時，莫斯科當局還是無法負擔該筆支出。原因在於能源工業技術落後，常形成資源浪費、管理不善和官僚腐敗，這也是阻礙遠東區的有效發展。[70]

　　再者，莫斯科中央必須釐清楚的問題點，就是目前還不清楚的是，俄羅斯是以供應能源予西伯利亞和遠東區為重點，還是向東北亞地區出口能源以換取資金建設為優先，這形成了另一個阻礙了該區域發展的原因。

---

69 Rozman, G. (2008) 'Strategic thinking about the Russian Far East: a resurgent Russia eyes its future in northeast Asia', *Problems of Post-Communism*, 55(1), p.40

70 Stephen Blank, "At a Dead End.Russian Policy and the Russian Far East", *Demokratizatsiya*, Vol XVII, No 2, Spring, 2009, pp131-132

二、俄中能源合作問題尚待解決

從前述分析，很明顯的，能源是俄中關係的支柱。以俄羅斯與中國的能源合作關係為例，俄羅斯的政策就是要保持「樞紐」的地位達到能源協商的優勢；因此，雖然將中國視為亞洲首要的夥伴，卻不願將自身侷限在中國意欲建立的能源獨占關係，為此與中國的合作夥伴關係添上了變數，而這些變數也形成遠東區的「人類安全」威脅，致使遠東區居民外移或俄裔不願移入遠東區的主要因素。

（一）能源戰略問題一：能源發展勞工問題

俄中戰略協作夥伴關係的支柱—能源合作（包含上游與下游）。在俄羅斯（上游）共同作油氣探勘與開發，而在中國（下游）提煉、加工，勢必要興建廣大的工廠、大量的運輸基礎設施、鐵路、海港等，這些都需要眾多的勞工，而在遠東區人口稀少的情況下，勞工何處而來？答案很明顯，中國。此形成了遠東區中國化的威脅：遠東區居民對於中國移民和對中的經濟依賴有著極大的仇視和恐懼。雖然俄羅斯實施新移民政策，希望把住在前蘇聯國家的俄羅斯裔人民遷回遠東區，當地政府亦積極吸引外國的俄裔來到遠東區以防止中國人移民居住，但因為缺乏有效誘因（遠東區經濟發展）而成效不彰。

（二）能源戰略問題二：價格問題

俄羅斯欲以市價將石油及天然氣賣給中國，但中國卻持反對意見，並同時向中亞國家購買，這給予中國相當的議價槓桿，可以和俄羅斯針對契約條款與價錢做大規模的協商。俄羅斯想保持「樞紐」的地位，雖可以和日本或南韓方面做能源多元化的市場，但反過來，卻由於西伯利亞區和遠東區的運輸和相關基礎設施發展落後，極需資金來重振當地經濟，日本或南韓向俄羅斯提供資金興建輸油管或天然氣管，而換取未來的能源供應，反而又給予日本或南韓控制俄羅斯戰略部門的契機，這對俄羅斯而言是違反其能源戰略的。

（三）能源戰略問題三：ESPO線控制權問題

關於中國與俄羅斯簽屬貸款換石油合約，中國分別向俄羅斯Transneft石油公司與Rosneft石油管路運輸公司提供用於油田開探、管路鋪設所需的一百五十億美元與一百億美元長期貸款；俄羅斯則供應中國二十年每日三十萬一千桶的石油。俄羅斯ESPO線的架設路線雖然都是在俄羅斯境內，但其架設卻是中國與俄羅斯簽屬貸款換石油合約資金而來，如未來供油方面產生問題，則管線控制權的問題勢必浮上檯面。

（四）中亞因素問題

中亞國家也形成了俄羅斯遠東區地位的威脅。俄羅斯一直以來視中亞國家為其衛星國，是其潛在性的領土。仗其油氣管線優勢，也將其油氣生產視為囊中之物，且自居為中亞國家油氣轉運的樞紐。而假使俄羅斯無法控制中亞國家能源的運輸與流動，其整體以西伯利亞區和遠東區作為主要能源中心而密集發展的地緣經濟與地緣戰略將會功虧一簣，而影響到俄羅斯想要在亞太地區扮演「能源強權」的策略性角色，且無法和東亞國家，特別是中國競爭。莫斯科當局也相當了解，如果他們無法成功地在東亞成為有競爭力的經濟玩家，則無論在國內或是中亞國家，他們的形勢會非常不利。[71]因為如果俄羅斯無法成為亞太國家有價值的經濟夥伴，中國和東南亞國家會「碾平整個西伯利亞區和遠東區。」[72]

71 Sergei Blagov, "Russia Wants to Be More than China's Source for Raw materials," *Eurasia Daily Monitor*, September 30, 2005.
72 "Asia and the Russian Far East: The Dream of Economic Integration,"*AsiaInt Special Reports, November* 2002, 3–6, http://www.asiaint.com/special/secure/AsiaRFE-DEI.pdf

柒、結　論

俄羅斯為積極加入亞太地區，將於海參崴（Vladivostok，Владивосток）主辦二○一二年亞太經濟合作（APEC Summit）高峰會，二○○七年一月俄羅斯政府特別成立遠東地區國家發展委員會，由當時總理弗瑞德科夫（M. E. Fradkov，Фрадков ）擔任委員會主席，俄羅斯總統駐西伯利亞代表與遠東地區代表擔任副主席，把東西伯利亞貝加爾湖地區與遠東濱海區建設連結在一起。未來海參崴俄羅斯島是這整個建設計劃的對外窗口，克里姆林宮宣稱已經撥出十億美元推動海參崴俄羅斯島的建設。建設計畫包括海參崴機場全面改建、更新設備和機場跑道，並興建跨海大橋。但於二○○七年三月又宣布更改計畫，中央政府將撥三百五十億盧布（約十三億四千萬美元）建設遠東區，但其中一百五十億盧布（約五億七千三百萬美元）將單獨用於海參崴建設。[73]

由此可見，遠東區是俄羅斯對亞太國家發展貿易的重要地區，但這一地區不只是對亞太國家發展貿易。由於俄羅斯對外貿易是通過出口能源和原物料，進口輕工產品、食品和機械設備，而西伯利亞和遠東區採掘能源和原物料工業重地，尤其遠東區是俄羅斯能源和原物料的重要出口基地。因此，俄羅斯要與亞太國家發展關係，除了是部分戰略重點的東移以抗衡西方外，其中一個重要目的是想藉助亞太一些國家，和地區的科技、資金開發西伯利亞和遠東地區，以彌補西部地區資源的不足和增強國力。

而俄羅斯於亞太地區，最重要且最直接的夥伴就是中國；中國對於俄羅斯的亞太目標與遠東區經濟發展皆有加成或抵制的效果。雖然

---

73 Blagov, S. (2007) 'Russia weighs ambitious plans to develop Far East', *Eurasia Daily Monitor*, 5 March, Volume 4, Issue 44,

兩者的戰略協作夥伴關係聲稱不針對第三者，但很明顯的，北韓事件之六方會談、中俄聯合軍演、ESPO線的架設，都顯示出俄羅斯想重回冷戰當時中美俄戰略三角的關鍵性地位。[74]而對於中國的崛起，俄羅斯相對的也不甘示弱，積極地想以能源來作爲雙方關係的籌碼與支柱。

　　需要確認的是，俄羅斯遠東地區的開發不僅關係到俄羅斯與亞太的整合，更重要的是莫斯科當局如沒有加緊經濟協助，增進遠東地區的基礎建設發展，則在地區對於中俄戰略協作夥伴關係是無法有當地相當的社會支持[75]，間接也會影響中俄關係與俄羅斯進入亞太市場。

　　總而言之，雖然亞太地區經濟迅速發展形成了對於原物料，尤其是能源的巨額需求，也替俄羅斯的西伯利亞地區和遠東地區開啓了開發與發展的契機，更提供了前所未有的商機。但，如何有效率的掌握自身的能源優勢，這也考驗著俄羅斯的未來。

參考文獻

一、中文部分

日茲寧（Stanislav Z .Zhiznin, Станисла́в Заха́рович Жи́знин）著，王海運、石澤譯，俄羅斯能源外交（Энергетическая дипломатия России），2006年，北京：人民出版社。

吳玉山，抗衡或扈從—兩岸關係新詮，（臺北：正中書局，1997）

74 Gilbert Rozman, "Russia in Northeast Asia: In Search of a Strategy," in *Twenty-first Century Russian Foreign Policy and the Shadow of the Past*, ed. Robert Legvold (New York: Columbia University Press, 2007), pp. 343–92.

75 Gaye Christoffersen, "Russia's breakthrough into the Asia-Pacific: China's role", *International Relations of the Asia-Pacific*, Volume 10, 2010, pp. 86

宋鎮照、張子楊、楊鈞池、洪敬富、馬祥祐、許菁芸、張義東、蔡育岱，全球金融大
　海嘯下的國際政治新秩序─變動中的亞太國家機關、市場經濟與全球金融的發展
　關係，臺北：五南。

李錦智，「中俄石油競合策略：東北亞區域」，致遠學報，第1期，2006年8月，頁
　123-140

許菁芸，宋鎮照，「「分」或「合」─試析俄羅斯之聯邦制」，「後共國家二十年─
　延續與轉變」學術研討會，國立政治大學俄羅斯研究所，2009.11.14

馮方、許升輝、許敏，「俄羅斯油氣工業上遊合作項目投資環境及潛力分析」，石油
　科技論壇，2010年第1期，頁65-70

新華網，「中俄互換《關於中俄國界東段的補充協定》批准書」，2005/06/02, http://
　news.xinhuanet.com/world/2005-06/02/content_3036268.htm

蔡昌言、連弘宜，「「中國崛起」對中美與中俄關係發展之戰略意涵」，遠景基金會
　季刊，第九卷第三期，2008 年7 月，頁81-128

二、外文部分

Andrews-Speed, Andrew; Xuanli Liao, Roland Dannreuther, *The Strategic Implications of China's Energy Needs,* New York: Oxford University Press, 2002

Ahrend , Rudiger, "How to Sustain Growth in a Resource Based Economy ? The main Concepts and Their Application to the Russian Case". *OECD Economics Department Working Papers* No. 478, Feb., 09, 2006. Http://www.oecd.org

Balzer H, "The Putin thesis and Russian energy policy" *Post-Soviet Affair*, (2005) 3, pp. 21–24.

BBC News. "Yukos case against Russia begins at European court". 4 March 2010. http://news.bbc.co.uk/1/hi/world/europe/8549226.stm.

Blagov, Sergei,. 'Russia weighs ambitious plans to develop Far East', *Eurasia Daily Monitor*, Volume 4, Issue 44, 5 March , 2007
http://www.jamestown.org/programs/edm/single/?tx_ttnews%5Btt_news%5D=32553&tx_ttnews%5BbackPid%5D=171&no_cache=1

Blagov, Sergei, "Russia Wants to Be More than China's Source for Raw materials," *Eurasia Daily Monitor*, September 30, 2005.

Blank, Stephen "At a Dead End.Russian Policy and the Russian Far East", D*emokratizatsiya*, Vol XVII, No 2, Spring, 2009, pp122-144

Christoffersen, Gaye, "Russia's breakthrough into the Asia-Pacific: China's role",*International Relations of the Asia-Pacific,* Volume 10 (2010, pp. 61–91

Easton, D. *The Political System. An Inquiry into the State of Political Science*, New York: Knopf. 1953

Fischer, Peter A. "Migration and Development in Russia", available at: http://migration. ucdavis.edu/ols/fischer_russia.html

Herman Pirchner Jr, "The Uncertain Future:Sino-Russian Relations in the Twenty-First Century" , *Demokratizatsiya,* Vol.16, No.4, October 2008, pp.309-322

Ivanov, Vladimir, "Russia's Energy Politics: Focusing on New Markets in Asia," (symposium, Joint U.S.-Korea Academic Studies: New Paradigms for Transpacific Collaboration, Vol.16, Korea Economic Institute, Washington, DC, October 16–18, 2006), pp. 61–79.

Kalashnikov, V., et al., Energy sector of the Russian Far East: Current status and scenarios for the future. Energy Policy (2009), doi:10.1016/j.enpol.2009.09.035, pp.1-15

Kerr, David, "The Sino–Russian Partnership and U.S. Policy Toward North Korea: From Hegemony to Concert in Northeast Asia", *International Studies Quarterly* (2005) 49, 411–437

Kroutikhin, M., "Energy policymaking in Russia: From Putin to Medvedev" *NBR Analysis, Russian Energy Policy & Strategy*, (July 2008) 9, pp. 23–31

Larin, V. 'Interregional cooperation between Russia and China at the beginning of the 21st century: experience, problems, prospects', Far Eastern Affairs, 36(2) ,2008, pp. 1–17.

Lavrov, Sergei ,"The Rise of Asia and the Eastern Vector of Russia's Foreign Policy," *Russia in Global Affairs* 4, no. 3 (2006):pp. 68-80.

Li Jingjie, " From good neighbors to strategic partners", in Sherman W. Garnett, ed., Rapprochement of Rivalry?- Russia-China Relations in a Changing Asia(Washington, DC: Carnegie Endowment for International Peace, 2000), p. 88.

Leonty Eder, Philip Andrews-Speed, and Andrey Korzhubaev. "Russia's evolving energy policy for its eastern regions, and implications for oil and gas cooperation between Russia and China" *Journal of World Energy Law & Business,* 2009, Vol. 2, No. 3, pp.219-241

OECD/IEA, *World Energy Outlook 2008.* pp.191-193 http://www.worldenergyoutlook. org/Rangsimaporn, Paradorn. "Interpretations of Eurasianism: Justifying Russia's role in East Asia." *Europe-Asia Studies*, May2006, Vol. 58 Issue 3, pp. 372-376

Reuters, "Russia's TNK-BP seeks Kovykta unit bankruptcy", 2010/06/03. http:// cn.reuters.com/article/companyNews/idUKLDE65207320100603

RIA Novosti, "Medvedev concerned by falling population in Russia's Far East", 2010.07.03, http://en.rian.ru/russia/20100703/159674420.html

Ross, Cameron (2005), "Federalism and Electoral Authoritarianism under Putin.", *Demokratizatsiya*, Vol. 13, Issue 3, pp.347-371.

Rozman, G. 'Strategic thinking about the Russian Far East: a resurgent Russia eyes its future in northeast Asia', *Problems of Post-Communism*, 55(1), 2008, pp.36–48.

Rozman, G. "Russia in Northeast Asia: In Search of a Strategy," in *Twenty-first Century Russian Foreign Policy and the Shadow of the Past*, ed. Robert Legvold (New York: Columbia University Press, 2007), pp. 343–92.

Rozman, G., *Northeast Asia's Stunted Regionalism: Bilateral Distrust in the Shadow of Regionalism* (New York: Cambridge University Press, 2004).

Sergey Sevastyanov, "The More Assertive and Pragmatic New Energy Policy in Putin's Russia: Security Implications for Northeast Asia", *East Asia* (2008) 25:35–55

Simoniia, Nodari "Russian East Siberia and The Far East," *Global Asia* 1, no. 1, 2006, pp.71–79

Singer, J. David ,"The Level-of-Analysis Problem in International Relations," *World Politics*, Vol. 14, No. 1, The International System: Theoretical Essays. (Oct., 1961), pp.77-92.

Titarenko,M., Mikheev,V., "The Asia-Pacific Region and Russia," *International Affairs*, 2001, p.55-70

Toichi, T., " Energy Security in Asia and Japanese Policy", *Asia-Pacific Review*, Vol.10, No.1, 2003, pp.44-51

UNDP 'Russia's regions: goals, challenges, achievements', *Human Development Report 2006/2007 for the Russian Federation.* (2007)

World Bank, "Russian Economic Report No. 22,

World Bank, "Russian Economic Report No. 18" ,

World Bank, "Russian Economic Report No. 17"

Wu,Yu-Shan, "Russia's Foreign Policy Surge: Causes and Implications" *Issues & Studies*，no. 1 (March 2009): 117-162

Воронова, Т., «Конкурентные позиции России на мировом рынке инвестиций», *Экономики*, No. 9 2003, с.38-43

Владимир Я. Гельман , «Возвращение Левиафана? Политика рецентрализации в современной России.» *Полис*, N2 (2006)，С .90-109

Государственная Дума , "О внесении изменений и дополнений в Федеральный

закон 'О соглашениях о разделе продукции'" ，1999/01/07, http://www.concession.
　　ru/parseDocument.php?DocFName=33

Государственная Дума ,"О соглашениях о разделе продукции", 1995/12/06, http://
　　www.concession.ru/parseDocument.php?DocFName=27

Дьюи энд ЛеБоф ЛЛП , «Закон о стратегических иностранных инвестициях»,
　　компанией ". http://www.russianlaws.com/ru/Newsdetail.aspx?news=7054, updated
　　at March 2009

Иванов И., «Россия в Азии и Азия в России »,Азия и Африка сегодня, N1,2004г, с.2-5

Министерство промышленности и торговли Российской Федерации (Минпромторг
　　России) , «Энергетическая стратегия России на период до 2020 года»,
　　Утверждена распоряжением Правительства Российской Федерации от 28 августа
　　2003 г. № 1234-р. http://www.minprom.gov.ru/docs/strateg/1

Министерство энергетики РФ, «Энергетическая стратегия России на период до
　　2030 года», Утверждена распоряжением Правительства Российской

Федерации от 13 ноября 2009 г　№ 1715-р. http://minenergo.gov.ru/activity/ener-
　　gostrategy/pr_5.php?sphrase_id=41851

Росстат, «ОЦЕНКА ЧИСЛЕННОСТИ ПОСТОЯННОГО НАСЕЛЕНИЯ СУБЪЕКТОВ
　　РОССИЙСКОЙ ФЕДЕРАЦИИ: на 1 января 2009 года и в среднем за 2008 год;
　　человек», 2009 http://www.gks.ru/free_doc/2009/demo/popul09.htm

第四章 俄羅斯經濟外交的內涵與運用[*]

魏百谷

* 本文初稿發表於國立政治大學外交系主辦「國際政治經濟學與金磚四國研討會」，
二○一○年十月二十二日。由衷感謝研討會評論人陳文生教授之剴切評論與建議；
再者，特別感謝兩位匿名審查委員之指正與修改建議，使本文能更加嚴謹，惟文責
由作者自負。此外，本文源自於行政院國家科學委員會專案研究計畫（計畫編號：
NSC97-2410-H-004-098）之部分研究成果，對國科會的支持與協助，特此感謝。

壹、前　言

　　自從二○○○年普欽（Vladimir Putin）入主克里姆林宮，擔任總統以來，俄羅斯即強調「經濟外交」，為融入全球經濟、參與國際經濟體系，俄國努力爭取加入世界貿易組織（World Trade Organization），積極推動周邊經濟，特別是與歐洲聯盟（European Union）的經貿關係，以及參與亞太經濟合作會議（Asia-Pacific Economic Cooperation）活動[1]。本文旨在探究俄羅斯經濟外交政策的內容，同時，試著從實際案例，檢視俄國經濟外交之運用情況。就參與的層面而論，俄國所推動的經濟外交，在多邊層次，可分為國際性以及區域性的經貿組織；其次，在雙邊層次，主要是國家間雙邊經濟外交。本文的探討個案，在國際經貿組織方面，有經貿聯合國之稱的世界貿易組織，俄國加入世貿的動向，是值得加以關注。另在區域經貿組織方面，俄國與亞太經合會的互動，對於身為亞太經合會成員的臺灣來說，具有進一步探究的意義。此外，歐盟是俄國重要的經貿夥伴，歐盟亦是俄國最大的出口市場；因此，俄國與歐盟的經貿關係之發展動態，實有深入探討之必要。而在雙邊經貿關係方面，俄羅斯與烏克蘭的天然氣爭議，往往成為國際新聞的焦點，然而透過經濟外交的視角，有助於了解俄烏爭議的緣由。關於本文的架構，首先針對俄國經濟外交的內容，進行闡述；其次，再就多邊與雙邊層次，分別從上述的個案，觀察俄國推動經濟外交的情況。

1　「普京執政以來俄羅斯形勢與中俄關係研討會綜述」，俄羅斯中亞東歐研究，第一期
　（2004），頁75。

貳、文獻探討

　　關於經濟外交的相關文獻，主要可分為三方面：首先，是探究經濟外交的本質與形成因素。俄國學者李哈契夫（A. Likhachev）認為，對於經濟外交的探討焦點，應在全球化的架構下，檢視經濟外交的潛在可能性。[2]此外，對於經濟外交的本質，俄羅斯外交部次長伊凡諾夫（I. Ivanov）於卸任後，藉由自身的豐富外交歷練，出書探討俄國的經濟利益與經濟外交兩者的關係。[3]至於經濟外交的形成因素，則有俄國學者薛欽寧（V. Shchetinin）指出，經濟外交是國際關係中，經濟因素之作用與其重要性提升的結果。並且，薛氏認為經濟外交是實施對外政策所採取的措施、形式、手段與方法的總和。[4]另有學者卡隆（G. Karron）從歷史面向，探討經濟外交的緣起，及其歷史背景因素。[5]

　　第二，關於經濟外交的政策工具，我國學者林碧炤指出，主要可分為兩方面：其一是屬於「正面誘因」方面，主要的措施：調降關稅、出口與進口補貼、給予最惠國待遇、採購、獎勵對外投資、金融擔保、提供經濟援助、贈予等。其二是屬於「負面制裁」方面，主要的措施有增加關稅、取消最惠國待遇、禁運、杯葛、取消特許、管制配額、凍結資產、取消經濟援助、管制進出口、沒收財產、封鎖等。[6]而俄國學者日茲寧（S. Zhiznin）認為俄國經濟外交的特點，是

2　А.Е. Лихачев, *Экономическая дипломатия России* (Москва: Экономика, 2006).

3　I. S. Ivanov, *The New Russian Diplomacy* (Washington, D. C.: The Nixon Center and Brookings Institution Press, 2002).

4　В. Д. Щетинин , *Экономическая дипломатия* (Москва: Международные отношения, 2001).

5　Г. Каррон де ла Каррьер, *Экономическая дипломатия: Дипломат и рынок* (Москва: Российская политическая энциклопедия, 2003).

6　林碧炤，「經濟外交的理論與實際」（下），問題與研究，第28卷第2期（1988年11月），頁12-31。

以能源做爲經濟外交的工具。[7]

第三，關於俄國與經貿組織以及主要國家的經濟外交，則有從地緣經濟的角度，討論與俄國經濟外交有關的區域組織以及全球性組織。[8]另一方面，則是集中探究俄國與主要國家的經濟外交關係。諸如，俄國學者羅曼諾娃（T. Romanova）的研究焦點，即集中於俄羅斯與歐盟的經濟外交。[9]另有俄國學者多爾加普契夫（A. Dolgo-laptev），認爲亞太地區的經濟動能，也是俄國經濟外交不可忽視的地區。[10]此外，中國學者王樹春認爲，俄羅斯外交戰略的主軸就是經濟外交，並已成爲俄國對外政策非常重要的組成部分，因此王氏試圖從該角度，探討新世紀的中俄關係。[11]

反觀國內，較少探討俄羅斯經濟外交的議題；倘若，能從俄國經濟外交的概念與相關政策內涵的全貌進行研析；再觀察俄方對於經濟外交的實際運用模式。則此研究成果，除可引發國內的俄國研究學術社群對此議題的研究興趣之外，另在政策意涵上，或許有助於臺灣研擬對俄的策略，尤其是擴展臺俄經貿關係的策略。

7　С. З. Жизнин, *Основы энергетической дипломатии*(т.1) (Москва: МГИМО, 2003).

8　Э. Кочетов и Г. Петрова, "Экономика: Финансы реальные и виртуальные: финансовый дуализм и его правовые аспекты, " *Общество и экономика*, № 1(2000).

9　Т. А. Романова, *Становление Европейского Союза как международного актора : на примере инвестиционного сотрудничества ЕС с Россией в энергетической сфере. 1994 - 2001 гг.* (СПб.: Издательство С.-Петербургского университета, 2003).

10　А. В. Долголаптев, "Вектор прирастания российской экономики - восточный? " *Внешняя торговля*, N5-6(2001).

11　王樹春，「俄羅斯推行經濟外交與新世紀的中俄關系」，俄羅斯研究，第130期（2003年），頁35-42。

參、俄羅斯經濟外交的內涵

　　回顧以往國際社會的外交折衝，經濟外交泛指國家使用經濟的手段達到敦睦邦交目的，或以經濟作爲國家交往的媒介。[12]自二〇〇〇年普欽擔任總統開始，經濟外交已成爲俄對外政策的重要部分；藉由經濟外交，協助發展對外經貿關係、投資合作，以及發展與國際經濟組織與金融機構的關係。

一、形成背景

　　俄羅斯的經濟外交政策，具體型塑於普欽擔任總統時期；普欽的外交策略除延續葉爾欽（Boris Yeltsin）總統執政期間的全方位外交策略，並因應當時的俄羅斯國情，尤以經濟頹勢，而特別強調務實性及經濟利益。普欽就任總統之初，受一九九八年金融危機重創的俄羅斯經濟，尚處於復甦階段，經濟實力疲弱。幸受惠於國際原油飆漲，俄羅斯原油出口大增，增補了俄羅斯的外匯存底。在此利基下，當時普欽總統先後批准「俄羅斯聯邦國家安全構想」與「俄羅斯外交政策概念」等國政大綱，確立國家的外交方針。根據普欽的外交政策概念，俄外交政策以務實爲根本，強調經濟效益與國家利益；外交的優先任務爲復甦國家經濟，以及爲經濟建設創造良好的外部環境。普欽外交策略的最終目標爲恢復俄羅斯的大國地位；面對亟欲復甦的國內經濟，普欽提出漸進式的市場經濟，有別於葉爾欽的「休克療法」經改。普欽贊同市場經濟，但反對全盤移植外國經驗，認爲市場經濟

---

12 同註6，頁19。

須與俄羅斯的現實利益結合。因此，普欽認爲在繼續市場經濟的道路上，應強調國家的角色，遂逐步形成以經濟爲目的、外交爲手段的外交策略。普欽的首要重點在於維持經濟成長，實現二〇一〇年國內生產毛額倍增的目標；其次是關於經濟體制的改革，諸如社會福利、稅收制度、金融以及自然壟斷部門等；第三則是積極參與國際經濟體系，加入世貿組織。

二、俄經濟外交的內容

（一）目標

根據「俄羅斯外交政策概念」，推行經濟外交的目標，爲融入全球經濟體系，並取得主導地位。爲此，俄羅斯重視與國際經濟組織的關係與合作，期與世界主要國家共同參與全球經濟秩序的協調，最終恢復大國地位。[13]在前述目標下，普欽的經濟外交之努力方向，一爲降低國家經濟安全風險，即把因參與世界經濟體系而面臨的經濟安全風險降到最低；二爲建立公平的國際貿易體系，令俄羅斯在國際經濟組織享有充分權利；三爲通過擴大俄羅斯對外經濟聯繫的範圍，以及增加出口商品的種類，藉以提升俄羅斯在全球市場的地位。[14]

---

13 "Концепция внешней политики российской федерации," *МИД России*, <http://www.mid.ru/ns-osndoc.nsf/0e9272befa34209743256c630042d1aa/fd86620b371b0cf7432569fb004872a7?OpenDocument> (28 июня 2000).
14 「2006年俄羅斯聯邦經濟外交」，俄羅斯駐中國大使館，<http://www.russia.org.cn/chn/?SID=34&ID=1092>（2007年2月19日）

（二）主要內容

俄羅斯經濟外交的政策內容，涵蓋能源、投資、金融及環保等領域。其中，以能源爲優先目標，蓋因能源產業在現階段俄國經濟發展中居龍頭地位。俄政府於二○○三年八月公布「俄羅斯至二○二○年的能源戰略」，明確指出能源爲俄國執行外交政策的工具，期透過外交途徑，維持俄羅斯在國際能源市場的影響力，以及保障俄國在國際能源合作的利益。能源外交已成爲俄國經濟外交的重要一環；能源外交係指對外政治、經濟和能源部門，爲實現對外能源政策的目標與任務，所遂行的作爲。而對外能源政策則是：爲捍衛和維護在能源生產、運輸和需求層面的國家利益，而在國際關係領域上採取行動；其目的、任務、優先次序與該國的對外政策緊密相連。整體而言，俄羅斯對外的能源政策目標，可歸納爲：1.保障能源安全；2.維護對外經濟與地緣政治利益；3.確保平等參與國際能源合作；4.鞏固在全球能源領域的地位。誠如學者巴爾瑪希達（M. Balmaceda）所言，俄羅斯要重塑大國形象，所恃的武器不再是核武，而是石油。

在投資方面，經濟外交的成效具體呈現於外資進入俄國的多寡，根據聯合國貿易暨發展會議（United Nations Conference on Trade and Development）的評比，俄國市場名列對外人直接投資（Foreign Direct Investment）最具吸引力的前五名國家之一。[15]俄國除積極引入外國資金，並且推動俄國企業在海外的商業投資活動，俄國企業在海外的投資，不但有助於開拓新銷售市場、降低生產費用、

---

15 "The Foreign Policy and Diplomatic Activities of the Russian Federation in 2009," *Ministry of Foreign affairs*, <http://www.mid.ru/bdomp/brp_4.nsf/2a660d5e4f620f40c32576b20036eb06/ba837a62ade20651c325785a0041fd92!OpenDocument> (March 2010).

擴大原料基地，以及消除關稅與非關稅壁壘等，更可掌握有利的競爭優勢。據統計，二〇〇六年俄羅斯在開發中國家的對外直接投資總額排名，已居第三位。另在金融領域，俄羅斯陸續償清外債，並取得債權國和援助國的新地位，持續與國際金融機構和巴黎俱樂部等組織進行合作。此外，俄羅斯經濟外交的另一重要目標，則是申請加入國際經濟組織，例如世界貿易組織及經濟合作與發展組織（Organisation for Economic Co-operation and Development）等，以避免在經濟全球化的進程，遭到邊緣化。

（三）新的機制

俄外交部為有效協助俄國企業的全球布局，特於二〇〇六年五月成立「商業委員會」，該委員會有四項目標：第一點，發展與俄國企業緊密的關係，以確保俄國在海外的政經利益。第二點，運用俄外交部與駐外單位的力量，協助俄國企業保護其在國外的利益。第三點，保障俄國企業在其他國家參與投資計畫的有利條件。第四點，當俄國企業在國外市場遭受歧視性的差別待遇時，協助俄商據理力爭其權益。[16]該商業委員會的會議，除邀請俄國工商團體的協會參與；例如，俄羅斯聯邦商工會；另邀請與議題相關的俄國大企業與會。至於該委員會的祕書工作，則由外交部的經濟合作司負責。[17]

16 "Оказание дипломатической поддержки российскому бизнесу," *Ministry of Foreign Affairs*, <http://www.mid.ru/bdomp/ns-dipecon.nsf/4d5db17578e45d4143256a0c003fb9a9/3f3191c7b075280bc325746a003b4ab0!OpenDocument> (26 Feb. 2010).
17 Ibid.

肆、俄羅斯經濟外交的運用

　　針對俄國經濟外交的運用層面，本文嘗試分析多邊層次的國際經貿組織，譬如世界貿易組織，以及區域經貿組織，諸如亞太經濟合作會議。其次是，剖析俄羅斯與歐盟的經貿關係。至於雙邊層次，則探究俄國與烏克蘭的關係，尤其是俄烏天然氣的爭議。

一、加入世界貿易組織

　　普欽於擔任總統時期，曾多次於國情咨文中強調，爭取加入世貿組織，係俄國對外經濟政策之優先目標。[18]普欽亦強調參與國際貿易規範討論與制定之重要性。世貿組織針對俄羅斯入會所召集的「工作小組」（Working Party），已於一九九五年七月召開第一次正式會議。[19]為符合入會的要求，俄國陸續修訂關稅，調降進口稅率，以期由觀察員的身分，正式成為世貿組織的成員。

---

18 請參見2001、2002、2003以及2004年度之國情諮文，В. Путин, "Послание Федеральному Собранию Российской Федерации, *Президент России*, <http://president.kremlin.ru/appears/2001/04/03/0000_type63372type63374type82634_28514.shtml> (3 апреля 2001).

В. Путин, "Послание Федеральному Собранию Российской Федерации, "*Президент России*, <http://president.kremlin.ru/appears/2002/04/18/0001_type63372type82634_28876.shtml> (18 апреля 2002).

В. Путин, "Послание Федеральному Собранию Российской Федерации, " *Президент России*, <http://president.kremlin.ru/appears/2003/05/16/1259_type63372type63374type82634_44623.shtml> (16 мая 2003).

В. Путин , "Послание Федеральному Собранию Российской Федерации, "*Президент России*, <http://president.kremlin.ru/appears/2004/05/26/2003_type63372type63374_71501.shtml> (26 мая 2004).

19 該工作小組歷次會議之主要內容，請參見 "Основные этапы переговоров по присоединению России к ВТО," *Россия и ВТО*, <http://www.wto.ru/russia.asp?f=etaps&t=10 >.

（一）加入世貿組織的考量因素

1. 改善俄國產品進入國外市場的情況，並給予俄國出口產品非歧視的待遇。此將有利於擴大俄國產品（尤其是製造業），進入世界市場之商機，消除外國市場對俄國商品的歧視性限制，進而改善俄國的出口結構。

2. 可適用世貿組織的國際貿易爭端解決機制。俄羅斯是全球當今尚未加入世貿組織的最大經濟體，就因仍不是世貿組織的會員國，而無法透過世貿組織的爭端解決機制，來化解對外貿易糾紛。

3. 營造符合世貿組織標準的法制，創造有利外人投資的環境。

4. 擴大俄國的投資者進入世貿組織會員國的投資機會，尤其是金融業方面。

5. 藉由外國產品、商務及投資的流入增加，創造俄羅斯國產物品的品質與競爭力提升的條件。

6. 參與攸關國家利益的國際貿易協定之磋商談判。[20]俄羅斯期望加入世貿組織，以便參與新的國際貿易規則的制定。

7. 提升俄國形象為一個完全的國際貿易參與者。[21]

（二）入會談判進展

若從一九九三年申請加入世界貿易組織的前身，亦即關稅暨貿

---

20 Oleg D. Davydov and Valeriy A. Oreshin, *Liberation of Russian Foreign Trade* (New York: Fordham University Press, 2000), p. 46.

21 "*Цели и задачи присоединения,*" *Россия и ВТО*, < http://www.wto.ru/russia. asp?f=target&t=9 >.

易總協定（General Agreement on Tariffs and Trade）算起，俄國加入
世貿組織的談判時程，已歷經十八載；冗長的談判過程，已超過中國
當初加入世貿組織的時程。基本上，貿易規章方面的談判大致完成，
俄方曾於二〇〇九年六月，嘗試與關稅同盟的成員，亦即哈薩克和白
俄羅斯，共同加入世貿組織。[22]然而二〇一〇年五月，俄總統梅德韋
傑夫（Dmitry Medvedev）為加速推動入世進程，改弦易轍，宣布俄
方以個別國家的身分，進行入世談判。[23]二〇一一年十二月十六日世
貿組織的部長會議終於通過俄國的入會申請案，接續由俄國完成其國
內法定程序，待世貿組織祕書處接獲俄國完成國內法定程序的通知，
再經三十日後，俄國即正式成為會員國，因此，俄國可望於二〇一二
年，成為世貿組織的會員國。[24]

二、參與亞太經濟合作會議

俄羅斯自一九九八年正式成為亞太經合會的會員國，在一九九九
年普欽擔任俄羅斯總理時，即曾代表葉爾欽參加紐西蘭奧克蘭的亞太
經合會的領袖會議。

22 "Когда Россия вступит в ВТО," *РИА Новости*, <http://www.rian.ru/analyt-ics/20101006/282891901.html> (6 Oct. 2010).
23 "WTO is not far-off," *Kommersant*, <http://www.kommersant.ru/doc.aspx?DocsID=1515434> (1 Oct. 2010).
24 "Ministerial Conference approves Russia's WTO membership," *WTO*, <http://www.wto.org/english/news_e/news11_e/acc_rus_16dec11_e.htm> (16 Dec. 2011).

（一）融入亞太經濟整合

二〇〇〇年普欽總統上任後，在其「俄羅斯外交政策概念」的綱領中，強調發展與亞洲地區外交，以及振興西伯利亞和俄國遠東地區經濟的重要性。俄羅斯的對外經濟以出口原物料爲主，特別是石油和天然氣；而積極地與亞太地區的國家，合作開發西伯利亞和遠東地區的能源，並輸出能源至亞太地區，可增加能源的出口市場，有利於俄國能源戰略的全球布局。自從加入至今，俄國已多次舉辦專家層級的會議，舉例而言，二〇〇五年於符拉迪沃斯托克（海參崴）舉行的運輸會議；同年另在莫斯科舉辦能源效率暨節能會議；二〇〇七年於海參崴舉行工業科學與技術會議。另外，亦曾主辦多項研討會，例如，最近的一次係於二〇一一年在海參崴舉辦，探討的主題是應用衛星導航系統，監控亞太地區的運輸狀況。[25]

（二）俄國成為二〇一二年亞太經合會主席國

二〇一二年亞太經合會的領袖會議，俄方已決定於俄遠東地區的符拉迪沃斯托克舉行，[26]期望藉此能進一步融入亞太地區經濟連結的體系，進而帶動西伯利亞與俄屬遠東地區的經濟現代化與創新導向的經濟發展。此外，俄方提出二〇一二亞太經合會的四大主題，其一是擴大貿易、投資自由化以及深化區域經濟整合；其二是強化食品安全；其三是建立可靠的供應鍊；其四則是促進創新發展。[27]

---

25 "APEC Priorities," *APEC Russia 2012*, < http://www.apec2012.ru/docs/about/priorities.html >.
26 為籌辦APEC的相關會議與活動，俄國籌組委員會專責工作的協調與推動，該委員會的主席係由外交部第一副部長舒瓦洛夫（Igor Shuvalov）擔任。
27 "Russia announces APEC's priorities for 2012," *APEC Russia 2012*, <http://www.apec2012.

三、增進與歐盟經貿關係

　　普欽於擔任總統時期，曾表示俄羅斯意不在加入歐盟，而是著重彼此關係的長期發展，在共同目標的基礎之上，建立平等的戰略夥伴關係。[28]

（一）歐盟是俄國最主要的貿易夥伴

　　就經貿層面來看，二〇〇八年歐盟自非歐盟國家進口的總額，達一兆五千六百五十億歐元，其中，自俄羅斯進口的金額為一千七百七十八億歐元，其所占的比重為百分之十一點三六。再者，出口的部分，該年歐盟出口至非歐盟國家的金額共計一兆三千零六十六億歐元，而出口到俄國市場的金額達一千零五十億歐元，其所占的比例是百分之八點零四。然而，該年俄國的出口總額為三千一百四十億歐元，而出口至歐盟的金額，高達一千七百七十八億歐元，占俄國出口總額的百分之五十六點六二；其次，該年俄羅斯的進口總額達一千八百六十億歐元，然而，自歐盟進口的金額達一千零五十億歐元，比重亦高達百分之五十六點四五。[29]上述的數據顯示，歐盟無疑是俄國最重要的貿易夥伴。

---

ru/news/20111213/462341467.html>.

28　Путина. В., "Через партнерство России и ЕС – к строительству единой Европы, к новым возможностям для всех европейцев, "*Президент России*, <http://president.kremlin.ru/appears/2006/11/23/0740_type63382_114329.shtml> (23 ноября 2006).

29　European Commission, *EU Energy and Transport in Figures: Statistical Pocketbook* (Luxembourg: Publications Office of the European Union, 2010), <http://ec.europa.eu/energy/publications/statistics/doc/2010_energy_transport_figures.pdf>, pp. 16-18.

（二）俄國是歐盟主要的能源進口來源

俄羅斯是歐盟最重要的能源供給者，而歐盟是俄羅斯最大的能源買家。[30]歐盟國家相當依賴俄國的能源供應，依據歐盟的官方統計，二〇〇七年歐盟自俄進口的原油，占該年原油進口總量的百分之三十四。[31]其中，波蘭、斯洛伐克與匈牙利等三國的石油需求，百分之百進口自俄國；[32]俄羅斯天然氣的主要出口對象，則是歐洲地區。[33]

就能源進口國的角度來看，歐盟相當程度地依賴俄羅斯的能源供應。自俄國進口的天然氣，占歐盟天然氣進口總額的比重高達百分之四十。[34]反觀，從能源出口國的角度而論，尤其是能源已成為主要輸出項目，以及政府重要財政收入來源的俄國來說，穩定的能源出口市場，對俄國的經濟發展亦有正面效益。為落實能源供應多元化戰略，歐盟積極與俄羅斯、獨立國協等國家進行能源合作，其目的在於參與石油及天然氣田的探勘與開採，以及確保油氣運輸的安全，期望藉此擴大能源的進口來源，減少對波灣國家的能源依賴。對俄羅斯而言，歐盟國家不僅為能源傳統市場，亦為能源設備和技術的供應者；因此，與歐盟進行能源合作，攸關其對外經濟利益，尤其是歐盟具備俄

---

30 "A European Strategy for Sustainable, Competitive and Secure Energy," *Commission of the European Communities*, < http://europa.eu/documents/comm/green_papers/pdf/com2006_105_en.pdf >.

31 European Commission, *EU Energy and Transport in Figures: Statistical Pocketbook 2010*, p. 31.

32 其次是愛沙尼亞、拉脫維亞與立陶宛等國家進口自俄羅斯石油的比重達90%；而捷克則是65%。

33 European Commission, *EU Energy and Transport in Figures: Statistical Pocketbook 2010*, p. 31.

34 Ibid.,

羅斯能源產業現代化所需的資金。[35]

四、發展與烏克蘭關係

「俄羅斯對外政策概論」指出，發展對烏克蘭的關係是俄羅斯外交政策的重點之一。俄烏關係的發展狀況會影響俄國對獨立國協地區與歐洲地區的發展進程。[36]

（一）運用經濟外交影響烏克蘭

俄國重視與獨立國協的經濟關係，其中又以能源關係為最。首要考量為前蘇聯加盟共和國彼此間的緊密經濟聯繫與依存；其次則是，蘇聯時期即已建構的能源供輸系統。[37]俄國視前蘇聯的加盟共和國為其「近鄰」，普欽於二○○三年國情咨文表示，俄羅斯視獨立國協為戰略利益範疇。其次，俄外交部的「俄羅斯外交政策概念」亦指出，發展與獨立國協國家的關係，係俄國外交政策的優先方向。俄國為鞏固在近鄰地區的利益，或左右近鄰國家的外交動態，能源往往成為莫斯科運用的籌碼。舉例而言，克里姆林宮多次與烏克蘭的天然氣爭議，甚至切斷天然氣供應，究其動機，無非是藉此牽制烏國轉向北約的意向與進程。究其緣由，俄國西連烏克蘭，因此從地緣戰略的角度

35 日茲寧著，王海運等譯，俄羅斯能源外交（北京：人民出版社，2006），頁281。

36 "Обзор внешней политики российской федерации," *МИД России*, <http://www.mid.ru/ns-osndoc.nsf/0e9272befa34209743256c630042d1aa/d925d1dd235d3ec7c32573060039aea4?OpenDocument> (27 марта 2007).

37 日茲寧著，王海運等譯，俄羅斯能源外交，頁174。

來看，烏國加入北約與否，攸關俄國的國家安全與戰略布局。

（二）經濟外交與俄烏天然氣爭議

　　整體而言，俄羅斯對烏克蘭的經濟外交工具係「胡蘿蔔與棍棒」並用。俄國一方面以睦鄰與互利原則，深化與烏克蘭的關係，另一方面卻以能源箝制烏克蘭。普欽執政時期，當烏克蘭亟欲投入西方陣營之際，俄方旋即提高天然氣價格，甚至切斷天然氣供應，以為警告。二〇〇四年烏克蘭爆發「橙色革命」，由親西方的尤申科（Viktor Yushchenko）擔任總統。二〇〇五年底，俄羅斯國營天然氣工業集團（Gazprom）要求賣給烏克蘭的天然氣價格，由每千立方公尺的五十美元，提高至當時市場的一般價格兩百三十美元。[38]烏國拒絕此漲價的要求，接連的談判破局，導致俄方切斷供氣，烏克蘭則擷取輸往歐洲的過境天然氣，據為己用。[39]最後在西歐國家的抗議與施壓之下，俄國與烏國政府達成協議，俄羅斯天然氣工業集團恢復供氣。[40]

---

38 Steven Soehrel, "Russian Energy Policy Toward Neighboring Countries," *CRS Repot for Congress*, March 27 2008, p. 8.

39 由於歐盟國家自俄國進口的天然氣約有80%是由過境烏克蘭的天然氣管線供輸。

40 根據該協議，烏國購買天然氣須經由中間商「俄烏能源公司」（RosUkrEnergo），此公司以低於市場一般價格的行情，向中亞蘊藏天然氣最豐富的土庫曼進口。而另外一部分的需求量，則是向Gazprom 以市場價格購入，兩者加總的平均價格約為95美元。參見Steven Soehrel "Russian Energy Policy Toward Neighboring Countries," pp. 8~9.

伍、結　論

　　俄羅斯的經濟外交，旨在運用外交，促進經濟發展，並確保俄國在全球經濟競爭中處於有利地位。俄國經濟外交涵蓋能源、投資、金融及環保等領域。綜上所述可歸結出，俄羅斯對經濟外交的重視，根源於普欽的務實外交。俄羅斯利用經濟外交策略，發展本國經濟，並積極融入國際經濟活動，參與推動國際經濟政治新秩序的建立。此外，能源為俄羅斯經濟外交的主要工具。能源因素對俄羅斯外交的意義與日俱增，身為能源出口國的俄羅斯，即以能源做為重要的經濟外交工具，能源外交遂成為俄國經濟外交的重要內涵。整體而言，加入世貿組織將是俄國經濟外交的主要目標。至於，二〇一二年在海參崴舉行的亞太經合會高峰會，可視為俄國在亞太地區推行經貿外交的成果展示。其次，由於歐盟相當程度地依賴俄國的油氣供應，尤其是天然氣的部分。故，不論就貿易進口或出口而言，歐盟都是最重要的貿易夥伴，再加上歐盟是俄國能源產業進行產業更新、技術升級的重要來源；因此，能源項目在俄歐經濟外交的發展，依然扮演重要的角色。另外，俄國對於烏克蘭仍會運用經濟外交的工具，審時度勢，交相使用正面誘因與負面制裁的手段，制約烏國的外交走向。

　　最後，嘗試從政策意涵的角度來看，俄國在逐行經濟外交政策，增進與亞洲地區國家經濟合作的同時，我國宜掌握此有利情勢，擴展臺俄之間的經貿關係。俄國期望亞太經合會成員國能參與俄國西伯利亞與遠東地區的開發。尤其是二〇一二年由俄羅斯擔任亞太經合會的主席國，配合高峰會在海參崴的召開，預計將有一系列的活動於遠東地區舉行，我國宜順勢開拓在該地區的合作商機。舉例而言，此地區蘊藏豐富礦產及能源，因此，我國政府可策略性地參與相關的開發計劃；其中，又以參與多國型態的能源投資案為佳。如此一來，不僅可分散臺灣的能源進口，同時，還可提升與共同投資國之間的合作關係。

參考文獻

「2006 年俄羅斯聯邦經濟外交」，俄羅斯駐中國大使館， <http://www.russia.org.cn/chn/?SID=34&ID=1092>（2007 年2 月19 日）。

王樹春，「俄羅斯推行經濟外交與新世紀的中俄關系」，俄羅斯研究，第130期（2003年），頁35-42。

日茲寧著，王海運等譯，俄羅斯能源外交（北京：人民出版社，2006）。

林碧炤，「經濟外交的理論與實際」（下），問題與研究，第28卷第2期（1988年11月），頁12-31。

「普京執政以來俄羅斯形勢與中俄關係研討會綜述」，俄羅斯中亞東歐研究，第1期（2004）。

"APEC Priorities," *APEC Russia 2012*, <http://www.apec2012.ru/docs/about/priorities.html>.

Davydov, Oleg D. and Valeriy A. Oreshin., *Liberation of Russian Foreign Trade* (New York: Fordham University Press, 2000).

European Commission, *EU Energy and Transport in Figures: Statistical Pocketbook* (Luxembourg: Publications Office of the European Union, 2010), <http://ec.europa.eu/energy/publications/statistics/doc/2010_energy_transport_figures.pdf>.

Ivanov, I. S., *The New Russian Diplomacy* (Washington, D. C.: The Nixon Center and Brookings Institution Press, 2002).

"Ministerial Conference approves Russia's WTO membership," *WTO*, <http://www.wto.org/english/news_e/news11_e/acc_rus_16dec11_e.htm> (16 Dec. 2011).

"Russia announces APEC's priorities for 2012," *APEC Russia 2012*, <http://www.apec2012.ru/news/20111213/462341467.html>.

Soehrel, Steven, "Russian Energy Policy Toward Neighboring Countries," *CRS Repot for Congress*, March 27 2008.

"The Foreign Policy and Diplomatic Activities of the Russian Federation in 2009," *Ministry of Foreign affairs*, <http://www.mid.ru/bdomp/brp_4.nsf/2a660d5e4f620f40c32576b20036eb06/ba837a62ade20651c325785a0041fd92!OpenD

ocument> (March 2010).

"WTO is not far-off," *Kommersant*, <http://www.kommersant.ru/doc. aspx?DocsID=1515434> (1 Oct. 2010).

Долголаптев, А. В., "Вектор прирастания российской экономики - восточный? " *Внешняя торговля*, N5-6(2001).

Жизнин, С. З., Энергетическая дипломатия (Москва: МГИМО, 2002).

Жизнин, С. З., *Основы энергетической дипломатии* (Москва: МГИМО, 2003).

Каррьер Каррон де ла, Г. *Экономическая дипломатия: Дипломат и рынок* (Москва: Российская политическая энциклопедия, 2003).

"Когда Россия вступит в ВТО," *РИА Новости*, <http://www.rian.ru/analytics/20101006/282891901.html> (6 Oct. 2010).

"Концепция внешней политики российской федерации," *МИД России*, <http://www. mid.ru/ns-osndoc.nsf/0e9272befa34209743256c630042d1aa/fd86620b371b0cf743256 9fb004872a7?OpenDocument> (28 июня 2000).

Кочетов, Э. иГ. Петрова, "Экономика: Финансы реальные и виртуальные: финансовый дуализм и его правовые аспекты, " *Общество и экономика*, № 1(2000).

Лихачев, А.Е., *Экономическая дипломатия России* (Москва: Экономика, 2006).

"Обзор внешней политики российской федерации," *МИД России*,

<http://www.mid.ru/ns-osndoc.nsf/0e9272befa34209743256c630042d1aa/d925d1dd235d 3ec7c32573060039aea4?OpenDocument> (27 марта 2007).

"Оказание дипломатической поддержки российскому бизнесу," *Ministry of Foreign Affairs*, <http://www.mid.ru/bdomp/ns-dipecon.nsf/ 4d5db17578e45d4143256a0c003fb9a9/3f3191c7b075280bc325746a003b4ab0!Open Document> (26 Feb. 2010).

"Основные этапы переговоров по присоединению России к ВТО," *Россия и ВТО*, <http://www.wto.ru/russia.asp?f=etaps&t=10 >

Путин, В., "Послание Федеральному Собранию Российской Федерации," *Президент России*, <http://president.kremlin.ru/appears/2001/04/03/ 0000_type63372type63374type82634_28514.shtml> (3 апреля 2001).

Путин, В., "Послание Федеральному Собранию Российской Федерации," *Президент России*, <http://president.kremlin.ru/appears/2002/04/18/ 0001_type63372type82634_28876.shtml> (18 апреля 2002).

Путин, В., "Послание Федеральному Собранию Российской Федерации,

"*Президент России*, <http://president.kremlin.ru/appears/2003/05/16/1259_type63372type63374type82634_44623.shtml> (16 мая 2003).

Путин, В., "Послание Федеральному Собранию Российской Федерации, "*Президент России*, <http://president.kremlin.ru/appears/2004/05/26/2003_type63372type63374_71501.shtml> (26 мая 2004).

Путино, В., "Через партнерство России и ЕС – к строительству единой Европы, к новым возможностям для всех европейцев, "*Президент России*, <http://president.kremlin.ru/appears/2006/11/23/0740_type63382_114329.shtml> (23 ноября 2006).

Романова, Т. А., *Становление Европейского Союза как международного актора : на примере инвестиционного сотрудничества ЕС с Россией в энергетической сфере. 1994 - 2001 гг.* (СПб.: Издательство С.-Петербургского университета, 2003).

"*Цели и задачи присоединения,*" *Россия и ВТО*, <http://www.wto.ru/russia.asp?f=target&t=9 >.

Щетинин, В. Д., *Экономическая дипломатия*, (Москва: Международные отношения, 2001).

第五章　俄羅斯的現代化：外交政策的視角*

林永芳

* 本文承蒙國科會專題研究計畫補助（NSC 98-2410-H-004-051-MY2），特此致謝。

壹、前　言

　　戈巴契夫（Mikhail Gorbachev）時期蘇聯的「重建」過程，造成國家對社會和地方控制力的減弱，地方選舉與民族分離運動結合，產生了無法遏止的離心效應。在族群聯邦的制度設計下，形成了加盟共和國主權宣示和公投獨立的骨牌效應。隨著中東歐共黨政權紛紛垮臺，俄羅斯蘇維埃聯邦社會主義共和國人民代表大會於一九九〇年六月十二日宣示俄羅斯國家主權，並於同年十月設立了獨立的外交部，開啟了俄羅斯自身的國家利益與外交政策走向的辯論。蘇聯解體後，俄羅斯繼承了蘇聯的核武和在聯合國安全理事會常任理事國的席次，在國際上持續保有大國的象徵地位。然而，國力已大不如前的俄羅斯，面臨重新定義自己的國家利益和如何提升國際地位的難題。也就是，冷戰結束後，在國際權力分配的急遽變化下，俄國領導階層的外交政策制定脈絡與調適能力為何？關於俄國的認同、國際地位、角色的新論述有哪些？為何不同時期會有不同的外交政策？而外交目標又該如何達成？

　　遵行普欽（Vladimir Putin）路線的俄羅斯總統梅德韋傑夫（Dmitry Medvedev）在二〇〇九年九月發表的《前進，俄羅斯！》（Россия，вперёд!）文章中，提出了實現國家現代化的構想。[1]他在隨後幾次的國情諮文和重要講話中一再重申，俄羅斯將與主要國家建立現代化夥伴關係，發展經貿與科技創新活動，以達到國家的全面現代化。俄羅斯視現代化為邁向復興和重新崛起的路徑，利用外交推動俄羅斯創新經濟和全面現代化戰略。本研究主要探討普欽和梅德韋傑夫時期俄羅斯現代化政策下的外交政策表現；以俄羅斯外交思潮和國

1　Дмитрий Медведев, «Россия, вперёд! Статья Дмитрия Медведева», http://www.kremlin.ru/news/5413

　　際關係理論，檢視不同時期外交政策的演變；分析外部環境、國內政治理念等因素對外交政策的影響；並以俄羅斯與前蘇聯地區，以及俄羅斯與歐美關係爲例說明。

貳、威權主義下的現代化

　　對於歷經葉爾欽（Boris Yeltsin）時期國家衰敗的各種亂象，現正戮力現代化大業與試圖重新崛起的俄羅斯而言，在內外政策的制訂與施行上，仍充滿許多的機會與挑戰。在內政方面，威權主義下的現代化，亦即在國內的政治上維持現況，而在經濟和社會的領域內進行改革，已成爲普欽主導下的國家發展路線。「普欽計畫」主軸之一的「全國民生方案」（Национальный проект），乃針對教育、住房、健康醫療、農業發展等四大社會福利項目，提高人民的生活水準、發展人力資源；主軸之二的「俄羅斯二〇二〇年前的發展戰略」（Стратегия-2020）旨在提升國家的競爭力，從能源發展模式轉變爲創新科技模式。簡言之，建立創新型經濟和發展現代化，以重振俄國的大國地位。

　　普欽在二〇〇〇年當選總統，二〇〇四年連任，礙於憲法規定，總統只能連任一次，在二〇〇八年任期屆滿後，屈就總理一職，以便隔屆再選總統。根據俄羅斯憲法，總統決定國家內外政策基本方針，享有發布等同法律的命令、擁有否決權和任免總理等實權。然而，普欽總理的實際權力和政治威信，始終凌駕現任總統梅德韋傑夫之上。普欽能持續左右政局，主要來自於其八年總統任內，以中央集權的政治手段、能源爲主的經濟成長和政治強人的領袖魅力，在世紀之交帶領俄羅斯走出國家衰敗的混亂局面，重塑俄國的大國形象，贏得俄國人民高度的肯定，也爲四年總理任內的施政累積更多的政治資本。

　　普欽的領導階層認爲，西方國家對俄國民主、人權「說三道四」的眞正用意，不過是在削弱政權的正當性，而西方國家對前蘇聯地區的民主輸出，對非政府組織的援助，以及對顏色革命的推波助瀾，無非在於促成俄國政權替換。關於俄國的民主之路，普欽在二〇〇五年的國情諮文指出，俄國在發展民主之前，應先考量自身的情況；俄國作爲一個主權國家，有能力自己選擇和決定邁向民主的期限和條件，此一看法形成了所謂的「主權民主」（Суверенная демократия）的要義。普欽認爲國家解體和寡頭弄權，破壞了國家的自主效能，造成九〇年代的混亂局面。因此，提升國家主權和恢復現代國家權力，在普欽看來，乃是提振民主的關鍵。[2]

　　二〇一一年九月二十四日，梅德韋傑夫總統在「統一俄羅斯黨」（United Russia）召開的第十二屆全國代表大會上，宣布不競選連任，並推舉前任總統，即現任總理兼黨魁普欽問鼎二〇一二年總統寶座。普欽欣然接受，整個會場歡聲雷動，梅德韋傑夫則被委以年底下議院國家杜馬選舉和下屆總理的重任。[3]下一屆總統的任期已由四年延長爲六年，若普欽再做兩任直到二〇二四年，那麼有四分之一世紀長的時間，俄羅斯都在普欽的巨大身影下。普欽統治俄國的時間與蘇聯時期在位最久的兩位領導人史達林（Joseph Stalin，三十一年）、布里茲涅夫（Leonid Brezhnev，十八年）相比，也不遑多讓。普欽從二〇〇〇年四十八歲的壯年總統，到下臺時成爲七十二歲老人總統。普欽對總統職位的戀棧，在西方國家看來或許是個異數，但對前蘇聯地區的威權國家而言，現年五十九歲（至二〇一一

2　Viatcheslav Mozozov, "Sovereignty and Democracy in Contemporary Russia: A Modern Subject Faces the Post-Modern World," *Journal of International Relations and Development*, Vol. 11, No. 2 (2008), p. 156. 轉引自 Christopher Browning, "Reassessing Putin's Project: Reflections on IR Theory and the West," *Problems of Post-Communism*, Vol 55, No. 5 (September/October 2008), pp. 3-13.

3　「統一俄羅斯黨」於二〇一一年十一月二十七日在莫斯科召開第十二屆全國代表大會第二階段會議，正式通過提名普欽爲該黨總統候選人。«Путин избран кандидатом в президенты от Единой России», http://edinros.ru/news/2011/11/27/putin-izbran-kandidatom-v-prezidenty-ot-edinoj-rossii。普欽亦於二〇一一年十二月二十日向俄羅斯中央選舉委員會完成登記參選二〇一二年三月四日舉行的總統大選。

年）的普欽不過是個「後起之秀」。相較於烏茲別克總統卡里莫夫
（Islam Karimov，現年七十三歲，執政至今二十年）、哈薩克總統
納札巴耶夫（Nursultan Nazarbayev，現年七十一歲，執政至今二十
年）、塔吉克總統拉赫蒙（Emomali Rahmon，現年五十九歲，執政
至今十九年）、白俄羅斯總統盧卡申科（Alexander Lukashenko，
現年五十七歲，執政至今十七年）、亞賽拜然總統阿利耶夫父子世
襲政權（Heydar and Ilham Aliyev，執政至今十八年），普欽只是
有樣學樣，畢竟大家都是來自於蘇聯共黨專政時期的「職官名錄」
（Номенклатура），深諳權力鬥爭之道。

　　所謂攘外必先安內，在普欽的認知裡，強國策略是獲致大國地位
的不二法門。多數俄國人普遍認為，普欽的長期統治有利於政治穩定
和政策連慣性，也唯有強而有力的領導中樞，才能應對內外危機。相
較於因顏色革命而倒臺的後共地區獨裁政權，俄羅斯威權政體的調適
性與穩定性就在於「統一俄羅斯黨」的一黨獨大、國家軍警情治的強
制力、國家對戰略經濟產業的控制，以及反對力量的邊緣化。同時，
政治文化因素亦有關聯，也就是俄羅斯政治體系的制度化特徵，遠不
及長期獨裁專制所遺留的個人化統治特色。普欽的高民意支持度、俄
國的經濟成長和俄國對內外威脅的認知，合理化威權統治的正當性。

參、外交政策

　　應用國際關係理論的現實主義、自由制度主義，尤其是以社會建構主義來檢視俄國的外交政策，逐漸成為後冷戰俄國區域研究的學術主流。[4]俄羅斯針對其國家利益和國際地位的不同認知──整合或孤立、全球性或區域性，[5]基本上有三個主要的思想學派：西化派──強調與西方整合；斯拉夫派──強調斯拉夫文明的獨特性；歐亞主義派──強調東西方並重。據此，俄羅斯外交政策在不同時期有其特點：後共俄羅斯葉爾欽總統第一任期──自由制度主義下，大西洋取

---

4 結合國際關係理論與俄國外交政策的相關著作，請參閱：Celeste A. Wallander, ed., *The Sources of Russian Foreign Policy after the Cold War* (Boulder, Colo.: Westview, 1996); Christer Pursiainen, *Russian Foreign Policy and International Relations Theory* (Aldershot, VT: Ashgate, 2000); Ted Hopf, *Social Construction of International Politics: Identities & Foreign Policies, Moscow, 1955 and 1999* (Ithaca: Cornell University Press, 2002); Christopher Browning, "Reassessing Putin's Project: Reflections on IR Theory and the West," *Problems of Post-Communism*, Vol. 55, No. 5 (September/October 2008), pp. 3-13; Christian Thorun, *Explaining Change in Russian Foreign Policy* (New York: Palgrave Macmillan, 2009); Anne L. Clunan, *The Social Construction of Russia's Resurgence: Aspirations, Identity, and Security Interests* (Baltimore: The Johns Hopkins University Press, 2009); and Andrei P. Tsygankov, *Russia's Foreign Policy: Change and Continuity in National Identity*, 2nd edn. (Lanham, MD: Rowman & Littlefield, 2010). 關於國內素對外交政策的影響，請參閱：Neil Malcolm et al. eds., *Internal Factors in Russian Foreign Policy* (Oxford, UK: Oxford University Press, 1996); Michael McFaul, "A Precarious Peace: Domestic Politics in the Making of Russian Foreign Policy," *International Security*, Vol. 22, No. 3 (Winter 1997/98), pp. 5-35; William Zimmerman, *The Russian People and Foreign Policy* (Princeton: Princeton University Press, 2002); Stephen White, "The Domestic Management of Russia's Foreign and Security Policy," in Roy Allison, Margot Light and Stephen White, eds., *Putin's Russia and the Enlarged Europe* (London, UK: Chatham House, 2006), pp. 21-44; Yu-Shan Wu, "Russia's Foreign Policy Surge: Causes and Implications," *Issues & Studies*, Vol. 45, No. 1 (March 2009), pp. 117-162; and Robert H. Donaldson and Joseph L. Nogee, *The Foreign Policy of Russia: Changing Systems, Enduring Interests*, 4th edn. (Armonk, NY: M. E. Sharpe, 2009), pp. 107-162.
5 整合、全球性，其概念上強調合作、互賴、主權讓渡、國際社會的正常國家，屬於英國學派的團結主義觀（solidarist），以個人為主，著重人權等普世價值。孤立、區域性，其概念上強調威脅認知、衝突、主權至上、領土完整、權力平衡、畫分勢力範圍作為大國地位的依據，屬於英國學派的多元主義觀（Pluralist），以主權國家為主。

向的整合政策（戈巴契夫的新思維外交政策遺緒）；葉爾欽總統第
二任期——現實主義下，歐亞取向的多極化大國均勢策略；普欽總統
第一任期——社會建構主義下，守勢的大國務實主義；普欽總統第二
任期至梅德韋傑夫總統時期——社會建構主義下，攻勢的大國務實主
義。

一、外交思潮與國際關係理論

　　強調俄羅斯的歐洲文明屬性，主張與西方社會完全整合的
歐洲一大西洋主義之西化派（Westernizers）盛行於一九九一至
一九九三年。獨立初期的俄羅斯，在葉爾欽激進經濟改革的路線下，
柯茲列夫（Andrei Kozyrev）外長執行具有理想主義色彩的大西洋取
向之外交政策。其目的在於營造良好的外部環境，以便進行國內政治
和經濟改革，與國際經濟整合，並克服冷戰遺緒；拆解兩極對抗的結
構；在全球化的脈絡下，與西方國家建立夥伴和盟友關係，認為俄國
的主要威脅來自於不民主的國家。此時期，奉行國際關係理論的自由
制度主義，追求自身的絕對權力、強調國際建制的互賴、推崇民主和
平論。

　　然而，在俄羅斯國力衰退、自顧不暇之際，葉爾欽親西方的外
交政策取向忽略了其傳統勢力範圍——獨立國家國協和蘇聯時期的盟
友，引起了國家利益受損的質疑。反對全盤西化，認為俄國擁有自身
的歷史文化傳統和獨特的文明，主張建立統一的斯拉夫民族國家以
實現俄國復興的斯拉夫派（Slavophiles）於一九九三至一九九五年趁
勢而起。因經濟「震撼療法」的社會成本遽增、西方對俄國的經濟援

助口惠而實不至、國際地位和國際威望下降，保守的國會和改革的總統之間形成了雙重政權危機，最終葉爾欽以非憲的武力手段解決憲政危機，並在一九九三年底以公投方式通過了總統權力極大的後共憲法。[6]然而，同時舉行的國會大選卻由季里諾夫斯基（Vladimir Zhirinovsky）的極端民族主義政黨「自由民主黨」（Liberal Democratic Party of Russia）囊括了下議院國家杜馬最多的政黨席次。「共產黨」（Communist Party of the Russian Federation）於一九九五年的國家杜馬選舉後成爲第一大黨。國內部分民眾對經濟改革和俄羅斯大國地位旁落的怨懟之情，藉由選票表達了他們心中的不滿。在俄美戰略矛盾增加、斯拉夫派勢力大增的情況下，葉爾欽提出了國家利益至上的外交原則，以恢復大國地位，確保勢力範圍爲目標，放棄「一邊倒」的親美外交政策，反對北約東擴。

　　然而，俄國面臨了大國雄心和綜合國力下降之間的矛盾。主張獨立自主、東西方並重的「雙頭鷹外交」，在前蘇聯地區建立以俄羅斯爲核心的「歐亞經濟聯盟」的歐亞主義派（Eurasianists），活躍於一九九六至一九九九年。自九〇年代中期，俄國即主張一個多極體系，以取代美國支配的單極國際秩序。[7]普里馬科夫（Yevgeny

---

6　關於在半總統制下的俄國總統享有極大的權力，請參閱Petra Schleiter and Edward Morgan-Jones, "Russia: The Benefits and Perils of Presidential Leadership," in Robert Elgie & Sophia Moestrup, eds., *Semi-Presidentialism in Central and Eastern Europe* (Manchester: Manchester University Press, 2008), pp. 159-179.

7　在俄國公布的外交政策和國家安全的正式文件或領導人的重要講話，一再強調多極體系的重要性。參見，一九九七年出臺的《俄羅斯國家安全概念》（Концепция национальной безопасности Российской Федерации）；一九九八年時任總理的普里馬科夫於訪問印度期間，提出了俄–中–印戰略三角概念；二〇〇〇年《俄羅斯國家安全概念》；二〇〇〇年的《俄羅斯外交政策概念》（Концепция внешней политики Российской Федерации）和《俄國軍事準則》（Военная доктрина Российской Федерации）認爲發生大規模戰爭的可能性很低，指出國際體系的單極趨勢是對國際穩定的主要威脅，俄國應致力於強化多極體系；二〇〇三年美國發動伊拉克戰

Primakov）於一九九六年出任外長後，提出了多極化平衡外交政策。一九九七年四月，中俄莫斯科高峰會簽署了《中俄關於世界多極化和國際間秩序的聯合聲明》，確認了世界多極化的發展趨勢。俄羅斯作爲多極世界中的一極，是俄羅斯外交政策的首要任務，也是確保大國地位和維護國家利益的重要手段。此刻，國家利益已置於外交政策的首要位置，重視相對權力，現實主義已凌駕理想主義之上，成爲俄國外交政策的指導方針；在國際無政府狀態下，俄國扮演一個理性的權力極大化者。

　　二〇〇〇年普欽就任總統後，雖主張恢復俄羅斯的強國地位，但審時度勢、量力而爲，重新界定俄國的國家利益。突出外交中的經濟實用主義，強調外交要爲國內經濟發展創造條件，努力融入經濟全球化和區域經濟一體化進程。確保俄羅斯作爲多極世界一極的大國地位，強調聯合國在國際衝突中的角色，採平衡、全方位的務實外交。概括而言，普欽和梅德韋傑夫時期俄羅斯外交政策乃是以經濟現代化、政治穩定爲前提，以維護國家利益、恢復大國地位爲目標。

　　俄羅斯急欲成爲強權，以及普欽總統第二任期外交轉趨強勢，主要是基於下列原因：石油價格上揚、國力提升；普丁的威權政體穩固；對外部威脅的認知，尤其是對於西方國家刻意的挑釁行爲，如北約持續東擴、美國的彈道飛彈防禦計畫、以美國爲首的西方國家藉由非政府組織干涉獨立國協國家內政的顏色革命等；國家衰敗的危機意識，也就是唯有成爲強權方能確保國家主權和領土的完整、排除其他強權於歐亞地區的固有勢力範圍之外、主導經濟現代化；以及理念因

爭前後，俄中、俄法德聯合聲明中，表達反對立場，主張多極體系；二〇〇七年俄國外交部發表《俄羅斯外交政策概覽》（Обзор внешней политики Российской Федерации）；二〇〇八年《俄羅斯外交政策概念》；二〇一〇年《俄國軍事準則》。

素，也就是國家認同和強權心態、記憶等。[8]

　　俄國從自身的國家實力和國際地位出發，視國與國之間關係為互相競逐權力和勢力範圍，也意味著俄國擔心外部力量會阻撓一個強大俄國的崛起。多極體系的概念逐漸成為俄國思考國際關係的知識基礎，也影響了外交政策的形式和內容。多極體系成為俄國衡量自身力量相對於其他競爭強權的一項指標，類似蘇聯時期的「東西方武力相關性」（Correlation of East-West forces）概念，也是避免出現美中兩極體系的避險策略。[9]二○○八年俄喬衝突後，俄國接著承認阿布哈茲（Abkhazia）和南奧賽提亞（South Ossetia）的獨立，俄國總統梅德韋傑夫在接受電視專訪時，針對上述問題提出了外交政策施行的五個立場，其中第二個立場即主張世界多極化，反對單極體系。[10]

　　針對俄國是修正主義者或是現狀維護者的問題，始終爭論不休。俄國應被視為改變現有國際體系的攻勢現實主義者，或是維持現狀、保有既得國家利益和權力地位的守勢現實主義者？按照現實主義的觀點，俄國為追求國家利益最大化而採扈從或抗衡策略，其關鍵在於相對權力的強弱。冷戰後，國際權力的重新分配，由於權力不對稱和俄國對西方的依賴，合作扈從成為俄國外交政策的較佳選項；當外部限制不再勢不可擋的情況下，俄國會極大化其相對權力，以增加自身安全。[11]拜油氣價格上漲之賜及西方國家對俄國能源的依賴，俄國

8　Julie Newton, "Shortcut to Great Power: Russia in Pursuit of Multipolarity," in Julie Newton and William Tompson, eds., *Institutions, Ideas and Leadership in Russian Politics* (Hampshire, UK: Palgrave Macmillan, 2010), pp. 93-101; Дмитрий Тренин, «Внешнеполитические перспективы России», *Pro et Contra* (январь-апрель, 2011), cc. 101-116.

9　Newton, "Shortcut to Great Power: Russia in Pursuit of Multipolarity," p. 88.

10　http://www.rg.ru/printable/2008/09/01/princypi.html

11　Thorun, *Explaining Change in Russian Foreign Policy*.

相對力量增強，其外交政策逐漸武斷強勢。另外，從社會建構主義的角度來看，葉爾欽時期，俄國外交政策的不一致性在於無法建構出人民普遍接受的國家認同，以及缺乏對俄國利益的共同界定。因此，集體理念影響俄國領導階層對外交政策挑戰的認知，形塑領導階層對國家利益的界定，影響領導階層對最有利於利益極大化的策略評估。[12]

二、俄美在前蘇聯地區的權力競逐

　　隨著俄羅斯的國力復甦與大國的重新崛起，國際政經版圖正面臨權力重組。基於地緣政治和國家安全的考量，俄國向來視獨立國協地區為其專屬勢力範圍、戰略緩衝區和外交的優先方向。[13]俄羅斯與其他強權在前蘇聯地區所進行的合作與權力競逐，終將影響國際政治格局變遷。北約東擴被俄羅斯視為是對其固有勢力範圍的蠶食；而能源和軍事力量不僅是地緣政治和地緣經濟的工具，也是權力的象徵。俄羅斯的強勢具體表現於，同烏克蘭的天然氣紛爭與喬治亞的武力相向，旨在防止北約、歐盟進一步壓縮其戰略空間。

　　普欽在二〇〇五年的國情諮文中曾提到，蘇聯解體是二十世紀

---

12 集體理念乃外交相關行為者共享的行為期待，包含三個主要成分：關於國際關係本質的理念、關於國家的理念（國家的認同、國家的國際地位和角色、國家的主要利益），和關於策略的理念。當外部限制不再勢不可擋的情況下，集體理念對俄國外交政策有重大的影響。俄羅斯外交政策的改變，很大程度上是由於俄國領導階層外交政策思維的改變。

13 從地緣政治和歷史文化心理角度而言：俄羅斯歷史上的領土擴張傳統，來自於疆界四周無天然屏障的安全威脅，由於欠缺安全感，因此不斷地向外擴張，以建立緩衝區和勢力範圍來確保國家安全；此種不安情結與長達兩世紀的蒙古統治不無關係，外族統治的歷史教訓使得俄國人不惜一切代價捍衛獨立和主權；而所謂的「彌賽亞情結」則促使俄國不斷地追求大國地位。

最大的地緣政治災難和悲劇。冷戰結束後，中亞地區頓時成爲戰略與
價值的眞空地帶。歷史、文化、政治、經濟等結構性因素，造成中亞
局勢不穩，提供了強權競逐和恐怖組織社會動員的絕佳環境。九一一
恐怖攻擊事件後，美國小布希政府對中亞地區的安全認知轉守爲攻。
在部署反恐基地與能源戰略的需求下，美國對中亞的外交政策，朝防
範未然、先發制人的單邊霸權主義發展。而原本被視爲鐵板一塊的中
亞威權政體，在阿富汗塔利班（Taliban）政權和吉爾吉斯阿卡耶夫
（Askar Akayev）、巴基耶夫（Kurmanbek Bakiyev）政權相繼垮臺
後，中亞國家民主化的前景，以及美國介入中亞地區的程度、本質與
影響，備受世人關注。

　　儘管中亞地區向來被視爲是俄羅斯的傳統勢力範圍和戰略後
院，但遠在天邊的美國認爲，假如中亞地區持續動亂，激進伊斯蘭團
體或將形成恐怖主義，將直接對美國本土安全構成威脅。所以，看
似鞭長莫及的美軍應長期進駐烏茲別克、吉爾吉斯和塔吉克等中亞
國家，以確保地區穩定（也可防俄、中、巴、印、伊等大國趁機介
入），保障美國安全。同時，掌握中亞豐富的油氣資源，將可分散美
國仰賴中東能源的風險。然而，美國對中亞的政策目標，若只單就戰
略上的防恐考量，難免會爲爭取駐軍基地，而遷就中亞國家獨裁者的
倒行逆施，儼然形成推行民主普世價值與追求國家安全之間的矛盾；
若只集中在能源利益的盤算，則會影響到中亞地區健全的經濟發展，
那麼貧窮、不均、失業等社會問題將無法徹底根治。一般咸認，政權
的高壓統治與民生困苦，正是恐怖主義滋生的溫床。因此，釜底抽薪
之計，唯有透過多邊合作管道，加強中亞地區的國家建設，促進其長
期的民主、法治、經濟及社會發展，杜絕恐怖主義產生的條件，進而
確保美國國家安全。

　　顯而易見，美國在中亞的主要威脅來源，不是中亞個別國家，

而是非國家的恐怖組織網絡。因此，美國外交政策的擬定上，應以區域為安全的整體考量，而非針對個別國家量身訂造，以免短視近利。換言之，美國政府若是僅對單一國家進行選擇性交往，例如扶持一個卡里莫夫強人主政的烏茲別克，使其扮演符合美國利益的區域霸權角色，反將造成烏國周遭鄰國的競相抗衡，導致整個區域不穩。[14]相反的，在多邊合作主義的架構下，追求共同利益、營造信心建立機制、進行聯合軍事演習，減少中亞鄰近強權，尤其是俄羅斯，對美國單邊霸權過度擴張的疑慮，或消除中亞國家對俄羅斯帝國主義復甦的隱憂，走出集體安全困境，將有助於減少地區衝突發生的可能性。多國邊界安全環境下的自由貿易，比起短期外來的金錢物資援助或鎖國經濟來說，更能促進地區繁榮。

　　就另一方面而言，俄國和美國的中亞政策以區域為整體出發的同時，也應顧及到中亞地區各個國家的差異性，進而「異中求同」、因勢利導。雖然中亞內部的發展情形不一，但長期以來，國家普遍弱化，綜合國力明顯下滑已成共同的發展趨勢。連帶著，國內由來已久的貧窮落後、官僚貪汙腐敗、政權的高壓統治、政治參與管道不順暢等問題難以解決。在缺乏互信的情況下，邊界爭議、水資源爭奪、油氣開採與輸送管道的利益衝突、族群不睦等問題導致鄰國交惡。軍火走私和毒品交易所得，不只流入犯罪組織，也成為恐怖組織主要財源，使後者得以從事部分社會救助、收攏人心，並突顯國家失靈的窘境。因此，除軍事部署外，尤須重視經濟、社會發展條件，幫助中亞國家進行國家建設，增強國力。儘管面臨國際恐怖主義、宗教極端主義，以及民族分離主義的威脅，但中亞地區仍應逐步地轉變成類似西

14 Pauline Jones Luong and Erika Weinthal, "New Friends, New Fears in Central Asia," *Foreign Affairs*, Vol. 81, No. 2 (March/April 2002), pp. 61-70.

方國家的「後軍事社會」，亦即「去政治化」軍隊存在的合法性，主要是作爲國家追求外交政策目標的功能性工具，而不享有高於其他國家機構的政治或社會地位。換言之，軍隊不再只是作爲捍衛政權的工具或政治繼承的幕後推手。

隨著歐亞地區新一波政權轉移浪潮的推進，中亞情勢演變令人目不暇給。該地區的國內改革、區域一體化、全球化等因素，或多或少終將會和中亞國家總統的個人偏好及其氏族親信利益、地緣政治、打擊恐怖主義與能源戰略等因素，共同地影響以美國爲首的西方國家對中亞政策的評估與調整。相較於二〇〇四年波羅的海三國加入北約，俄國雖一再嚴厲警告卻毫無作爲；二〇〇八年俄羅斯果斷地揮兵喬治亞，向西方國家表明了其不惜以武力捍衛前蘇聯地區利益的決心，此舉也可用來突顯北約在俄國「後院」的軟弱，只會虛張聲勢，不願與俄軍正面交鋒。[15]俄國透過「上海合作組織」，加強非傳統安全領域的合作，杜絕毒品來源、打擊跨國犯罪、反對非法移民；提高對阿富汗問題的發言權和影響力；應對恐怖主義、分裂主義、極端主義等三股惡勢力的安全威脅，確保中亞地區穩定，建立能源合作機制，深化與中國的戰略協作夥伴關係，抵制北約對前蘇聯地區的持續東擴。在南亞以印度爲中心，透過軍工、核能與科技合作，發展同印度的傳統友好和戰略夥伴關係。

---

15 Dina Rome Spechler, "Russian Foreign Policy During the Putin Presidency: The Impact of Competing Approaches," *Problems of Post-Communism*, Vol. 57, No. 5 (September/October 2010), p. 46.

三、俄羅斯與歐美關係

俄羅斯獨立後，陸續加入主要的國際組織。一九九二年加入世界銀行、國際貨幣基金會、歐洲重建及發展銀行。一九九六年加入歐洲理事會（Council of Europe）重返歐洲社群，國家杜馬並於兩年後批准了歐洲人權公約（European Convention on Human Rights），中止死刑的執行；一九九七年晉升G8，二〇〇九年成為G20成員。而從一九九三年六月即申請加入的世界貿易組織，在經過十八年艱辛談判後，已於二〇一一年十二月正式通過俄國的入會案。這將使俄國與全球經濟體系更緊密地結合，可望增加俄國的經濟成長並改善投資環境，在每個世界貿易組織成員均享有最惠國待遇的規定下，從冷戰時期沿用至今限制美俄貿易關係正常化的美國「傑克森－范尼克修正案」（Jackson-Vanik Amendment）也可望廢止。

針對美國擬建立涵蓋中東歐國家的導彈飛彈防禦系統，普欽在二〇〇七年第四十三屆慕尼黑安全政策會議時警告美國，此舉將不可避免地導致新一輪的軍備競賽，也威脅將俄國飛彈再度瞄準歐洲。[16] 二〇〇八年俄喬衝突後，波蘭與捷克即刻與美國簽署了在本國部署反導彈防禦系統的協議。二〇〇八年國際金融危機衝擊西方主導的世界體系，二十國多邊合作機制形成。金融危機和國際油價下跌，影響俄國的經濟實力，減弱了俄國外交上的強勢作為，也有助於俄美關係的重啓。二〇〇八年十二月，歐盟通過在前蘇聯地區延伸歐洲睦鄰政策的「東部夥伴關係」計畫，加強與烏克蘭、白俄羅斯、摩爾多瓦、喬

---

16 Владимир Путин, «Выступление и дискуссия на Мюнхенской конференции по вопросам политики безопасности», http://archive.kremlin.ru/text/appears/2007/02/118097.shtml

治亞、亞美尼亞和亞賽拜然等六國的合作，以確保歐盟在該區的影響力和磁吸效應。二〇一〇年四月，美國總統歐巴馬和俄國總統梅德韋傑夫在捷克首府布拉格簽署了新版《削減戰略武器條約》（Strategic Arms Reduction Treaty），並於二〇一一年二月正式生效。[17]二〇一〇年五月美國歐巴馬政府的《國家安全戰略報告》出臺，不再提先發制人戰略概念，淡化軍事手段的單邊主義色彩，主張營造共同安全，將外交、國防和發展並列為國家安全戰略的三大支柱。

二〇一〇年六月，在羅斯托夫舉行的第二十五次俄羅斯與歐盟高峰會上，雙方宣布啓動現代化夥伴關係倡議，共擬合作路徑圖，落實雙方原先在經濟、外部安全、司法和科學教育等四個共同合作空間的計畫。二〇一〇年十一月，俄羅斯與北約在里斯本舉行了自二〇〇八年俄喬衝突後的首次高峰會，俄國允許北約借道俄羅斯向阿富汗運輸軍用物資；北約亦邀請俄羅斯參與歐洲反導系統計畫，俄羅斯雖表示同意，但相關談判至今仍毫無進展。二〇一一年九月十三日，羅馬尼亞與美國簽署協議，同意美國在其境內靠近保加利亞的德維塞盧（Deveselu）空軍基地部署陸基「標準三」（SM-3）型反導系統，預計在二〇一五年開始運作。美國與波蘭簽署的反導系統協議則自二〇一一年九月十五日起正式生效，到二〇一八年，美國將在波蘭北部毗鄰波羅的海的瑞茲科沃（Redzikowo）基地部署二十四枚陸基「標準三」型導彈。二〇一一年九月，土耳其同意部署北約反導系統的預警雷達。二〇一一年十月五日，西班牙同意美軍在其羅塔海軍基地部署四艘裝備「神盾」（Aegis）反導系統的驅逐艦。針對歐洲國家不

---

17 冷戰期間，美蘇為了削減和限制進攻性戰略武器，於一九九一年七月簽署了《削減戰略武器條約》，有效期限十五年，但因隨後蘇聯解體，條約的生效延遲。該條約直至一九九四年十二月五日正式生效，有效期至二〇〇九年十二月五日。

斷加入反導系統，俄羅斯屢屢向北約表達不滿，要求北約開立具有法律約束力的保證——反導系統不針對俄國。俄國擔心歐洲反導系統擴散，將會攔截俄國的戰略核導彈，使得俄國失去核威懾力；在西班牙宣布加入北約反導系統後，俄國防部在二○一一年十月十七日宣布，俄軍已在加里寧格勒州部署了「伊斯坎德爾」（Iskander）戰術導彈，且正在組建首支完全配備「伊斯坎德爾」的導彈旅。歐洲反導系統和北約持續東擴，仍被俄國視為是戰略上的零和博奕。

四、俄羅斯與歐亞整合前景

俄國透過集體安全條約組織、歐亞經濟共同體和二○一○年成立的俄羅斯—白俄羅斯—哈薩克三國關稅同盟，維持和發展與歐亞各國的友好合作關係，並延長俄羅斯在阿布哈茲、亞美尼亞和烏克蘭克里米亞半島等國的軍事基地駐紮期限，以確保俄國在前蘇聯地區的主導地位。普欽於二○一一年十月三日在《消息報》（*Известия*）撰文倡議新的歐亞整合計畫——「歐亞聯盟」（Евразийский союз），藉此強化與前蘇聯地區國家的合作，促進各國在能源、交通、科技和社會領域的夥伴關係，進而成為現代世界多極體系的一極，作為連結歐洲和亞太地區的有效中介。[18]二○一一年十月十八日，獨立國協政府領導人在聖彼得堡簽署了《獨立國協自由貿易區條約》（Договор о создании зоны свободной торговли СНГ），進一步加強獨立國協整合，成為歐亞經濟聯盟的出發點。

---

18 Владимир Путин, *«Новый интеграционный проект для Евразии–будущее, которое рождаётся сегодня», Известия*, 2011.10. 03., http://www.izvestia.ru/news/502761

　　在俄羅斯與歐亞地區，舉凡能源安全、北約東擴、地緣政治等傳統權力競逐議題廣受重視，而國家認同往往是國內、區域，甚至是國際間衝突之源；不同的和平建構方案則提供了預防衝突、消弭暴力與進一步合作、整合的基礎。尤其是前共黨國家統治下的多族群社會，隨著全球民主化的浪潮，族群衝突不斷、國家認同混淆，進而導致了共黨政權垮臺和族群聯邦制國家的解體。後共俄羅斯與歐亞地區進行國家建造的同時，仍須處理國內的民族分離運動遺緒，例如俄羅斯的車臣、喬治亞的南奧賽提亞和阿布哈茲、亞塞拜然的納卡地區（Nagorno-Karabakh）、摩爾多瓦的得涅斯特河左岸地區（Transnistria），以及巴爾幹地區的科索沃等。針對上述衝突地區，在國際體系變化和後共國家轉型的脈絡下，探究俄羅斯外交政策的演變，歐亞地區族群衝突的原因，國家認同的本質，以及和平建構的可行方案。

　　從世界各地的衝突經驗來看，近年來對國際穩定的最嚴重威脅來自於原先底定的武裝衝突再度復發；從專制獨裁邁向民主的轉型階段最充滿潛在的不穩定。在缺乏民主理念情況下，分離運動、言語上合理化暴力行為、外力支持、國家壓迫，則極有可能導致族群的恐怖主義。一個國家內部的經濟、政治、安全和社會等結構屬性功能不彰導致國家失敗，則須付出毀滅性的代價，甚至殃及鄰國。[19]以俄羅斯與歐亞地區為例，二○○八年南奧賽提亞、阿布哈茲與喬治亞衝突再起，俄羅斯與喬治亞兵戎相見，五日戰爭停火協議後俄羅斯逕自承認奧賽提亞、阿布哈茲主權獨立、俄羅斯歷經兩次的車臣戰爭後，車臣分離分子恐怖攻擊行動不斷、納卡地區懸而未決的地位仍然阻礙亞塞拜然和亞美尼亞的關係正常化、形同獨立的得涅斯特河左岸地區，危

19 J. Joseph Hewitt, Jonathan Wilkenfeld, Jonathan Wilkenfeld, and Ted Robert Gurr, *Peace and Conflict 2010* (Paradigm Publishers, 2009).

及摩爾多瓦統治的正當性，甫受西方支持獨立的科索沃仍受到塞爾維亞和俄羅斯的堅決否定。上述的例子都具備了對國際穩定造成威脅的條件：皆曾是所謂的衝突凍結（frozen conflicts）情況；都是後共混合式政體（hybrid regimes），亦即兼具民主表象和威權本質的轉型階段；國家治理成效普遍不彰；皆有外部強權（俄羅斯、美國、歐盟）介入。

在不同的文化底蘊下，如何使談判、斡旋生效？如何從治標的衝突管理到治本的衝突解決或預防衝突？如何建構一個可行的和平方案？探究族群衝突的原因、國家認同的本質，以及和平建構的方案，其中涉及的主要面向，不外是國際體系變化和後共國家轉型脈絡下的合作與權力競逐。分裂社會的族群衝突可從建構主義、安全困境、歷史和結構性等因素來加以探討。政治機會結構、族群認同、領導力和組織能力，則是族群政治動員的先決條件。[20]關於國家認同的本質，著重在民族自決、主權、獨立、領土疆界、公民身分、公投等概念的界定和釐清。從權力分享、自治、聯邦制、民族國家治理[21]、轉型正義[22]等制度面向探討和平建構的可行方案。

20 Zoltan Barany and Robert G. Moser, *Ethnic Politics after Communism* (Ithaca: Cornell University Press, 2005).

21 Philip G. Roeder and Donald Rothchild, eds., *Sustainable Peace: Power and Democracy after Civil Wars* (Ithaca: Cornell University Press, 2005).

22 Lavinia Stan, ed., *Transitional Justice in Eastern Europe and the Former Soviet Union: Reckoning with the Communist Past* (London: Routledge, 2008); and Monika Nalepa, *Skeletons in the Closet: Transitional Justice in Post-Communist Europe* (Cambridge, UK: Cambridge University Press, 2010).

五、加強公共外交

　　俄國前外交部長，現任「俄羅斯國際事務理事會」
（Российский совет по международным делам）主席伊凡諾夫（Igor
Ivanov）認為，目前俄羅斯確保大國地位的外交政策主要有三個支
柱：軍事力量，尤其是核武；能源和原物料；以及國際組織的會員
國，尤其是聯合國安理會常任理事國。然而，未來這三個支柱將很難
撐起外交大業，因為使用武力往往得不償失；在經濟互賴的世界，強
勢的能源外交是把雙刃劍；國際組織未來在全球政經的主要角色仍不
明確。面對日新月異的威脅和挑戰，以及避免國際影響力式微，俄國
必須儘快串聯國家機構、私部門、智庫和公民社會，進行外交政策的
現代化，增加新的支柱。[23]

　　因此，除了硬實力外，俄羅斯也加強公共外交、提升國家軟
實力。二〇〇五年十二月，二十四小時全天候的衛星電視英語頻
道「今日俄羅斯」（Russia Today，RT）開播，並成立「俄語世界
基金會」（Фонд "Русский мир"），於二〇〇八年九月成立的關
於獨立國協和僑民事務及國際人文合作的聯邦機構——俄羅斯合作
（Россотрудничество），藉由現今分布在七十三個國家的俄羅斯科
學與文化中心（Российский центр науки и культуры），進行國際人
文合作，並推廣俄語教學、更新社會網絡的資訊通訊技術、建立民主
制度和公民社會的文明吸引力，打造國家品牌和提升國際形象，以強
化俄國的軟實力。[24]俄國外交部鼓勵並協助非政府組織積極參與聯合

---

23 Igor Ivanov, "Creating a Smart Foreign Policy," *The Moscow Times*, 22 December 2011,
　http://www.themoscowtimes.com/opinion/article/creating-a-smart-foreign-policy/450296.
　html
24 Игорь Юргенс, "Жесткий вызов 'мягкой силы'," *Российская газета*, 2011.09.16, http://

國活動，並認為公民社會的潛力在與上海合作組織、金磚五國、北約和歐洲理事會等國際合作架構下將得以充分展現。**25**

　　二〇〇九年五月，梅德韋傑夫總統任職一年後，指示成立「國際形象委員會」以改善和提升俄國的國際形象，尤其是修補俄喬衝突後，對外界所造成的不良觀感。該委員會由總統辦公廳主任納雷什金（Sergei Naryshkin）擔任主席，委員會成員還包含了總統辦公廳副主任葛羅莫夫（Alexei Gromov）、外交部部長拉夫羅夫（Sergei Lavrov）和總統外交事務助理普里霍得科（Sergei Prikhodko）等政要。二〇一一年，成立「支持公共外交基金會」（Фонд поддержки публичной дипломатии им. А. М. Горчакова）和前述「俄羅斯國際事務理事會」，以提升國家對公共外交的支持。同時，與聯合國下屬的教科文組織充分合作，進行國際交流與合作。舉辦一系列重要的國際論壇，以提高俄羅斯的國際對話與發言權。於二〇一一年六月舉辦第十五屆「聖彼得堡國際經濟論壇」（Пегербурский международный экономический форум）**26**；二〇一一年九月在雅羅斯拉夫爾（Ярославль）舉辦第三屆的「世界政治論壇」（Мировой политический форум）**27**；普欽也每年參加自二〇〇四年成立的「瓦爾代國際研討俱樂部」（Валдай–Международный дискуссионный клуб）**28**會議，和與會的國際俄羅斯研究專家對話。

---

www.rg.ru/2011/09/16/yurgens.html

25 Сергей Лавров, «Выступление Министра иностранных дел России С. В. Лаврова на открытии заседания Круглого стола на тему Общественная дипломатия как инструмент внешней политики и развития гражданского общества», http://www.mid.ru/brp_4.nsf/newsline/88EDE46B7ED6659044257964005D6EB9

26 Пегербурский международный экономический форум, http://www.forumspb.com/ru

27 Мировой политический форум, http://www.gpf-yaroslavl.ru

28 Валдай–Международный дискуссионный клуб, http://valdaiclub.com

肆、結　論

　　俄羅斯外交的首要任務在於，提升綜合國力、恢復大國地位，營造良好的外部環境；其外交政策的基礎則是務實、經濟效益和國家利益至上。國家認同、政權類型、綜合國力消長和國際局勢變化，決定了俄羅斯對國家利益的界定和對外採取衝突或合作的態度，也影響著俄羅斯外交政策的形成和發展；而外交目標的實現藉助於軟硬實力兼具的巧實力。不同時期俄羅斯外交政策的表現，則可以政策構想與現實的差距、政策一致性、民意支持度和文明吸引力等指標來加以評估。前蘇聯地區仍是俄國外交的優先區域，美俄關係雖然重啟，但美國的單極霸權和北約的持續東擴，仍被俄國視為是衝突之源。

　　威權主義下的現代化在短期間內雖有助於政治穩定和國力復甦，但行政權宰制下的非正式恩庇侍從關係網絡，排除了社會多元競爭和政治參與，造成官僚腐敗，阻礙國家前進。在社會治安方面，挖掘真相的媒體工作者和無辜的少數族裔慘遭殺害時有所聞。車臣問題的嚴重性，迫使北高加索地區戰線延長至莫斯科，恐怖攻擊事件不斷。俄國的現代化藍圖，關於國族認同部分，尚未建構出通往「想像的共同體」之路徑圖。就長期間來看，以政治上默從換取生活溫飽的所謂「社會契約論」，終究須面對民間力量的崛起和針對政治體制改革的訴求。因抗議二〇一一年十二月國家杜馬選舉舞弊和政權貪腐的一連串自發性大規模示威活動，說明沉寂已久的公民社會逐漸覺醒。從最近北非、中東威權政體一一隕落的經驗來看，國家的長治久安仍繫於健全民主制度由下而上的監督制衡。二〇一二年俄國將正式加入世界貿易組織，主辦亞太經濟合作會議年會，接著舉辦二〇一四年的冬季奧運會和二〇一八年的世界杯足球賽，屆時都將有助於提升俄國的國際形象。俄國獨特國情與普世價值、規範的取捨，仍在於領導階層明智的抉擇。蘇聯解體二十年後，俄國現代化的「重建」大業，除了外交、經濟領域外，更需要政治、社會方面的現代化。

參考文獻

Гельман, Владимир. «Тупик авторитарной модернизации», *Pro et Contra*, сентябрь-декабрь 2009), сс. 51-61.

Лавров, Сергей. «Выступление Министра иностранных дел России С. В. Лаврова на открытии заседания Круглого стола на тему Общественная дипломатия как инструмент внешней политики и развития гражданского общества», http://www.mid.ru/brp_4.nsf/newsline/88EDE46B7ED6659044257964005D6EB9

Медведев, Дмитрий. «Россия, вперёд! Статья Дмитрия Медведева», http://www.kremlin.ru/news/5413

Путин, Владимир. «Выступление и дискуссия на Мюнхенской конференции по вопросам политики безопасности», http://archive.kremlin.ru/text/appears/2007/02/118097.shtml

Путин, Владимир. «Новый интеграционный проект для Евразии–будущее, которое рождаётся сегодня», *Известия*, 2011.10. 03., http://www.izvestia.ru/news/502761

Тренин, Дмитрий. «Внешнеполитические перспективы России», Pro et Contra (январь-апрель, 2011), сс. 101-116.

Юргенс, Игорь. «Жесткий вызов мягкой силы », *Российская газета*, 2011.09.16, http://www.rg.ru/2011/09/16/yurgens.html

Barany, Zoltan and Robert G. Moser, eds. *Ethnic Politics after Communism* (Ithaca: Cornell University Press, 2005)

Browning, Christopher. "Reassessing Putin's Project: Reflections on IR Theory and the West," *Problems of Post-Communism*, Vol 55, No. 5 (September/October 2008), pp. 3-13.

Clunan, Anne L. *The Social Construction of Russia's Resurgence: Aspirations, Identity, and Security Interests* (Baltimore: The Johns Hopkins University Press, 2009)

Donaldson, Robert H. and Joseph L. Nogee. *The Foreign Policy of Russia: Changing Systems, Enduring Interests*, 4th edition (Armonk, New York: M. E. Sharpe, 2009)

Hewitt, J. Joseph, Jonathan Wilkenfeld, and Ted Robert Gurr. *Peace and Conflict 2010*

(Paradigm Publishers, 2009)

Hopf, Ted. *Social Construction of International Politics: Identities & Foreign Policies, Moscow, 1955 and 1999* (Ithaca: Cornell University Press, 2002)

Ivanov, Igor. "Creating a Smart Foreign Policy," *The Moscow Times*, 22 December 2011,http://www.themoscowtimes.com/opinion/article/creating-a-smart-foreign-policy/450296.html

Luong, Pauline Jones and Erika Weinthal. "New Friends, New Fears in Central Asia," *Foreign Affairs*, Vol. 81, No. 2 (March/April 2002), pp. 61-70.

Malcolm, Neil et al. eds. *Internal Factors in Russian Foreign Policy* (Oxford, UK: Oxford University Press, 1996)

McFaul, Michael. "A Precarious Peace: Domestic Politics in the Making of Russian Foreign Policy," *International Security*, Vol. 22, No. 3 (Winter 1997/98), pp. 5-35.

Nalepa, Monika. *Skeletons in the Closet: Transitional Justice in Post-Communist Europe* (Cambridge, UK: Cambridge University Press, 2010)

Newton, Julie. "Shortcut to Great Power: Russia in Pursuit of Multipolarity," in Julie Newton and William Tompson, eds., *Institutions, Ideas and Leadership in Russian Politics* (Hampshire, UK: Palgrave Macmillan, 2010), pp. 88-115.

Pursiainen, Christer. *Russian Foreign Policy and International Relations Theory* (Aldershot, VT: Ashgate, 2000)

Roeder, Philip G. and Donald Rothchild, eds. *Sustainable Peace: Power and Democracy after Civil Wars* (Ithaca: Cornell University Press, 2005)

Ross, Cameron. "Federalism and Electoral Authoritarianism under Putin," *Demokratizatsiya*, Vol. 13, no. 3 (Summer 2005), pp. 347-371.

Schleiter, Petra and Edward Morgan-Jones. "Russia: The Benefits and Perils of Presidential Leadership," in Robert Elgie & Sophia Moestrup, eds., *Semi-Presidentialism in Central and Eastern Europe* (Manchester: Manchester University Press, 2008), pp. 159-179.

Spechler, Dina Rome. "Russian Foreign Policy During the Putin Presidency: The Impact of Competing Approaches," *Problems of Post-Communism*, Vol. 57, No. 5 (September/October 2010), pp. 35-50.

Stan, Lavinia, ed. *Transitional Justice in Eastern Europe and the Former Soviet Union: Reckoning with the Communist Past* (London: Routledge, 2008)

Stoner-Weiss, Kathryn. "Russia: Authoritarianism without Authority," *Journal of Democracy*, Vol. 17, No. 1 (January 2006), pp. 104-118

Thorun, Christian. *Explaining Change in Russian Foreign Policy: The Role of Ideas in Post-Soviet Russia's Conduct towards the West* (Hampshire, UK: Palgrave Macmillan 2009)

Tsygankov, Andrei P.. *Russia's Foreign Policy: Change and Continuity in National Identity*, 2nd edition (Lanham: Rowman & Littlefield Publishers, Inc., 2010)

Wallander, Celeste A., ed. *The Sources of Russian Foreign Policy after the Cold War* (Boulder: Westview Press, 1996)

White, Stephen. "The Domestic Management of Russia's Foreign and Security Policy," in Roy Allison, Margot Light and Stephen White, eds., *Putin's Russia and the Enlarged Europe* (London, UK: Chatham House, 2006), pp. 21-44.

Wu, Yu-Shan. "Russia's Foreign Policy Surge: Causes and Implications," *Issues & Studies*, Vol. 45, No. 1 (March 2009), pp. 117-162.

Zimmerman, William. *The Russian People and Foreign Policy* (Princeton: Princeton University Press, 2002)

第六章　俄羅斯媒體發展與新聞自由

邱瑞惠

壹、前　言

　　蘇聯解體後，俄羅斯媒體制度發生了翻轉性的劇變，在這二十年當中，俄國由中央集權改革爲民主體制，由計劃經濟轉型爲市場經濟，在國際權力體系角力下外交政策也進行了調整，再加上全球化在其中的作用，凡此種種都相當程度地影響了俄國媒體發展的進程。俄學者楊・扎蘇爾斯基認爲俄國媒體發展過程對現階段制度的形成有相當重要的影響，同時媒體發展的歷史階段可以相對應幾個主要的媒體模式[1]。這些模式可以讓我們看到目前俄羅斯媒體制度形成的大致樣貌：

　　一八九五年蘇聯後期戈巴契夫公開性改革的模式「工具—傳統」（инструментально-традиционный）模式。戈巴契夫推動了媒體的改革，蘇聯政府此時制定了「關於公開性」（О гласности）的文件，但在政治體制未改變下，還沒有眞正的新聞自由。

　　一九九〇年至一九九二年間的「第四權」（четвёртая власть）模式，俄國學界一般稱爲黃金年代階段的模式。一九九〇年三月蘇聯憲法廢除了共黨領導的角色，同年八月一日戈巴契夫制定了「新聞出版法」（О печати и других средствах массовой информации），一九九二年葉爾辛則進一步制定更詳盡的「大眾傳媒法」（О средствах массовой информации），這些法規對新聞自由給予了法律上的保障。可惜不當的經濟施政，導致媒體財務困窘，新聞自由的黃金年代因此結束。

　　一九九三至一九九五年中期的「新威權—財團」（неоавторитарно-корпоративная）模式，延續上一個階段，媒體無法獨立生存，於是紛紛向企業財團靠攏，媒體集團開始出現。葉爾辛

1　Засурский Я. Н., *Искушение свободой*(М., 2004), с. 36-37.

針對媒體制定了繁多的法規和決議，國會也對大眾傳媒法進行增修；但是這些增修的法規之間常有矛盾之處，且對新聞自由也開始出現限制。

一九九五至二〇〇〇年間葉爾辛連任前一年的選舉期間至連任結束的「金權政治媒體」（медиакратия）模式（混合過去的新威權-財團和第四權模式）。媒體在這個階段中越來越受寡頭的把持，此時媒體寡頭成為把持國家輿論最強大的力量。

前述四種模式隨著媒體發展已成為歷史，但它們仍對隨後出現的模式造成了影響；而目前所存在的俄羅斯媒體體制，則融合了獨立新聞媒體、國家控制的媒體、地區政府的媒體、商業化的媒體模式四種形式的混合。

一、「獨立新聞媒體」（модель независимой журналистики）模式：普欽二〇〇〇年上任後，對媒體進行嚴密的管控，但仍存在一些言論自主的媒體，像是報刊新報（Новая газета）、事件報（Дело）、雜誌新時代（New Times）等，廣播電臺中有莫斯科回聲（Эхо Москвы）電臺；網路則是在所有媒體中最自由的一環，各種多元化的言論在網路社群中都可見到。

二、「對國家媒體的控制」（подконтрольных государственных СМИ）模式：是在前俄羅斯總統普欽提出鞏固國家媒體的概念之後所形成。尤其在電視領域中，俄國政府的控制最為明顯。俄羅斯政府規劃了六個無線電視頻道，其中包括國家所有的第一頻道電視臺（Первый канал）、俄羅斯電視臺（Телеканал "Россия"）、文化電視臺（Телеканал "Культура"）、體育頻道（Телеканал "Спорт"），以及親克宮的莫斯科市政府和國營天然氣工業集團的莫斯科中心電視臺（Телекомпания "ТВ Центр"）、獨立電視臺（НТВ）；這些頻道都擁有全俄羅斯的覆蓋力。

三、「地區政府控制的媒體」（местные муниципально-государственные СМИ）模式：地方對媒體的控制常透過法律和經濟途徑，使得其言論一面地倒向支持地區執政首長。

四、「商業化的媒體」（коммерциализированные средства массовой информации）模式：俄國政府對政治言論進行監督控制，但對於非政治性的媒體內容卻缺乏管理。不僅是市面上許多小報內容可議，傳統大報也逐漸走向腥羶色的呈現方式。電視媒體更是播出各種暴力色情的內容，俄國有識之士常因此抗議應改革電視內容。

綜合上述，目前俄國媒體制度的形成可從這些模式中一窺究竟，而實際在不同媒體上的政策制定，則須就個別媒體發展及法規制定逐一討論。

貳、俄羅斯媒體發展

一、報紙漸趨市場化

　　蘇聯時期報紙意識形態的金字塔管理頂端為真理報（Правда），底層則為區域性的報紙，這種印刷媒體垂直集中化的管理方式在解體後不復存在。解體後，沿襲了七十多年的黨機關報全數成為獨立的私營報紙；莫斯科新聞報（Московские новости）和論證與事實報（Аргументы и факты）分別宣布脫離蘇聯新聞社和知識協會，蘇聯作家協會文學報（Литературная газета）、蘇聯全蘇工會中央理事會勞動報（Труд）、蘇共莫斯科市委機關報莫斯科真理報（Московская правда）等都刪去了報頭上機關報字樣，正式獨立。而國營刊物只剩下俄羅斯聯邦政府辦的俄羅斯報（Российская газета）、俄國上議會和杜馬撥款成立的機關報議會報（Парламентская газета）、總統辦公廳出版的雜誌俄羅斯聯邦（Российская Федерация）等。不過這些刊物的發行量較少，所以在俄國的影響力並不大。一九九○至一九九二年俄羅斯傳播學者將其稱為新聞界的黃金時期，大量私人報刊在此時發行。

　　一九九二年之後俄羅斯報刊即使是以各種方式來維繫生存，仍然不敵整個俄國經濟環境衰敗的嚴峻考驗。震盪政策造成少數人在這波私有化浪潮下，以低價收購國有資產，迅速致富。但大多數俄羅斯市民卻未享受到私有化的好處，呈現出兩極化貧富不均的社會；由於市民缺乏對民生物資的需求，所以廣告市場也無法發展。在惡性循環下造成了報刊的處境更加艱難，必須另闢財源，許多報刊便依附於各個利益財團下。金融寡頭新階級形成和俄羅斯國家媒體的私有化進程的時間剛好重疊，並在一九九六年俄羅斯杜馬和總統大選期間發揮巨大影響力；寡頭們發現，對媒體的掌控所帶來的不只是驚人的經濟

利益，還可以提高在政治上的影響力，讓他們在政府高層背後運籌
帷幄。俄國學者因此稱一九九三至一九九六年是媒體去市場化的開
始[2]，因爲這個時期許多媒體變成各個利益團體的傳聲筒，同時也出
現了大量有償式的新聞；記者慣於以金錢交易製造新聞，許多報紙以
大量腥羶色的手法來吸引讀者，新聞自由和道德的理念蕩然無存。

　　在葉爾辛執政時期形成的金融寡頭集團，控制了俄羅斯的主要能
源（天然氣和石油）、銀行，同時也經由股份化和私有化途徑控制媒
體，因此形成了由寡頭集團所管控的俄羅斯媒體帝國。九○年代中期
以後，平面媒體被金融寡頭集團勢力瓜分爲幾大媒體帝國版圖[3]。

　　一九九八年八月，俄國再次發生經濟危機，俄羅斯政府總理普
里馬可夫認爲寡頭勢力已經過度擴張，於是初步整頓別列左夫斯基
的集團。別列左夫斯基則利用其集團下的媒體，大肆宣傳關於總理
的謠言，最後造成了普里馬可夫的下臺。別列佐夫斯基在普欽上臺
之前，也同樣發揮了在輿論間呼風喚雨的能力，將原本默默無名的
普欽改造爲俄國人民心目中的民族英雄。另一方面，九○年代末期
政府開始將原本對媒體的自由放任方式，轉變爲深思熟慮的管控策
略；自一九九九年開始，確定了媒體鞏固政府思想及國家認同的任

2　«Индустрия российских средств массовой информации»（俄羅斯大眾傳播媒體
　　工業），由數十位俄羅斯及美國學者專家所撰寫的俄羅斯媒體調查報告，參見
　　Абов Е., Абраменко Ф., Аникин О., Аржаков А., Архангельская А., Асхабова А., и
　　др., "Индустрия российских средств массовой информаци," *Институт проблем*
　　информационного права, <www.medialaw.ru/research/ramed.htm> (2002).
3　俄羅斯天然氣集團，掌控因素雜誌、專業雜誌、勞動報、工人論壇報等全國性報刊和
　　一百多家地方報紙，同時也控制或是參股多家全國電視臺或地方電視臺。橋媒體集團
　　（古辛斯基），掌控今日報、公共周報、新報、總結雜誌（與美國新聞週刊合辦）、
　　人物雜誌等報刊，旗下有七日出版集團、電臺和電視臺。羅戈瓦斯汽車集團（別列
　　左夫斯基），掌控獨立報、星火報等報刊、電臺和電視臺。奧涅克西姆集團（波塔
　　寧），掌控文學報、專家、俄羅斯電訊報等報刊，參股共青團真理報，一九九七年起
　　控制消息報等。

務，這些在二○○○年所制定的「資訊安全性原則」（Доктрина информационной безопасности）中更加確定[4]。二○○○年後別列佐夫斯基和古辛斯基的媒體集團分別受到政府打壓，倖存的寡頭則表現出對政府的忠誠，小心翼翼不涉入和政府愛國意識形態相左的政治議題，將焦點放在媒體市場的獲利。

　　俄國報紙刊物市場上目前以幾個不同的所有者為主：國家的——俄羅斯報；控股集團「天然氣－工業集團」（Газпром-Медиа）——勞動報（二○○三年八月易主）、論壇報（Трибуна）、總結雜誌（Итоги）、電視指南雜誌（Панорама ТВ）；「Sogaz」集團的尤理・卡瓦爾狄克（Юрий Ковальчук）——消息報（Извнстия）；控股集團「專業－媒體」（Проф-Медиа）——共青團眞理報（Комсомольская правда）、傳達報（Экспресс-газета）、蘇維埃運動報（Советский спорт）等；控股集團「商人」出版社（Издательский дом "Коммерсантъ"）——商人報（Коммерсантъ）、權力雜誌（Власть）、錢雜誌（Деньги）；「莫斯科共青團」出版社（Издательский дом "Московский комсомолец"）和保羅・古謝夫（Павел Гусев）——莫斯科共青團報（Московский комсомолец）、二十一世紀狩獵和捕魚雜誌（Охота и рыбалка. XXI век）、商務人士雜誌（Деловые люди，二○○九年停刊）等；俄羅斯共產黨——蘇維埃俄羅斯報（Советская Россия）、眞理報；「工業聯合資本」集團（Промсвязькапитал）——論證與事實報、勞動報（自二○○三年起）等；「獨立派媒體」

4　Абов Е., Абраменко Ф., Аникин О., Аржаков А., Архангельская А., Асхабова А., и др., "Индустрия российских средств массовой информаци," *Институт проблем информационного права*, <www.medialaw.ru/research/ramed.htm> (2002). 。

（Sanoma Independent Media）——莫斯科時報（Moscow times）、公報（Ведомости）等；康士坦丁・雷楚可夫（Константин Ремчуков）——獨立報（Независимая газета）。

　　在報紙的意識形態光譜上，和電視相比其言論呈現出較為多元化的情形。這和俄政府對報紙不若電視如此嚴密監控有關，仍有部分俄國平面刊物能獨立自主、不受政治力影響。但只有聯邦（全國性）的報紙才有這種條件，區域報紙則面臨種種問題的考驗：例如地方政權補助自己所創辦的刊物，獨立私人刊物根本無法與其競爭；在內容和設計上不盡能符合讀者需求；地區人民消費能力低；地區位置過於偏遠；地區零售系統的未發展以及訂閱系統的危機狀況。另外地區刊物受區域首長政治干預的情況非常嚴重。

　　目前俄國報紙存在著三種主要的意識形態陣營：

（一）保守—社會主義（眞理報、蘇維埃俄羅斯報等）：這些報紙對於現任政府是抱持反對立場，並對過去蘇聯時代相當推崇。

（二）保守主義（俄羅斯報和勞動報等）：其主要的特性就是支持執政的政權，尤其是對總統的擁護。

（三）自由主義（新報）、或是自由保守主義（公報、商人報等）：其立場是反對政府的任何干預，堅持市場的自由運作機制。

二、 國家控制下的電視媒體

　　葉爾辛執政時期金融寡頭逐漸掌控了大部分的媒體市場。一九九六年俄國媒體上普遍出現七大銀行寡頭、政治化媒體的概念，確定了「寡頭」（олигархи）的名詞。葉爾辛連任成功後，金融寡

頭更爲大肆收購媒體，急遽擴張規模好鞏固自己的媒體帝國。九〇
年代下半，俄羅斯主要電視臺已被幾大勢力控制[5]，同時也導致了
一九九九年之前，這些金融寡頭因利益分贓衝突，而展開的醜陋資訊
戰爭。俄國主要媒體，尤其是電視臺的編輯政策常常反映了金融寡頭
的政治經濟利益[6]。

　　一九九九至二〇〇〇年政府開始加強對國家電視組織和經濟
來源上的控制，首先是一九九八年葉爾辛宣布以俄羅斯電視臺爲基
礎，成立以國家股份爲主的跨媒體國家壟斷集團「全俄羅斯國家廣
播電視公司」（Всероссийская Государственная телевизионная и
радиовещательная компания，簡稱ВГТРК）[7]，政府漸將原先零
散的電視產業轉變爲有效率的國營企業單位，接著則是一九九九年
「國家出版、廣電和大眾傳播部」（Министерство по делам печати,
телерадиовещаниия и массовых коммуникаций, или МПТР）成立，
政府得以審核並發放廣播電視許可證。一九九六年曾緊密連結的別列
左夫斯基和古辛斯基陣營，在二〇〇〇年總統大選卻成爲不同陣營；
別列左夫斯基支持普欽，古辛斯基則爲反對的立場，結果是造成了例
行互相攻訐的資訊戰爭。在普欽勝選之後電視市場產生了劇烈的變
動。

　　自一九九九年到二〇〇一年春天爲止，俄羅斯政府開始鎮壓古

5　國家掌控了俄羅斯電視臺、文化電視臺；別列佐夫斯基媒體勢力：公共電視臺（現
　改稱爲第一頻道）OPT的控制權、電視六臺（35%）；古辛斯基媒體勢力（橋媒體集
　團）：獨立電視臺；盧日科夫媒體勢力（莫斯科市政府、莫斯科銀行、莫斯科商業銀
　行、莫斯科重建與發展銀行等）：莫斯科中心電視臺、Ren-TV和電視六臺（部分股
　份）：國家天然氣工業集團：獨立電視臺30%股份、公共電視臺3%股份；「盧克」
　石油集團：電視六臺部分股份、Ren-TV（75%）。
6　Качкаева А., "Трансформация российского ТВ," под редакцией профессора Я. Н.
　Засурского, *Средства Массовой Информации России*(М.: Аспект Пресс, 2006), с. 306.
7　其管轄媒體的範圍爲：俄羅斯國家電視臺、俄羅斯文化電視臺、俄羅斯國家電臺。

辛斯基的橋集團。在古辛斯基媒體帝國潰敗前夕，二〇〇〇年秋天普欽的諮詢顧問格列勃·巴甫洛夫斯基特別宣示：二〇〇〇年開始將爲「媒體民主放任體制的崩潰和寡頭時代的末路」[8]；兩個葉爾辛時代中的媒體寡頭於二〇〇一年春天已流亡國外。政府馴服媒體仍以同樣的公式來進行，根據政府的利益並輔以法院的審查和搜索，將經理人從管理職位解職。

　　另一方面，最後一個私營無線電視臺「電視六臺」（Шестой канал）也在此時關閉。電視六臺曾是二〇〇〇年普欽總統大選的功臣之一，其中百分之七十六的股份是屬於別列左夫斯基。在橋媒體集團事件發生後，大量原獨立電視臺的新聞工作者轉到電視六臺，批評政府的立場更加鮮明。二〇〇一年三月，俄羅斯「盧克石油集團」（Нефтяная компания "Лукойл"）的下屬公司「盧克—格蘭特」（Лукойл грант；它擁有百分之十五電視六臺的股份）以五項罪名把電視六臺告上法院，其中一項指稱電視臺連續兩年巨額虧損。二〇〇二年一月二十一日國家出版、廣電和大眾傳播部下令終止電視六臺的播出權[9]。同年六月一日電視六臺第六頻道的營業執照權力轉移到「TBC」（TVS）頻道，但政府釋放消息要在該頻道建立體育臺後，並施加壓力迫使股東停止注入資金，導致電視臺財務發生困難，二〇〇三年六月二十二日TBC頻道在國家出版、廣電和大眾傳播部聲明「爲維護觀眾利益」下被迫關閉。第六頻道最後回到政府手中成爲聯邦體育臺。二〇〇三年終到二〇〇四年初，特別是在TBC關閉之後和出現體育頻道之後，電視臺的內容徹底地區分爲政府宣傳和娛樂兩

8　Качкаева А., *Трансформация российского ТВ.*, op. cit., c.307.
9　在這之前，二〇〇一年九月二十七日，莫斯科仲裁法院根據俄羅斯聯邦「關於股份公司法」第35條中的規定：「兩年營運不佳的公司要被撤銷營運執照」，接受「電視六臺」股東之一「盧克—格蘭特」石油公司的起訴，判決取締「電視六臺」的播出權。

種。

　　獨立電視臺轉移到國家天然氣工業集團下之後，也因著集團本身的國營性質，使得它的言論無法再像上個世紀末如此獨立自由。二〇〇三年在市場中形成了去政治化的作風；俄國媒體為了遠離麻煩，開始迴避政治敏感議題，一邊和國家建立互不侵犯的默契，一邊以聳動煽情的內容取悅大眾，電視臺商業邏輯至上和政府在媒體上的擴張兩者同時並進。

　　二〇〇四年總統大選後，普欽削減政府部門的數量，「關於聯邦執行權力機關系統和結構」的三百一十四號總統令撤銷國家出版、廣電和大眾傳播部，而以「俄羅斯聯邦文化與傳媒部」（Министерство культуры и массовых коммуникаций，МКМК）取代其功能，在新合併的文化與傳媒部還出現了一個新的監視者：「俄羅斯聯邦大眾傳媒、通訊和文化遺產維護監督局」（Федеральная служба по надзору в сфере массовых коммуникаций, связи и охраны культурного наследия; Росохранкультуры），控制了所有媒體市場，其中包括了國家電視臺。在二〇〇六年一月當中，就對媒體發出了三百八十六個警告[10]，指責這些媒體內含激起不同民族和宗教的仇恨、散布色情、反政府的宣傳內容，主管機關還派人指示，若不想要被撤銷許可證的話，最好調整媒體路線。

　　二〇〇四年對俄羅斯電視體系是一個重要的分界點，這一年裡發生了許多在俄羅斯國內外的大事。普欽再次鎮壓另一個寡頭：二〇〇三年十月「尤科斯」（Юкос）石油公司總裁霍多爾科夫斯基被捕。二〇〇四年八月兩架客機因機上炸彈而在俄羅斯上空爆炸，接著莫斯

---

10 "Новые горизонты Бориса Боярскова," *Пресс-Атташе.ru*, <http://www.press-attache.ru/Article.aspx/opinion/3524> (5 April 2007)

科地鐵站外汽車爆炸攻擊，多人死傷，九月分俄羅斯南部北奧塞梯別斯蘭中學發生了震驚全世界的人質挾持事件；俄政府宣布皆是車臣分離主義分子所爲。二○○四年十一月二十一日烏克蘭舉行總統大選，在第二輪選舉結果後，卻是親西方的尤先科當選。

　　二○○四年十二月和各國記者會面時，普欽曾說：「政權，就像男人，應該不斷想辦法，而媒體就像女人，應該要一直抗拒」（Власть, как мужчина, должна пытаться, а пресса, как женщина, должна сопротивляться）[11]。到了二○○五年夏天，在電視上的抗拒化爲烏有，所有政治議題辯論的空間急劇地縮減。消息報刊出眾多記者評價二○○四年九月至二○○五年六月的各家電視臺播出內容[12]，這段時間最先是從各家電視臺在報導別斯蘭事件時，刻意抑制某些資訊；另外尤科斯事件、烏克蘭政權的更換，所有這些事件都伴隨著特定的宣傳戰略和計劃進行——「自己人－陌生人」、「我們的－非我們的」、「敵人－朋友」、「背叛者－愛國者」——都是政府電視臺在二○○四至二○○五年間推廣的意識型態策略。二○○五年開始，連獨立電視臺的一些談話性節目裡，對當局都滲入了歌功頌揚的氣氛[13]。

　　總結上述，俄羅斯所有全聯邦頻道都在政府的控制之下，俄政府規劃了六個無線電視頻道，其中國家所有的第一頻道電視臺（無線第一頻道）、全俄羅斯國家廣播電視公司（無線第二頻道）、文化電視臺（無線第五頻道）、電視六臺（體育頻道）擁有全俄羅斯的覆蓋

---

11 這是普欽十二月二十三日在每年於克宮舉行的例行新聞發布會上所說，被普欽用來強調俄羅斯的新聞自由狀況和他國並無二致，這句話可以解釋爲：「政權永遠會不斷嘗試減少媒體對自己的批評，而媒體相對則會一直搜尋政府可能犯錯的蛛絲馬跡」。

12 "Телеканалы информацию заменяют идеологией," *Известия*, <http://www.izvestia.ru/news/303963> (6 июл. 2005)

13 Ibid.

力；至於莫斯科中心電視臺（第三頻道）、獨立電視臺（第四頻道）則分別由親克宮的莫斯科市政府和天然氣工業集團所有，也是在全俄都收看得到。在這種情況下，聯邦頻道資訊的內容被嚴格控制，評論性節目的主題和參與者常需要先經審核；另外政府也固定為媒體舉辦非公開的簡報會議。莫斯科回聲廣播電臺（俄羅斯的幾家獨立媒體之一）總編輯阿列克謝・維涅季克托夫（Алексей Венедиктов）說，媒體在會議當中被指導如何報導一些事件，例如歐盟、科索沃的議題等[14]。

三、網路媒體及社群網站的蓬勃發展

　　網路媒體早在一九九六年就已經出現，其中包括了網路原生媒體，以及傳統媒體的電子版本。二○○○年時超過五十家電視公司、六十家廣播電臺在網路上架設網站。電子報及電子雜誌是其中發展最為蓬勃的一環，目前將近三千種網路刊物，其中三分之一是網路原生媒體[15]。不過在耶哥羅夫的文章「近五年的網路媒體」中提到：其實很難界定實際上在網路中的媒體數量，俄國網路媒體市場的主要特性就是它的不穩定性——平均百分之二十到四十的網路媒體處在重新設立或是直接關閉的狀態[16]。

　　莫斯科大學新聞系教授盧金娜將網路上的媒體分為三類：「後裔」（клоны）、「混種」（гибриды）、「原創」

---

14 Matthews, O. & Nemtsova, A., "War With the Media," *Newsweek*, 9 July 2007, pp. 22-23.
15 Егоров А. , "Пять лет онлайновым СМИ", *Среда*, 2000, с. 26-28.
16 Ibid., с. 26-28.

（оригиналы）**17**。最早出現的即爲第一類的「後裔」，其實就是傳統媒體的網路版本。例如像是消息報、共同報（Общая газета）、獨立報及其他大量的傳統報紙。另外許多電視臺雖有網站，也只是原來節目內容的拷貝而已。第二類「混種」，是較爲進步的媒體，雖然主要內容和人力資源取自於傳統媒體，但資訊常常進行更新，例如像是獨立電視臺和俄羅斯電視臺。第三類原生媒體，完全沒有傳統媒體的版本，只在網路上架設，像是「Gazeta.ru」、「Lenta.ru」、「Strana.ru」，它們的資訊更換速度快、具有一貫的訊息呈現方式，其中包括了文字及影音圖象；這種是完全嶄新的媒體形式。

　　一九九九至二○○○年之間出現了大量的網路媒體，開始了網路新聞學的時代。但是在這之後的下一個階段，就林特維諾維奇的說法，可以稱之爲重複的危機階段。原因是出自於網路媒體領域的科技和新聞專業人才的缺乏，因此類似這樣的網路媒體運作方式相當「簡單」，「只要有兩到三個工作人員，先在例如像是Interfax註冊媒體，然後讓這些人每天瀏覽通訊社、幾個電視臺和廣播電臺，將他們的新聞重新撰寫，從Corbis中選取圖片在網站上加以組合，就是這樣。」**18**

　　根據Rambler.ru對網路的分析結果，網路使用者最感興趣的是網路原生刊物和傳統報紙的網路版本。而在發生危機事件時，例如二○○一年美國九一一恐怖行動和莫斯科挾持人質事件，相關網頁瀏覽人數占所有網路資源使用的三分之一。在網路分類中最重要的還是「大眾傳播媒體—平面刊物」（СМИ и периодика）；百分之二十六的莫

17 Лукина М. М., "СМИ в домене Ру: хроника, цифры и типы," *Вест. МГУ. Серия «Журналистика»*, №6(2001), с . 63-73.

18 Литвинович М., "Что будет осенью – 2000," *СМИ.ru*, <http:/www.smi.ru./2000/08/11/966004230.html> (11 авг. 2000г.)

斯科人會閱讀這些刊物，超過百分之二十五的首都居民常閱讀電視媒體網路版本，使用廣播網站的人則占百分之十八[19]。

　　「社會輿論」基金會（Фонд "Общественное мнение"）調查顯示，俄國在二○一一年冬季的每月網路用戶數為五千零三十萬人，相當於全國十八歲以上人口的百分之四十三[20]。它也預測，若俄羅斯現有網路普及速度維持不變，至二○一四年底，用戶數將達到八千萬，相當於十八歲以上人口的百分之七十一。除了瀏覽網路媒體外，俄國民眾對社群網站一直很熱衷；調查全球四十五國用戶的「TNS Digital Life 2010」計畫在網路民調中發現，俄國百分之八十五的網路用戶每週至少瀏覽社群網站一次[21]。「J'son & Partners顧問公司」的預測更認為，在二○一三年至二○一四年間，「部落格話題」效應將發揮更大的效應，且到二○一五年底，使用社群網站的網路用戶比例將達到百分之七十六點五[22]。

　　部落格在短暫時間中發展快速，二○○七年在www.livejournal.com上登記了超過四百七十萬在俄國本土的用戶，並且在全世界的使用者人數上俄國居於第四位，在非英語系國家俄國使用人數則居於首位[23]，而目前則增加至約七百四十萬個部落格[24]。俄國社群網站的

19 Овсепян Р. П., *История новейшей отечественной журналистики: февраль 1917 – начало XXI в. : учеб. Пособие* (М.: Изд-во Моск. Ун-та: Наука, 2005), с. 342.
20 "К концу 2014 года численность интернет-пользователей составит около 80 млн человек, или 71% населения страны старше 18 лет," *Фонд Общественное мнение*, <http://bd.fom.ru/report/map/bntergum07/intergum0703/pressr_130611>(16 март. 2011 г.)
21 參見http://discoverdigitallife.com/
22 "Рынок социальных сетей России в 2008-2015 гг.," *Content-review.com*, <http://www.content-review.com/articles/13631/> (22 октября 2010 г.)
23 Подпорина Надежда, "История блогов и становление гражданской журналистики," под ред. Засурский И. М., *Интернет и интерактивные электронные медиа: исследования. Часть II.*(М.: МГУ, 2007), с. 29.
24 Kelly Sanjay & Cook Sarah, "Freedom on the Net 2011: a Global Assessment of Internet

發展和LiveJournal.com的出現有直接的關係；早在一九九九年十一月二十七日就出現了第一位在www.Livejournal.com上註冊的使用者（其網路帳號爲linker）；二〇〇一年一月三十一日塔爾圖大學語言學博士羅曼·雷保夫（Роман Лейбов）註冊了自己的帳號，他是俄國第一位網路日記的作者。經由他才使這項服務廣爲人知，雷保夫首先將網誌推薦給自己的朋友，經由滾雪球的方式，使它變成了社會的潮流[25]。

　　至於爲什麼俄國人會如此受到部落格的吸引，著名的網路作家葉夫傑寧·高爾寧（Евгений Горный）認爲：這可能和俄國民族與生俱來的統一性（соборность）、集體主義精神（дух коллективизма）有關[26]，因爲部落格具有大量群體互動關係的資訊空間；另外，民衆不信任傳統媒體，認爲傳統媒體未提供足夠資訊，並常用片面和偏頗的方式報導，不若網路言論的多元化。

　　俄國民衆將部落格視爲相當具有發展潛力的媒體。今年五月分即有一實例：部落客archeornis在「藍桶學會」（Общество Синих Вёдёрок）的頁面上，詳細記錄了俄政府緊急情況和天然災害部部長謝爾蓋·紹伊古（Сергей Шойгу）的司機所引發的一場車禍，並張貼一段相關影片，引發網友熱烈討論，紹伊古的司機隨後揚言威脅要殺害archeornis[27]。類似的例子屢見不鮮，未來隨著網路使用者數量

and Digital Media," *Freedom House*, <http://www.freedomhouse.org/images/File/FotN/Russia2011.pdf> (19 Apr 2011)

25 Секретарев Никита, "Три года наедине со всеми," *Независимая газета*, <http://www.ng.ru/internet/2004-02-20/10_livejournal.html>(20 фев. 2004)

26 Жарчинская Яна, "Web 2.0 – новое интерактивное медиапространство," под ред. Засурский И. М., *Интернет и интерактивные электронные медиа: исследования. Часть I.*(М.: МГУ, 2007), С.91.

27 archeornis, "ЕКХ на вилы", *Общество Синих Вёдёрок*, <http://ru-vederko.livejournal.com/664033.html> (14 мая 2011 г.)

的不斷增加，社群網站帶動發起社會議題，促成社會改革的力量將更
為強大。

參、俄羅斯媒體政策

一、媒體法規綜論

　　俄國立法與政策研究中心主任里希特（А. Г. Рихтер）指出俄羅斯的媒體發展和媒體法律的制定有相當密切的關係，並認為可從法規制定了解政府的媒體政策[28]。

　　葉爾辛在一九九一年制定比蘇聯出版法更自由的大眾傳媒法，新聞業不再受意識型態所控制，但卻開始深陷市場經濟的壓力之下[29]。一九九二年至一九九五年當中媒體得以不受限地呈現國家政治、經濟和社會的發展，在許多層面甚至成為對立於政權最有力的監督者；但媒體經濟情況迅速惡化，成為無法營利的事業[30]。葉爾辛的新政府為了爭取媒體的合作，給予媒體相當多的補助；俄羅斯政府制定了數量上前所未有的法規和決議，主要是針對新聞自由和媒體環境的發展而制定。例如像是「關於著作權和其他相關法律」（Об авторском праве и смежных правах）、「廣告法」（О рекламе）、「關於政府機密」（О государственной тайне）、俄羅斯聯邦總統命令「關於資訊提供穩定化的保證和對電視廣播的要求」（О гарантиях информационной стабильности и требованиях к телерадиовещанию），並在一九九三年制定了俄羅斯憲法，以最高層次來確保新聞自由，禁止新聞檢查。

　　一九九六年在政府的二次私有化經濟改革之下，導致人民生活更

---

28 Рихтер А., "Свобода массовой информации в постсоветских государствах: регулирование и саморегулирование журналистики в условиях переходного периода," Диссертация на соискание ученой степени доктора филологических наук, (2005), с.70.
29 Ibid., с. 60.
30 Ibid., с. 60.

加貧困和消費能力降低、報紙和雜誌製造和運輸的漲價；另一方面金融寡頭則受惠於私有化的結果下壯大起來。

經濟惡化的媒體接受金融寡頭的投資，最後導致財閥奪取俄國平面刊物和電子媒體的管理權[31]。媒體變成選舉上的鬥爭工具[32]，之後則變成在控制媒體的不同企業之間為了自身利益的交戰。當時俄政府發現對它潛在性的威脅情況，便企圖阻止媒體對財經集團的依賴，於是興起了「資訊戰爭」（информационные войны）和「誹謗戰爭」（войны компроматов）。其實於一九九三年十二月三十一日曾設立附屬於俄羅斯總統下的「資訊糾紛仲裁法庭」（Судебная палата по информационным спорам при Президенте РФ），可以處理類似的糾紛並作出裁決。

在選舉法規中制定了對記者和媒體參與選戰的限制，這個時期政府官員控告媒體以維護自身名譽的案例增加了近兩倍之多[33]。控制媒體的主要機制變成了行政手段，政府給予行政機關相當大的裁決權力處理類似糾紛；在這種情況下，政府停止了對媒體相關聯邦法律的增補。同時，一九九八年政府電視和其他媒體資源被統合在全俄羅斯國家廣播電視公司的管理之下，並在一九九九年設立了政府管控媒體的機構國家出版、廣電和大眾傳播部。

民眾對政治的失去興趣，伴隨著黃色刊物和商業化電視節目的大量出現。英國學者McNair B.早在一九九〇年時就評論戈巴契夫公開性的後遺症──隨著商業刊物的成長，蘇聯時期出現了黃色新

---

31 Hoffman D., "Powerful Few Rule Russian Mass Media," *Washington Post*, 31 March 1997.

32 Засурский Я. Н., *Искущение свободой*(М., 2004), с. 27.

33 Потапенко С. В., *Судебная защита от диффамации в СМИ: Монография* (Краснодар, 2002), с.96.

聞學[34]。尤其是在電視上，殘忍暴力和色情快速盛行，這些在蘇聯時代不可能出現的內容引起民眾的大量抗議。在這個背景下，出現了嘗試解決問題的法案；例如國家杜馬制定了「關於政府維護倫理和關於加強對色情產品銷售的控制」（О государственной защите нравственности и об усилении контроля за оборотом продукции сексуального характера），但最終並未通過，在地方也同樣制定了關於維護社會道德的法律。

二〇〇〇年政府在媒體領域的政策可以用資訊安全性原則為代表，其中包括了鞏固國家媒體的原則，以及擴充給予俄國人民「可靠」資訊的範圍[35]。在這個時期還制定了「關於反對政治極端主義」（О противодействии политическому экстремизму）、「關於對抗恐怖主義」（О борьбе с терроризмом）、「關於緊急狀態」（О чрезвычайном положении）及其他法律，對俄國新聞自由造成了相當大的威脅。大眾傳媒法中也制定了相關的修正。在現實上對新聞自由的威脅可以就媒體報導須受行政核准得到證實，例如當克里姆林宮遇到衝突和災難事件時，就是由總統行政部門直接對全國性的電視頻道施加壓力，告知該如何報導。

事實上俄羅斯政權企圖一步步讓媒體失去對行政干預的免疫力，在環繞第一頻道、獨立電視臺、電視六臺、莫斯科中心電視臺的衝突中，政府和媒體的關係漸趨冷淡。摧毀古辛斯基和別列左夫斯基媒體帝國的方法，主要是透過對其財務的爭議來施行。政府並進而拒絕給予所有媒體同樣的經濟補助，取而代之的是政治特惠、資助和政府訂單。

---

34 McNair B., *Glasnost, Perestroika and the Soviet Media*(London, 1991). P.203.
35 "Доктрина информационной безопасности", *Российская газета*. 29 сент. 2000.

「對地區報紙的經濟支援」〔О государственной поддержке районных（городских）газет〕。同時也通過了對大眾傳媒法的修正，其中取消了聯邦主體制定自己大眾傳媒法規的權利，導致地方政府透過給予地方媒體各種補助和優惠，來進行對言論的控制。

二〇〇三年之後，石油價格節節上漲，讓俄國經濟情況轉好，也讓俄國較少依賴西方的幫助。因此可以不用在意其他國家的看法，其中包括了對俄國新聞自由狀況的觀點。克里姆林宮開始遵循資訊安全性法則，在其中指明了在資訊政策當中的政府利益。在管理媒體領域過程中政府開始扮演重要角色，雖然在二〇〇四年三月分至五月分政府機關出現頻繁變動——國家出版、廣電和大眾傳播部改名為文化與傳媒部，原先由前部長米哈依爾·列辛（Михаил Лесин）對媒體進行的嚴厲控制看似有所動搖，但是行政機關部門的積極角色並未改變，這從廣電執照的發放到對媒體所進行的廣泛及正式警告上可看出。

二、限制新聞自由的法規

除了對寡頭的整肅之外，二〇〇〇年普欽執政後，國會開始制定一連串使政府得以對媒體施加壓力的法律和措施。這些法律和措施可以分作幾類：第一類是對媒體「叛亂」內容的管制；第二類是取消對非政府親信媒體的補助；第三類是阻擋重要法規的通過。以下茲就這三類加以探討。

（一）對媒體「叛亂」內容的管制

　　這類法律是在俄國目前政體框架下，對於任何可能有叛亂嫌疑的資料傳布，施加更嚴格的處罰。在意識型態的部分，克里姆林宮所依循的是一部明確指出在資訊政策中國家利益的文件。這是由俄羅斯聯邦安全理事會在二〇〇〇年六月二十三日所制訂的資訊安全性原則，它在同年九月九日由普欽簽署後正式起效[36]。這份文件包含的範圍十分廣泛，從國有電子媒體的發展開始到結尾的智慧財產權，其中貫穿的就是一個理念：如何在法律的基礎上增加政府對媒體控制的權力。名義上法律中包含禁止檢查制度，以及維護新聞自由的原則，但在這個文件中卻可看到推翻這些原則的條文。

　　首先，政府擁有控制資訊的權力在原則中十分明確，個人在不違背「維護主權及俄羅斯的領土完整，政治、經濟和社會穩定，法律與秩序，平等和互惠的國際合作的發展」的前提下，取得及運用資訊的權利將被保護。俄國政府在發展、同時也是保衛適當的資訊基礎設施過程中，被定義成具支配性的一方。這其中也聲明俄國人民正受到來自於媒體的威脅，包括了媒體被運用來限制個人思想的自由，宣傳其立基於暴力、與其他和俄國傳統社會對立價值觀的大眾文化，以及媒體對新聞自由的濫用。當中甚至認為俄國人民受到了來自於國外的強烈威脅，其中包括了外國機構、國際恐怖組織、其他犯罪組織和團體，對於俄羅斯聯邦政府在資訊領域利益的危害，進而削弱政府在社會生活的影響力，減少政府維護人民在法定經濟上的利益，同時還有「因外國的資訊機構的傳播而強化俄羅斯人民對外來文化、經濟、政治的依賴」。從資訊安全性原則的內容足以看出克里姆林宮掌控媒

---

36 "Доктрина информационной безопасности", *Российская газета*. 29 сент. 2000.

體、縮減新聞自由範圍的企圖。

　　這類具有叛亂性質的法律中，另一個相當重要的是在普欽的授意下，除原先大眾傳媒法第一章第四條「不允許濫用新聞自由」中註明，「不允許使用大眾傳播媒體進行違法活動，洩漏國家或其他法律所欲維護的機密，實行極端主義行為……」之外，在二〇〇二年所制定的聯邦法「關於反對極端主義行為法」（О противодействии экстремистской деятельности）。其中重要的想法包括了禁止使用大眾傳媒來傳布像是極端主義的資料，而對極端主義行為的解釋包括了公開號召實現極端主義行動，以及協助其實現或是由大眾傳媒這方所授意而實現的行動。

　　俄羅斯國家杜馬並於二〇〇六年七月八日通過一項確定極端主義行為概念的法律。該法規定，當國家官員履行職責時公開對其進行誹謗屬於極端主義行為；……針對公民的宗教信仰、社會、種族或民族特點對其特殊性、優越性或缺陷的宣傳也屬於極端主義行為；製作印刷品、影音產品和其他用於公開使用的、帶有極端主義口號的產品也符合極端主義行為；同時這些資料的作者還將受到進行極端主義活動的指控[37]。對散播極端主義行為的責任追究則是相當的嚴厲，如對媒體施以警告並終止其極端主義行動。最可以顯示其對媒體資訊嚴厲控制的指標，就是首次在管理媒體實務的歷史中，對媒體的警告和向法院提出媒體停止出版或播放的要求，不只是授權給媒體登記機關，同時還包括了所有層級的檢察機關[38]。暫停媒體刊播的擴大法律解釋，還包括了二〇〇二年於大眾傳媒法中修正後加

---

37 「俄內務部將建立極端主義組織資料庫」，俄新網，<http://big5.rusnews.cn/eguoxin-wen/eluosi_anquan/20061025/41567970.html>（2006年10月25日）
38 Рихтер А., "Под колпаком у государства," *Журналистика и медиарынок*, № 11(2007), с.16.

入的第十六章第一條「因違反俄羅斯聯邦選舉和投票法暫止媒體活動」（Приостановление выпуска средства массовой информации за нарушение законодательства Российской Федерации о выборах и референдумах），在這一章中也賦予了選舉委員會在競選前的宣傳階段中可以暫止媒體刊播的權力。

　　在這類限制新聞自由並加強政府控制的法律中，還包括了二〇〇一年的聯邦法「關於緊急狀態」（О чрезвычайном положении）、二〇〇二年的「關於戰時狀態」（О военном положении），以及早在一九九八年所制定的聯邦法「關於對抗恐怖主義」（О борьбе с терроризмом）。關於對抗恐怖主義聯邦法只在二〇〇〇年時才開始積極地使用在對編輯部的警告，而在二〇〇六年則出現限制記者的新版本──「關於反對恐怖主義」（О противодействии терроризму），此法禁止「作爲宣傳或是爲恐怖主義和極端主義辯護」資訊的傳布。商人報和新報多次被警告違反這項法律，結果使編輯部得到了多次警告，最終甚至可能會導致停刊。

　　而爲了對抗網路上的極端主義，檢察機關常引用刑法第二百二十八條第一項：「基於性別、種族、國籍、語言、出身、宗教傾向、參與特定社會團體，公開或透過媒體煽動仇恨、敵視、汙辱個人或群體」，直接起訴部落客及在網路上發表言論的民眾。俄總統梅德韋傑夫並於二〇一一年成立專門負責打擊極端主義的跨部門委員會，由內政部長領導[39]。內政部在全國各地都設有極端主義中心，監控民眾的極端主義行爲。

　　俄羅斯內政部長拉希德・努爾加利耶夫，在今年八月初哈巴羅

---

39 「梅德韋傑夫成立跨部門委員會打擊極端主義」，俄新網，<http://big5.rusnews.cn/ eguoxinwen/eluosi_anquan/20110729/43112675.html>（2011年7月29日）

夫斯克舉行的俄羅斯打擊極端主義跨部門委員會會議上表示：俄羅斯現有約七千五百家極端主義網站[40]。之所以估計出如此大量的網站，和搜尋網路上極端行為相當容易不無關係。政府基層員工只要瀏覽部落格及論壇，就可找到某些個人或團體批判政府的言論，接著透過網路服務供應商，找出訊息來自於哪部電腦，就可以找到極端分子。所以，任何人都可能是極端分子，像是部落客、網路使用者、作家、社運人士、宗教人士等，都是極端主義中心可能的目標。

　　檢察機關除了起訴這些極端人士，還能夠直接封鎖網路資源；哈巴羅夫斯克邊疆區阿穆爾共青城法院即曾認為YouTube提供極端主義內容，而判決封鎖YouTube網站，讓民眾無法使用，後來上訴法院翻案，轉而要求網路服務供應商封鎖該網站特定頁面。這則事件突顯俄法院對網路實務的無知，俄國知名網路作家安東‧諾西克就提到俄國大部分法官和檢察官，都無法分辨由少數人自行維護的網站，以及只是匯聚廣大網路使用者產製內容的網站，其中區別何在。另外，許多社會人士也不太清楚網路運作方式，有企業家就曾問過他的朋友，誰是「Twitter網站總編輯」的問題[41]。

　　對新聞自由的限制，在俄國所施行的網路法規中，「關於通訊網絡使用的偵查行動措施系統之實施」（Об оперативно-розыскной деятельности в Российской Федерации，二〇〇〇年七月二十五日制定）[42]曾引起社會廣泛討論。

　　在憲法第二十三條第一款聲明了「每個人都享有私人生活、個人

40 「俄內務部長：俄境內約有7500家極端主義網站」，俄新網，<http://big5.rusnews.cn/eguoxinwen/eluosi_anquan/20110803/43116541.html>（2011年8月3日）

41 Антон Носик, "Суд запретил Интернет," *livejournal*, <http://dolboeb.livejournal.com/1863075.html>(28 июля 2010)

42 規章條文可參考網站：http://www.isn.ru/zakon, http://www.medialaw.ru/, http://www.russianlaw.net/

和家庭祕密不受侵犯、維護自己名譽和榮譽的權利」，而在聯邦通訊法第三十二條也同樣有所說明：「（通訊保密）闡明個人通訊係受到俄羅斯聯邦憲法所保護，如有所牴觸，需經法院批核」。因此照理說必須先經過法院同意，才能使用調查行動措施系統；但是在通訊法當中也聲明了，調查行動措施系統的使用在法院同意之前的可能性——通訊法第六十四條「關於通訊操作員在進行調查行動措施和實施偵訊行動」第一款：「在進行調查行動措施的情況下，通訊操作員應該提供授權政府機構，關於使用通訊服務使用者的資訊，以及其他對於這些機構被賦予任務在履行上必須的資訊」；第五款：「授權政府機構在進行調查行動措施時，通訊操作員必須提供協助以合乎於刑事訴訟法的要求」[43]。

　　二○○○年時負責國內機密任務的聯邦安全局在俄國通訊部的決議下，開始實施這種可以控制所有在網路上傳布的資訊之偵查行動措施系統，另外也賦予聯邦調查局進行對電話及無線通訊使用的偵查。它是由網路服務供應商所安置，而這些公司必須自行建立與聯邦安全局的連線，聯邦安全局的調查員可以隨時掌控各家網路服務供應商連線服務的使用狀況，甚至能隨意的中途截取電子郵件及他們感興趣的資料[44]。在二○○○年的法規中，聯邦安全局要求全部網路服務供應商輸入和輸出資料都必須通過聯邦安全局的電腦，不合作的網路服務供應商被強制斷線，聯邦安全局並以營業許可申請程序來控制這些公

---

43 聯邦通訊法（一九九五年一月二十日制定，簡稱為通訊法），通訊法係「根據俄羅斯聯邦司法權施行的通訊範圍所進行之活動的法定基準加以制訂，由管理特定活動的國家權力組織行政機構決定，並訂定自然人與法人參與特定活動或利用通訊服務的活動的權利與義務」（前言）。該項立法包含所有通訊服務，例如郵政、電視廣播、衛星、無線電、有線電視、電話、電報，以及電腦。

44 Засурский И., *Реконструкция России: масс-медиа и политика в 90-е* (М.: Изд-во МГУ., 2001), с. 195-199.

司。同時這條法令也賦予聯邦安全局極大權限，它要求網路服務供應商在聯邦安全局攔截資料時，必須信任聯邦安全局，並承認聯邦安全局所具有的相應權利。

（二）取消對非政府親信媒體的補助

這類限制新聞自由並加強政府控制的法律中，包括了表面上看起來似乎是使媒體獨立的法律：「修訂和補充『俄羅斯聯邦主體立法和行政機關的普遍原則』以及『俄羅斯聯邦地方組織的共通性原則』」聯邦法。二○○四年八月這條聯邦法通過後，過去在大眾傳媒法第五章中曾註明聯邦主體具有在媒體領域制定自己法規的權利，俄羅斯聯邦主體相當多地使用了這項制定法律的權利，尤其是牽涉國家的區域預算對地方媒體的經濟支援。但是這條法規在二○○五年已失效，第五章改變了過去的規定，聯邦主體不再具有制定管理媒體法律的權利[45]；二○○五年開始，大部分的地區報紙未獲得補助。而關於一九九六年施行的俄羅斯聯邦資助傳媒及書籍法，早在二○○二年就停止了實行約六年之久的聯邦補助。同時，自二○○五年一月一日起俄羅斯聯邦稅務法典停止給予媒體較低稅率的優惠，採取和一般企業組織相同的稅率措施。

在這條超過兩百頁內容的聯邦法中，先前制定對地區報紙的經濟支援聯邦法、俄羅斯聯邦資助傳媒及書籍法失去效用。對地區報紙的經濟支援聯邦法在一九九五年十一月二十四日制定，是因俄羅斯邊

---

45 Калинин Евгений, "Верховный Суд России рассмотрел дело о региональном законе о СМИ," библиотека центра экстремальной журналистики, http://www.library.cjes.ru/online/?a=con&b_id=737&c_id=9990 (Журналистика и медиарынок, №7-8., 2006)

遠地區經濟發展較爲落後，爲了維護所有俄羅斯聯邦下的公民都能取得即時和公正的資訊，並使地方自治權下的公民能積極參與公共事務而制定。因此從聯邦預算中撥款給地區報紙，其中包括了報紙生產和派送的補助（紙張、印刷、聯邦郵寄的費用）。二〇〇〇年共有一千九百五十份報紙獲得總額一億五千萬盧布的補助，二〇〇一年高達兩億兩千五百萬，同時在二〇〇二至二〇〇四年每年都撥出一億七千萬的補助[46]。這項聯邦法取消對大部分私營媒體的優惠和補助，似乎代表俄羅斯政府將媒體組織看爲是一般的企業組織，應該完全依照商業邏輯來運作；但是實際上並非如此。這兩條法律的廢除並不代表聯邦不再撥出預算給媒體；相反的，聯邦預算並沒有縮減其優惠，反而比過去的額度還要增加，政府以各種的政治訂單、及直接針對性的補助提供忠於政府的媒體。這讓俄有識之士聯想政府企圖削弱所有媒體的力量，除了那些親信於政府或是完全避開政治的媒體。

（三）阻擋重要法規的通過

　　第三類政府試圖控制媒體的法律，則是在於政府未能保障人民取得資訊的權利，即爲在俄羅斯已討論相當長時間的「公共電視法」（О Всероссийском общественном телерадиовещании）和「民眾取得國家機關及地方政府機關資訊的權利法」（О доступе граждан к информации о деятельности государственных органов и органов местного самоуправления）。

　　政府控制廣電媒體的作法中，其中最重要的就是經由對電視和廣播執照發放的許可證。但在其他歐美國家當中，多是建立獨立的

---

46 Засурский Я. Н., Средства Массовой Информации России (Москва, 2006), c.60.

管理機關；像是美國的聯邦通訊委員會（FCC）和英國的通訊管理處（Ofcom）；若是沒有獨立的管理機構，則不免就會發生廣電媒體受制於官員或是政權機構的情形。

俄國廣播電視法一直沒有施行，雖然早在十幾年前就已經開始對此法制定。國會在一九九五年就通過廣電法的草案，但是當時的葉爾辛總統對它施行否決權。一九九六年三月新選出來的杜馬曾嘗試突破被否決的案子，聯邦議會雖然在前一年通過，但是當時卻拒絕了這項草案。一九九七年國家杜馬「電視廣播法」（О телевизионном вещании и радиовещании）新草案第一讀通過，但是在二〇〇〇年五月國會又不通過，從當時開始類似草案就再也未列入議會章程討論。

電視廣播法和大眾傳媒法是同時制定的，因為當時認為大眾傳媒法將會成為所有媒體的基礎，其中也載明了關於該如何規範電視和廣播的主要章程。在大眾傳媒法中的第五章，其中提及聯邦廣電委員會的成立，而發放執照就是由這個委員會來執行，同時也提到了不允許對於播出和廣電資料保存的妨礙（第三十至三十四條）；但在二〇〇四年大眾傳媒法的這些條款不是被廢除，就是條款將發放執照機關改為由政府機關來執行。取得頻率的競賽是由聯邦競爭委員會來執行，而這個委員會是由政府行政機關來組成，其中人員部分是政府官員。政府在加強自身影響力的部分，相當重要的是在一九九九年給予這個唯一的聯邦政府機構權力，可以取消俄羅斯聯邦行政主體中的廣電機構的執照。如此一來，廣電媒體就順理成章地由總統命令及政府決議來管理。

使記者對社會的影響盡量降低的還有在二〇〇五年取消了原本一九九六年六月六日八百一十號的總統命令「關於加強國家部門系統紀律的措施法」（О мерах по укреплению дисциплины в системе государственной службы），其中闡明政權機構對媒體說明及反應的義務。這一項法律的廢除，等於是讓社會能經由媒體控制行政機構的管道也一併被取消。二〇〇〇年還廢除了俄羅斯總統所任命的資訊糾紛法庭，使俄羅斯媒體缺乏自律的機會。

　　另外，保障人民取得資訊的權利在憲法中早有明文規定，同時在一九八〇年就曾經討論關於公開性的法案。在幾乎是經過十年之後，作為一九八〇年的替代性方案，一九九七年也曾正式在國家杜馬討論關於取得資訊權利的法案；同年國會一讀通過，但是二讀未過[47]。最後國會立委在一讀之後也未再做修正，而總統葉爾辛也忘記原先維護人民資訊取得權利的初衷。二〇〇〇年俄羅斯政府說明因為經濟因素而無法實施類似法案，所以國會在一讀階段就予以擱置至今。

---

47 Рихтер А., "*«Война с терроризмом» и свобода массовой информации: опыт России. Журналистика на перепутье: опыт России и США*"(М.: МедиаМир, 2006), с.46.

肆、結　論

　　我國法律學者林子儀認為，新聞自由是一種制度性基本權利，是憲法為了保障新聞媒體作為現代社會的一個重要制度，給予新聞媒體一種基本權利的保障，以使新聞媒體能發揮其應有的制度功能。保障新聞自由的目的，是為了使媒體能善盡監督政府的功能，因此以新聞自由維持新聞媒體的自主性；政府雖可對媒體進行管制措施，但管制的目的應為「維護新聞媒體的自主性」以及「促進新聞媒體提供多元化的資訊」，才真正合乎新聞自由的理念[48]。前文分析俄羅斯媒體的發展歷史，以及在不同歷史階段中媒體法規的施行，可以了解俄國政府的媒體政策。雖然有相關法律條文保障新聞自由，但同時卻也制定限制新聞自由並控制媒體的法規。

　　自由之家（Freedom House）二〇一一年所發表的世界新聞自由報告中，批評俄羅斯在過去一年持續加強其打壓媒體的措施，評估結果被列為新聞不自由的國家[49]。或許評估新聞自由還有其他的標準，但俄羅斯新聞自由仍存在相當多問題。雖然俄國制定了形式及結構上相對完備的法律規章，其中對新聞自由的保障條文無庸置疑，但在實踐上卻存在著種種忽視及違反新聞自由的情形。除上述來自於政府經由法律途徑對媒體的限制外，俄國記者還常面對生命安全遭受威脅和剝奪的恐懼。國際記者保護協會（IFJ）自一九九六年一月至二〇〇六年六月，對全世界超過一百多個國家進行調查，發現伊拉克、俄羅斯和柬埔寨三國是這十年中記者死亡人數最多的地方。

　　除了法律規章對新聞自由的限制外，本文也從蘇聯解體後的歷史

---

48 林子儀，言論自由與新聞自由（臺北：元照出版社，1999年）。
49 "Freedom in the World 2011 Survey Release," Freedom House, <http://www.freedomhouse.org/template.cfm?page=594.>(13 January 2011)

發展，了解俄國政府對各種媒體的控制；其中電視言論空間的縮減最
爲嚴重，平面刊物中則仍有少數獨立自主的報章雜誌。網路過去因其
不易監控的特性，同時在俄國使用比例上不及電視，因此不若傳統媒
體受到較嚴密的規範；在網路社群中常可看到各種豐富多元的言論。
不過二〇一一年四月十八日，「自由之家」發表「二〇一一年網路自
由報告」，其中分析三十七國在二〇〇九年至二〇一〇年的網路使用
自由狀態[50]，俄羅斯列入「部分自由」類別，相較於在二〇〇九年發
表的排名，俄國名次往後倒退。前文所提刑法第二百二十八條與「極
端主義中心」對於俄國網路言論自由有相當負面的影響。但網路仍是
俄羅斯媒體中最自由的一環，未來可望持續以公民社會的集體力量，
扮演改革社會及監督政府的積極角色。

參考文獻

一、專書

林子儀，言論自由與新聞自由（臺北：元照出版社，1999年）。

Benn, D. W., *From Glasnost to freedom of speech: Russian openness and international relations* (New York: Council on foreign ralations press, 1992).

Chumlikov, A., Zasursky, Y., Surin, A. and Krasin, Y.(eds.) *The Development of the Media as an instrument of Democracy in Russia* (Moscow: Moscow Lomonosov University Press, 2002).

Curran, J. and Park, Myung-Jin (eds.) *De-Westernizing Media Studies.* (London: Routledge, 2000)

---

50 Kelly Sanjay & Cook Sarah, "Freedom on the Net 2011: a Global Assessment of Internet and Digital Media," Freedom House, <http://www.freedomhouse.org/images/File/FotN/Russia2011.pdf> (19 Apr 2011)

Dolce, G. *Media Ownership. The Economics and Politics of Covergence and Concentration in the UK and European Media* (London: Sage, 2002).

Hachten, W. A. *The World News Prism: Changing Media for International Communication* (5th Edition) (Ames: Iowa State University Press, 1987)

Hallin, D. C., Mancini, Paolo,*Comparing Media Systems: Three Models of Media and Politics* (Cambridge University Press, 2004).

Herspring, D. R. *Putin's Russia* (NY: Roman & Littlefield, 2005).

McNair B., *Glasnost, Perestroika and the Soviet Media* (London, 1991).

Mickiewicz, E. *Television, Power, and the Public in Russia* (Cambridge University Press, 2008)

Piccard, R. *The Press and Decline of Democracy* (Westport, CT: Greenwood Press, 1985)

Price, M. *Television, the Public Sphere, and National Identity* (London: Oxford University Press, 1995)

Richter, A. *Post-soviet perspective on censorship and freedom of the media* (Moscow, 2007).

Vartanova, E., Zassoursky, Y. N. (eds.) *Shaping tomorrow's media systems* (Moscow, 2004).

Vartanova, E. (eds.) *Media and Change* (Moscow: MediaMir, 2007).

Вартанова Е. Л. (ред.) *Экономика и менеджмент СМИ* (М.: МедиаМир, 2006)

Вартанова Е. Л. *Современное журналистское образвание: технологии и особенности преподавания* (М.: МедиаМир, 2008).

Ворошилов В. В. *Теория и практика массовой информации* (СПБ.: Изд-во Михайлова В. А., 2006).

Жарчинская Я., "Web 2.0 – новое интерактивное медиапространство," под ред. Засурский И. М., *Интернет и интерактивные электронные медиа: исследования. Часть I.*(М.: МГУ, 2007), С.91.

Засурский И., *Реконструкция России : масс-медиа и политика в 90-е* (М.: Изд-во МГУ., 2001), с . 195-199.

Засурский И. И. *Средства массовой информации России: Учеб. Пособие для студентов вузов* (Москва, 2005).

Засурский И. И. (ред.) *Интернет и интерактивные электронные медиа: исследования. Часть I. Трансформация глобального информационно-коммуникационного пространства в интернете.* (М.: Издательство МГУ, 2007)

Засурский И. И. (ред.) *Интернет и интерактивные электронные медиа: исследования. Часть II. Блоги в системе массовых коммуникаций.* (М.: Издательство МГУ., 2007), с . 6-58.

Засурский Я. Н. (ред.) *Средства Массовой Информации России* (М.: Аспект Пресс, 2006).

Засурский Я. Н., Вартанова Е. Л., Шкондин М. В. (ред.) *Журналист в 2005 году: трансформация моделей СМИ в постсоветском информационном пространстве* (М.: МГУ., 2006).

Засурский Я. Н. *Искущение свободой. Российская журналистика: 1990-2007* (М.: Изд-во Моск. Ун-та, 2007).

Засурский Я. Н., *Средства Массовой Информации России*(Москва, 2006).

Овсепян Р. П., *История новейшей отечественной журналистики: февраль 1917 – начало XXI в. : учеб. Пособие* (М.: Изд-во Моск. Ун-та: Наука, 2005), с. 342.

Рихтер А., "*«Война с терроризмом» и свобода массовой информации: опыт России. Журналистика на перепутье: опыт России и США*"(М.: МедиаМир, 2006), с.35-51.

二、期刊論文

Dewhirst, M. "Censorship in Russia, 1991 and 2001", *Journal of Communist Studies and Transition Politic.* Vol.18, No. 1 (2001), pp. 21-35.

Gross, P.. "Between Reality and Dream: Eastern European Media Transition, Transformation, Consolidation and Intergration", *East European Politics and Societies*, Vol. 18, No.1 (2004), pp. 112, 119.

Jakubowicz, K. "Ideas in our Heads. Introduction of PSB as Part of Media System Change in Central and Eastern Europe", *European Journal of Communication*, Vol. 19, No.1 (2004), p.54.

Koltsova, O. "News Production in Contemporary Russia", *European Journal of Communication*, Vol. 16, No.3(2001).

McNair, B. "Media in post-Soviet Russia: an overview", *European Journal of Communication.* Vol. 9 (1994).

Богданов В. "Наша журналистика выздоравливает вместе с обществом", *Журналист.* № 5(2002).

Болдырев Ю., Федяева Т. "Многоликая коррупция. СМИ ею поражены тоже", *Журналистика и медиарынок*, №12(2006).

Бусленко Н. И. "Право СМИ: вековые поиски", *Филологический вестник Ростовского государственного университета.* Ростов, № 3(1999).

Вартанова Е. Л. "«Джин» российских СМИ: рынок как фактор преобразования медиасистемы России", *Медильманах.* МГУ., № 6(2006), с.10-15.

Голикова Л. "Деловой журнал в России – успешный бизнес? Да, если верно определить соотношение спроса и предложения", *Журналистика и медиарынок,* №10(2006).

Касютин В. "Параметры влияния: Конфигурация информационного пространства регионов", *Журналистика и медиарынок,* №3(2008), с.38-41.

Куприн О. "Цензура государственного климата", *Журналистика и медиарынок,* № 4(2008), с.14-16.

Лебедева А. "Редакторы областных и районных газет снова пожаловались на « Почту России»", *Журналистика и медиарынок,* №5(2008), с.50.

Лукина М. М., "СМИ в домене Ру: хроника, цифры и типы," *Вест. МГУ. Серия « Журналистика»,* №6(2001), с. 63-73.

Потапенко С. В., *Судебная защита от диффамации в СМИ: Монография* (Краснодар, 2002), с.96.

Свитич Л. "Престиж и статус", *Журналистика и медиарынок,* №4(2008), с.26-28.

Сухов П. "Интернет-СМИ эмпирическое исследование", *Медиальманах.* № 4(2005), с.78-88.

Фомичева И. "Чего же ты хочешь, читатель?", *Журналистика и медиарынок,* № 1(2008), с.38-41.

Шадрина О. "Хвост влияет собакой", *Журналистика и медиарынок,* №4(2008), с.52.

Рихтер А., "Под колпаком у государства," *Журналистика и медиарынок,* № 11(2007), с.16-18.

三、未出版學位論文

Рихтер А., "Свобода массовой информации в постсоветских государствах: регулирование и саморегулирование журналистики в условиях переходного периода," Диссертация на соискание ученой степени доктора филологических наук, МГУ, (2005), с.60-70.

四、報章雜誌

Boreiko, A. and Nefedov, P. "Cabinet Approves E-Russia Plan", *The Moscow Times,* 10 July 2001.

Matthews, O. and Nemtsova, A."Young Russia Rises", *Newsweek*, 28 May 2007.

Matthews, O. & Nemtsova, A., "War With the Media," *Newsweek*, 9 July 2007, pp. 22-23.

Seregina, Y. "Remain Wrestles With Communication Goals", *The Moscow Times,* 31 January 2001.

Specter, M. "World Wide, Web: 3 English Words", *New York Times*, 14 April 1996.

Specter, M. "Kremlin, Inc. Why are Vladimir Putin's opponents dying?", *The New Yorker*, 29 January 2007.

Warren, M. "Connected: Russian Spies Target Web", *The Daily Telegraph*, 6 August 1998.

Wolfe, E. "Ministries Vie for E-Russia Control", *The Moscow Times*, 3 September 2001.

"Доктрина информационной безопасности", *Российская газета.* 29 сент. 2000.

Егоров А., "Пять лет онлайновым СМИ", *Среда*, 2000, с. 26-28.

五、網路資料

「全球新聞人10年過千人殉職伊拉克俄羅斯最危險」，新華網，<http://big5.xinhuanet.com/gate/big5/news.xinhuanet.com/zgjx/2007-03/08/content_5817839.htm>（2007年03月08日）

「俄內務部將建立極端主義組織資料庫」，俄新網，<http://big5.rusnews.cn/eguoxinwen/eluosi_anquan/20061025/41567970.html>（2006年10月25日）

「梅德韋傑夫成立跨部門委員會打擊極端主義」，俄新網，<http://big5.rusnews.cn/eguoxinwen/eluosi_anquan/20110729/43112675.html>（2011年7月29日）

「俄內務部長：俄境內約有7500家極端主義網站」，俄新網，<http://big5.rusnews.cn/eguoxinwen/eluosi_anquan/20110803/43116541.html>（2011年8月3日）

archeornis, "ЕКХ на вилы", Общество Синих Ведёрок, <http://ru-vederko.livejournal.com/664033.html> (14 мая 2011 г.)

"Freedom in the World 2011 Survey Release," *Freedom House*, <http://www.freedomhouse.org/template.cfm?page=594.>(13 January 2011)

Sanjay K. & Sarah Cook, "Freedom on the Net 2011: a Global Assessment of Internet and Digital Media," *Freedom House*, <http://www.freedomhouse.org/images/File/

FotN/Russia2011.pdf> (19 Apr 2011)

Абов Е., Абраменко Ф., Аникин О., Аржаков А., Архангельская А., Асхабова А., и др., "Индустрия российских средств массовой информаци," *Институт проблем информационного права*, <www.medialaw.ru/research/ramed.htm> (2002).

Калинин Е., "Верховный Суд России рассмотрел дело о региональном законе о СМИ," *библиотека центра экстремальной журналистики*, http://www.library. cjes.ru/online/?a=con&b_id=737&c_id=9990 (Журналистика и медиарынок, №7-8., 2006)

"К концу 2014 года численность интернет-пользователей составит около 80 млн человек, или 71% населения страны старше 18 лет," *Фонд Общественное мнение*, <http://bd.fom.ru/report/map/bntergum07/intergum0703/pressr_130611>(16 март. 2011 г.)

Литвинович М., "Что будет осенью–2000," *СМИ.ru*, <http:/www.smi. ru./2000/08/11/966004230.html> (11 авг. 2000г.)

"Новые горизонты Бориса Боярскова," *Пресс-Аташе.ru*, <http://www.press-attache. ru/Article.aspx/opinion/3524> (5 April 2007)

Носик А., "Суд запретил Интернет," *livejournal*, <http://dolboeb.livejournal. com/1863075.html>(28 июля 2010)

Секретарев Н., "Три года наедине со всеми," *Независимая газета*, <http://www. ng.ru/internet/2004-02-20/10_livejournal.html>(20 фев. 2004)

"Телеканалы информацию заменяют идеологией," *Известия*, <http://www.izvestia. ru/news/303963> (6 июл. 2005)

"Рынок социальных сетей России в 2008-2015 гг.," *Content-review.com*, <http://www. content-review.com/articles/13631/> (22 октября 2010 г.)

第七章　誘因政策與民主化過程：以塞爾維亞為例

楊三億

壹、前　言

　　國內外眾多文獻探討政治發展與民主化理論，分析國家民主化或民主轉型過程，這些觀點大抵上從全球化角度、政黨體系變遷、政治轉型過程中的經濟與社會要素、文化本質等面向，分析民主轉型的可能性。不過本文嘗試從另一個角度出發，從誘因（incentives）角度分析國家民主化發展如何受到外部誘因之影響，也就是從外部誘因角度分析誘因的提供能促進特定國家或地區民主轉型。從誘因角度來看，國家執行外交政策工具之主要目標在於期望能夠有效達成政策目標；目標如何被達成、如何能更有效率地達成目標、以及外交工具行使過程有哪些條件需要配合、能否改變目標國行為或價值規範等；這些議題是實際政策研究者的關心所在，同時也是學術研究期望發掘的核心價值所在。從本文出發，作者嘗試分析國際政治互動格局下之誘因工具行使，檢視其效益與影響力發揮的模式；除此之外，誘因提供作為誘發目標國行動之催化劑關係亦應釐清，尤其關注是否能有助於民主轉型之發展過程；可信度則是社會關係網路取得信任的重要憑藉，透過專業化的評估與排除政治性干擾的誘因提供，可以讓誘因獲得額外效果；最後本文則嘗試針對歐盟的塞爾維亞外交政策進行評估，指出幾個可能的研究發現。

貳、誘因：外交政策工具使用

　　隨著兩極對立冷戰體系的結束，國際關係發展相對緩和，各國對武力解決爭端的態度日趨保守，戰爭與其他高強度的外交政策工具之使用受到越來越多地拘束。本文所稱誘因與制裁乃是行為國（提供誘因的國家）對目標國（接受行為國誘因提供的國家）行使誘因援助或制裁的政策表現。[1]制裁可從政治性、經濟性與軍事性等面向的制裁手段來區分：政治性制裁手段可以採取斷交、強制外交、召回大使等方式為之，以政治性動作表示行為國對目標國的政策心生不滿；經濟性制裁手段更為多元，簡單來說可以再細分為貿易與資本制裁手段，貿易制裁手段包含禁運、商品抵制、關稅歧視、撤銷最惠國待遇、配額、預防性收購等，較常見的資本制裁手段則是凍結目標國（通常是政治菁英）的海外資產、援助終止、管制目標國資本移動等；軍事性制裁手段則更直接，透過封鎖或直接以武力威嚇方式來改變目標國的政策內涵。[2]

　　上述制裁行為之行使有其限制，政治性制裁手段之使用對威權國家政權效用不大；因為通常目標國並不會因行為國降低雙方外交層級交往或甚至斷交而遭致嚴重報復，目標國通常在國內就已成功將行為國塑造成外部威脅來源，藉此凝聚國內民意支持。軍事性制裁手段過於激烈；行為國對於軍事行動的目標設定需有完整考量才可能採取相適應行動，這些考量包括軍事打擊目標、軍事行動期限、軍事預算、

1　傳統外交政策分析將政策工具區分為強制性武力（physical coercion）、威嚇（deterrence）、強制外交（coercive diplomacy）、制裁與誘因（sanctions and incentives）、宣傳與文化外交（propaganda and cultural diplomacy）等幾項，實際上是將工具的強度加以分類，請見David Baldwin, *Economic Statecraft* (Princeton: Princeton University Press, 1985), p. 41.

2　Christopher Hill, *The Changing Politics of Foreign Policy* (N.Y.: Palgrave Macmillan, 2003), pp. 134-155.

爭取目標國國內反對勢力與行爲國國內的民意支持、國際正當性等，除當今國際少數強權外，多數國家對軍事性制裁行爲多抱持謹慎保守態度爲之。

　　經濟性制裁手段學界有較多討論；此因經濟制裁可對目標國實施立即性經濟打擊又不致造成立即性人員傷亡，這是多數強權遂行外交政策目標時偏好的工具。短期性經濟制裁可收到立竿見影的效果，可對目標國政府或政治菁英的海外資產／重要原物料出口進行凍結，使其缺乏資源，不過經濟性制裁行爲能成功，以下幾個限制是需要考量的：第一，目標國如果高度依賴行爲國的經濟結構，則制裁效果才可能具有高度破壞性；第二，制裁的反面效果通常是行爲國必須以更高代價在市場上尋求被凍結進口商品的替代品，並同時使國內財富減損、造成社會不安；第三，經濟制裁要能有效的另一個因素是商品凍結還要聯合其他國家採取一致行動，如果目標國產品出口能覓得其他海外市場，則商品禁運效果將大打折扣；第四，制裁與民主化關係呈現在目標選定上，也就是制裁的打擊對象是少數政治菁英、政權或國家整體，制裁會不會波及到一般民眾的生活，對未來政權轉移和民主化有重要影響。[3]

　　前述限制因素多集中在制裁有效性之討論，不過第四項對民主化之影響則需要相對重視；因爲即便制裁的打擊對象希望局限在少數的目標國政治菁英，但相關的制裁行爲也可能引起目標國國內經濟衰退跡象，此種經濟打擊所可能產生的群眾示威抗議運動，短期內可能導致目標國政府採取激烈手段鎮壓反對勢力，並進而扼殺正萌芽的民主

3　Dursun Peksen and A.C. Drury, "Economic Sanctions and Political Repression: Assessing the Impact of Coercive Diplomacy on Political Freedom," *Human Rights Review*, no. 10 (2009), pp. 393-411.

轉型契機。另一個制裁的可能負面後果則是行為國原先期望透過物資與資金管制的方式逼迫目標國政治菁英下臺，但管制的結果雖然使目標國物資出現短缺現象，不過當權派利用極其有限資源進行妥善分配後反而有效拉攏軍隊或警察部隊的支持，而反對黨則因為缺乏國際奧援的支持陷入左支右絀的境地。最後則是，即便政權順利進行更迭，但目標國民主化還需要長期的復原、重建與發展，行為國或其他國家如就此撒手不管，將無助於目標國民主轉型。對改善目標國民主化的目標來看，前幾項可能的負面效果對民主化皆有不良影響，國際實踐與學界對制裁討論多集中於此，此種討論反而突顯誘因之重要性。[4]

　　雖然制裁有效性及其與民主化關係的限制如此多，不過當代國家向外推動民主化政策時仍將誘因與制裁交互使用，以期獲得最大效益。本文認為，從誘因面向來看，誘因作為國家推動外交政策時的重要工具，取消誘因雖可視為一種制裁手段，但如誘因之提供是雙方交往初期的善意行動，則誘因之取消應被視為一種軟性制裁，目的在於確認目標國政策不為行動國所接受，是一種原先相互信任關係的剝奪，其功用在於確認誘因提供之可信度；下文將就誘因如何促進民主化進行探討。

4　以下討論或可參見Shannon Blanton, "Instruments of Security or Tools of Repression? Arms Imports and Human Rights Conditions in Developing Countries," *Journal of Peace Research*, vol. 36, no. 2(1999), pp. 233-244; David Corright and Geroge Lopez, "Learning from the Sanctions Decade," *Global Dialogue*, vol. 2, no. 3(2000), pp. 11-24; Cooper Drury, *Economic Sanctions and presidential Decisions* (New York: Palgrave, 2005); Nikolay Marinov, "Do Economic sanctions Destablize Country Leaders?" *American Journal of Political Science*, vol. 49, no. 3(July 2005), pp. 564-576.

參、誘因與民主轉型

一、民主轉型

　　羅斯托（Dankwart Rustow） 與索倫森（Georg Sorensen）對民主轉型之看法，將民主轉型過程區分為準備階段、決定階段與鞏固階段（consolidated phase）。本文認為外部誘因對民主轉型之影響主要集中在民主轉型的準備階段（preparatory phase）如何向決定階段（decision phase）過渡。[5]民主化初期準備階段的主要特色是出現一些與高層政治距離較遠的自由化現象；例如爭取更為公平公正的選舉、爭取更多媒體自由與資訊管道的通暢，這在東歐國家的民主化過程中首先得力於外部控制力量（蘇聯）的衰弱，而初期自由化的結果則是帶來「一段長期且無所不包的政治鬥爭」（a prolonged and inclusive political struggle）。決定階段可能是政治場域合適行為者的出現（採取合適的行動步驟推動民主）或反對領袖菁英的形成（以挑戰舊勢力為目的）；其特色就是轉型過程為精英爭取權力的過程，上層（中央層級政治安排）或下層（街頭群眾運動）的權力競逐將會影響該國民主轉型是否能朝向正面發展。從上述觀點出發，民主轉型由準備階段向過渡階段前進的主要障礙在於民主體制尚嫌脆弱，各對立團體對於如何推動民主轉型的共識尚未建立，劇烈的社經問題又經常導致大規模群眾動員，以致於社會極端不穩定。如果要達成深化的民主鞏固階段，就需要在決定階段時發展出「主要的政治行為者均認為除了民主過程外，別無其他獲得權力的方法。」；不過此處需要說

---

5 Dankwart Rustow, "Transitions to Democracy: Toward a Dynamic Model," *Comparative Politics*, vol. 2, no. 3 (April 1970), pp. 337-363; Georg Sorensen著，李酉潭，陳志瑋譯，民主與民主化（臺北：韋伯出版社，2000年1月），頁54-61。

明的是，民主轉型的各個階段並非一成不變，不同階段的發展也並非一定呈現線性發展模式，因此民主轉型雖有一個概貌可供理解，但實際上全球各地的民主化進程卻很難獲得一致性的進展。

　　為什麼外部誘因對民主轉型準備階段向決定階段過渡相當重要？本文認為反對勢力的凝聚，與採取合乎民主規範的反對運動屬於決定階段的重要特徵。民主發展雖然也可能透過反對運動採取激烈的革命，或毫無節制的武力衝突而奪取政權，不過如果革命結束後缺乏穩定的政治與社會秩序，則民主化的表現通常不盡如人意；若干國家的民主倒退潮流即屬此類。本文認為，假使不透過激烈革命手段而採取溫和漸進式的改革道路，外部誘因提供的國家（以下簡稱為行為國）向威權國家（以下簡稱為目標國）提供誘因之影響力發揮模式，可從以下幾個面向進行了解：

二、誘因影響力分析模式

　　學界對於誘因作為開啟目標國進行政治改革的討論已有相當長的時間，這些討論多集中在行為國為什麼要提供誘因、哪些誘因、實際成效如何等。[6]這些討論和經驗政治發展也密不可分，一九九〇年代以後的歐洲局勢發展也呈現出相互呼應的現象：歐盟大力推動誘因作為外交政策工具促進周邊地區民主化發展。[7]不過雖然學界對於誘因

6　Frank Schimmelfennig and Hanno Scholtz, "EU Democracy Promotion in the European Neighbourhood," *European Union Politics*, vol. 9, no. 2, pp. 187–215; Judith Kelley, 'New Wine in Old Wineskins: Promoting Political Reforms through the New European Neighbor-hood Policy', *Journal of Common Market Studies*, vol. 44, no. 1, pp. 29–55.

7　Kjell Engelbrekt, "Multiple Asymmetries: The European Union's Neo-Byzantine Approach

提供及其成效多所關注，但對於誘因如何發揮影響力以及如何產生作用的討論較爲少見，而這些都是本文的關注焦點。民主轉型初期通常是國內政治菁英或民眾，對國內政治環境心生不滿而企圖改變現狀；藉由向外尋求新政策或新制度以適應環境變化，便成爲可欲的選項。如果目標國國內對現狀改變的要求越大，或繼續維持現行政治體制運作的代價越高，則向外尋求新變因來解決國內制度衝突的可能性也就越大；因此目標國尋求制度或政策重新調適的主要關鍵在於先前政策失靈，或國內局勢對現狀不滿時產生內部壓力，導致向外尋求新的援助藉以調和內部需求。行爲國誘因所發揮之影響力如能滿足目標國推動改革所需，即能降低國內不滿情緒。從外交政策工具的層次來看，經濟性誘因工具可以包含優惠貿易地位安排、解除貿易配額或關稅限制，以及簽訂雙邊或多邊自由貿易協定等。就實踐經驗來看，歐盟對中東歐新會員國所提供之「聯繫協定」（Association Agreement）率先對中東歐國家開放市場，此舉適時彌補冷戰結束後原先中東歐國家與前蘇聯貿易交流所需，讓波蘭、波海三國的農產品、捷克與匈牙利的工業產品能轉向歐盟會員國市場；若干前蘇聯加盟共和國因未能獲得歐盟的市場開放誘因，而缺乏轉換對俄羅斯市場依賴的動因。

　　本文認爲，誘因能夠發揮影響力之基本觀念在於「行爲國透過特定政策來換取目標國調整政治或經濟政策」。誘因提供者期望藉用誘因來誘使目標國改變政策、調整作爲，對民主轉型的影響尤大；因爲此種一方提供誘因、另一方調整政策的作爲不僅能改變目標國政策走向，同時對於能否從根源改變目標國對民主價值的看法、轉變政治文

to Eastern Enlargement," *International Politics*, vol. 39, no. 1 (March 2002), pp. 37-52; Peter Seeberg, "The EU as a Realist Actor in Normative Clothes: EU Democracy Promotion in Lebanon and the European Neighbourhood Policy," *Democratization*, vol. 16, no. 1(February 2009), pp. 81-99.

化內涵，凡此皆有討論空間。[8]從以上討論出發，本文假定誘因發揮之功能主要有以下三大面向：

（一）誘因與雙邊／多邊交流

民主國家與威權／極權國家雙邊交流的起點通常極為謹慎，這是因為雙方各自需要承擔民意反對或內部派系鬥爭風險，因此初期接觸多半採行祕密管道方式暗中進行。從冷戰時期美國和西歐各國對捷克反對運動採取低支持的態度、[9]對波蘭團結工聯保持距離的作法來看，局限民主國家與威權國家雙邊交流因素相當多重。[10]但即便限制因素所在多有，雙方交流還是可透過各種間接管道，如知識社群的協助來作為交流起點。知識社群的重要性在於政治性意涵較低，對雙方國內政情衝擊較小，經驗上顯示民主國家透過支持目標國的反對力量支持該國的民主化進程，主要溝通管道也是透過知識社群的跨國連結進行；這些知識社群的反對力量潛存於環保團體或社會前衛性活動（如支持墮胎、反對死刑等）當中，透過社會性關注來掩蓋政治性意圖。[11]

知識社群的另一項功效是政策建議提供一個被傾聽的機會，尤其當政策選項改革幅度大、支持者稀情況下，政策建議能有發聲機會才

---

8 David Cortright, *The Price of Peace: Incentives and International Conflict Prevention* (New York: Carnegie Corporation, 1997), p. 6

9 Adam Fagan, *Environment and Democracy in the Czech Republic: The Environmental Movement in the Transition Process* (Cheltenham, UK: Edward Elgar, 2004).

10 Krzysztof Wójtowicz, "Proposed Changes in the Polish Constitution of 1997 ahead of Poland's Accession to the European Union," in Władysław., *Poland's Way to the European Union* (Warsaw: Scholar Publishing House, 2002), pp. 35-55.

11 Nick Manning, "Patterns of Environmental Movements in Eastern Europe," *Environmental Politics*, vol. 7, no. 2 (Summer 1998), pp. 100-133.

可能被採納；此種發生機會特別見於知識社群所屬的跨國性會議，會議中對國際規範的共同理解、創新思考、共同協商解決困境的提議，都可以作爲初步提案的溝通場所，因此跨國性會議又被稱爲「會議外交」（Seminar Diplomacy），顯見其重要性。**12**

（二）誘因與國內改革、制度仿傚

民主化是一個龐大的改革過程；制度改革、機構調整、法令廢止或更新、政治文化調整、經濟體制改革配套等；這些改革過程將對既得利益者造成利益損害並從而提高改革的代價。假使缺乏外部提供報酬藉以消弭可能的昂貴改革代價，民主化改革幅度可能受到局限、甚或停滯，若干第三波新興民主國家面臨的民主倒退現象就在於國內權力重新分配的過程缺乏外部力量導引而造成政治局勢動盪。**13**普特南（Robert Putnam）所指涉之勝利組合（Win-sets）強調，透過擴大國內批准者的第二層協議（Level II）來強化第一層國際間協議的產生（Level I）即屬此類，外部誘因將可以減緩民主化改革帶來的利益削減，透過外部補償的方式來緩和反對改革者或擴大支持動力。**14**

（三）誘因與區域內示範效應

行爲國透過外部誘因提供給與目標國不僅具有單一國家效果，

---

12 Peter Hass, *Knowledge, Power, and International Policy Coordination* (South California: University of South Carolina Press, 1997).

13 Jeffrey Checkel, "Norms, Institutions, and National Identity in Contemporary Europe," *International Studies Quarterly*, no. 43 (1999), pp. 83-114.

14 Robert Putnam, "Diplomacy and Domestic Politics: The Logic of Two-level Games," *International Organizations*, Vol. 42, (Summer 1988), pp. 449-450.

同時也可發揮「示範效應」（demonstration effects）；這一種示範
效應能夠發揮作用的關鍵在於行為國提供了鄰近周邊國家一個實際操
作、具體有效的政策實踐結果。這項結果除可明白揭示目標國「如果
明確遵守相應要求，則也將提供同等報酬」的承諾，這對多數有心採
取改革道路的發展中國家而言，明確的承諾無疑具有鼓舞的效用，更
明確的影響機制將再下一部分的討論中進行。另外，示範效應還具有
降低改革成本之功效存在，根據理性選擇思考模式，民主化改革過程
可以提出眾多的改革選項，唯選項決定仍需極力窮盡各選項之成本效
益分析才有決定；然回顧多數國家民主化過程經驗，多數國家過去相
當長一段時間未有民主化經驗可供參考，因此連帶對於特定政治制度
或中央政府體制選擇充滿高度不確定感，對於未來可能付出之機會成
本也不甚明確。在此前提下，如果鄰近周邊國家具有相對應的成功
轉型經驗將可作為重要借鑑，避免可能的錯誤選擇。[15]中東歐地區後
冷戰時期民主化過程示範效應作用尤其明顯，如群眾街頭示威抗議活
動、政府鎮壓或與反對派談判採取退讓策略、政權體制轉換或中央政
治制度選擇等，示範效應作用表現相當明確。[16]

---

15 Samuel Huntington, *The Third Wave: Democratization in the Late Twentieth Centuries* (Oklahoma: University of Oklahoma Press, 1991), p. 6.
16 Frank Schimmelfennig and Ulrich Sedelmeier ed., *The Europeanization of Central and Eastern Europe* (Cornell: Cornell University Press, 2005).

肆、誘因、可信度與報酬遞增

　　關於誘因如何發揮影響力的問題，本文透過「誘因」、「可信度」（credibility）與「報酬遞增」（increasing returns）三個概念相互闡述可獲得更進一步之理解。

一、誘因與可信度

　　國家之間交往過程重視可信度的例子很多，這是因為國際衝突的調停者通常需要具備高度的可信度，因為處於高度緊張狀態的衝突各方難以接受對方所提的各項建議，即便對方所提建議符合己方利益，也因為缺乏信任而將提議視為一種陰謀；因此國際衝突調停者需要具備調停者的可信度與提案能有效解決衝突的可信度，前者在於各方能否認知到調停者的中立立場，後者則是對提案解決的信心程度。[17]除國際衝突研究，國際政治環境對可信度的重視還來自於對盟邦的安全承諾；強權對聯盟內部其他盟國提供之安全承諾，是維繫冷戰時期兩極對立體系的重要依據，缺乏安全承諾的後果可能使聯盟內部分崩離析，甚至導致聯盟瓦解。冷戰時期美國對西柏林的安全保障常被視為對整個西歐國家的安全保障，堅守西柏林的安全成為維繫美國的領導象徵；不過同樣的，美國對冷戰時期越南問題的處理顯示其承諾出現了調整，相形之下對美國領導地位也出現重大打擊。[18]

　　可信度與民主化發展之關係一般假定是當承諾可信度增加，政

17 Zeev Maoz and Lesley Terris, "Credibility and Strategy in International Mediation," *International Interactions*, vol. 34, no. 4(2006), pp. 409-440.
18 Christopher Fettweis, "Credibility and The War on Terror," *Political Science Quarterly*, vol. 122, no. 4 (2007/2008), pp. 607-633.

策施行較具正當性與可信度，民主化推動也較為可能。但如果此種誘因僅是單方面提供而未加限制，則誘因可能造成單方善意困境（搭便車）之現象；因此如要強化誘因行使之有效性，可信度有其必要。可信度一詞來自社會信任，與傳統上主張國家利益至上有所不同。國際行為者或因各自理性考量或利益計算，致使毀棄原先承諾或更動承諾內容，此種承諾變更的結果可能來自於理性計算過程；行為國放棄原先立場轉而尋求他種解決方案，目標國也可能因為已經找到其他替代的誘因補償，因此各自更動原先立場。儘管此舉可能招致相關國家抗議，但由於更動立場合乎成本效益分析考量，故此種改變立場作為也不至於招致過於嚴重的後果；不過此種互動模式可適用於短期、單一議題的詮釋模式，如果要觀察國家間長期性的互動關係，國家合作與競爭關係將會呈現出一種重複的互動模式（repeated interaction），國家間相處會因為延長合作時序，呈現一種重視遵守承諾的狀態。同時當這些國家特別同處於相近地區的文化圈範疇，對彼此文化內涵與價值認同享有一致性時，遵守諾言的可信度更高。綜合來看，可信度之維繫涵蓋兩個層面：一方面誘因行使需要強化目標國對承諾之重視，藉此確保民主化改革進程，因此或可稱作「承諾的要求」；另一方面，行為國透過遵守承諾方式提高誘因可信度，也可稱之為「承諾的一致性」。

　　把可信度放到誘因與民主化框架，則可見於誘因提供對民主化正向影響之可信度研究；誘因提供雖然是促進目標國推動民主化改革的重要外部動力，不過誘因還需具有可信度才能使目標國願意遵守行為國提出的各項條件要求，影響行為國誘因提供之可信度來自於以下幾個面向：

（一）「承諾的要求」與「承諾的一致性」

一項國際間規範要能獲得普遍同意，行為者對此規範的共同合意不可或缺，可信賴的規範承諾（credible norm commitments）則約束行為各方一個共同遵守的標準。一旦規範符合社會期望，群眾或行為者將會支持此種規範之存在，同時也可以透過說服或示威等方式對反對者進行勸說使其接受；違反規範的行為也會受到公眾的反對，規範如能透過連續性、常態性的行為加以確認，則有助於可信度之提高。因此，「承諾的要求」即是透過誘因之行使來要求目標國遵守規範，歐盟對周邊國家民主化要求即是建立在普遍的、可信賴的國際規範之上。

此外，可信度之維繫不能僅靠單方面依賴目標國遵守，相對的，行為國也需要對規範具同等遵守立場；假使行為國內部否決者企圖改變原先規範，推翻誘因提供的政策立場，將可能對目標國政治菁英與支持改革者造成極大打擊，這在具有二十七個會員國的歐盟內部特別重要。觀察歐盟第五波擴大過程，原先持支持立場的部分舊會員國，因為考量到東擴成本將過於高昂，因此對擴張態度漸趨保留，期望歐盟與新會員國建立一個更為寬鬆的框架，以勾勒雙方互動關係，取代最終的會員身分納入。[19]避免內部否決者改變原先政策立場對可信度有極大影響，信守政策承諾是直接提高外部誘因可信度最直接的因素。[20]

19 Niemann, Arne and Tessa de Wekker, "Normative power Europe? EU relations with Moldova," *European Integration online Papers*, vol. 14 (2010), Article 14.

20 Frank Schimmelfennig, "The Community Trap: Liberal Norms, Rhetorical Action, and The Eastern Enlargement of the European Union," *International Organization,* vol. 55, no.1 (Winter 2001), pp. 47-80.

（二）可資借鑑的成功經驗

推動政治改革過程中目標國嘗試採取新政策或新制度以為調適，不過在未具備政策實踐經驗的前提下貿然引進新政策的風險極大；如果與本國相似環境的鄰近國家具有成功的模範經驗可資借鑑，在典範發散效應下，國內反對力量將大為減少。此種可資借鑑的一般假定是朝向具有地緣關係、相同文化背景或信仰體系國家；因為不同文化背景的國家對民主化、政策或政策施行之合法性解讀有所不同，此種文化差異而造成之認知差異將成為借鑑成功經驗的阻礙。所以由鄰近地區國家相互借鑑經驗，對推動民主化過程更有助益，此即第三波民主化之示範效應，示範效應能強化周邊國家之信心。[21]將外部誘因與示範效應相結合，如果民主化推廣之成功經驗能在相同文化背景的國家實踐成功，再透過適當的政策建議管道，如跨國性知識社群之協助、降低目標國政治菁英對新制度之疑慮，對民主化推廣有較大助益。

二、誘因與報酬遞增

近來眾多政治學之研究紛紛將報酬遞增（increasing returns）與路徑依賴（path dependence），作為研究政治制度或政治改革的重要變數。報酬遞增本身帶有強烈的經濟學概念，因為經濟學當中的分工（division of labor）或專業化生產（specialization of work）都與報

---

21 Samuel Huntington, *The Third Wave: Democratization in the Late Twentieth Centuries*, op. cit., pp. 100-106.

酬遞增有極大關係；透過專業分工的方式讓個人或單位專心從事特定
項目的生產活動，有助於提高生產力，其所獲得的生產利益、增加的
生產效率與降低的工作時數皆有助於生產活動過程的產出，所以專業
分工可以大幅減少不分工情況下的瑣碎行政程序。[22]把分工的概念轉
向國際體系，國家間經濟交流將帶給各個國家程度不一的經濟挑戰，
因此各國將需要妥善因應國家間之經濟競爭，在眾多經濟活動領域中
找出具有相對優勢的產業進行強化與發展。從經濟學的角度來看，專
業化成為競爭過程中增加生產效率的良方；不過反面來看，因為隨著
組織規模增大、分工漸趨專業化，組織變革與調整所需代價就較未分
工前的組織規模更為高昂。同樣的報酬遞增原則也適用於其他領域的
經濟現象，例如都市區位的聚落體系形成不僅僅是由於地緣優勢位
置，先行進入的移民者或廠商擇定地點對後進者具示範效用；後進者
會在先進者周圍定居，並進而形成聚落。[23]

　　政治學對報酬遞增的研究也承襲此種脈絡，研究政治發展過
程中「自我強化」（self-reinforcing）或「正向回饋」（positive
feedback）的報酬遞增機制，因此路經依賴的效果將會透過特
定的時序模式表現在制度發展之中，歷史制度論（historical
institutionalism）對此認為經濟性因素將是決定制度變遷的主要變
因。[24]報酬遞增效果與路徑依賴的確為政治學制度變遷研究提供強而

22 Sylvia Beatriz and Guillermo Peon, "Increasing Returns: A Historical Review," *Aportes*, vol. 8, no. 22, pp. 79-98; Paul Krugman, "Increasing Returns and Economic Geography," *The Journal of Political Economy*, vol. 99, no. 3 (June 1999), pp. 483-499.

23 此種報酬遞增原則也適用於都市發展概念，如英國早期殖民者選擇群聚於多風、寒冷、布滿岩石的麻塞諸塞灣，主因為當初該地是五月花號迷航的靠岸點，一旦初始區位被鎖定，透過報酬遞增因素的影響，區位即很難改變。請見於如陵、賴世綱，「報酬遞增理論對聚落體系影響之電腦模擬實驗」，建築與規劃學報，第4卷第2期(2003年)，頁160-177。

24 Paul Pierson, "Increasing returns, Path Dependence and the Study of Politics," *The Ameri*

有力的理論說明，對於國家制度轉型提供一個有別於一次性理性選擇過程的詮釋，把長期的報酬遞增因素嵌入理性選擇框架之中；不過對於報酬的增加，歷史制度論對此的解釋主要來自於「集體行動的本質」（意謂政治行動需要獲得集體支持才可能獲得正向回饋）、「政治權威與權力不對稱」（意謂制度設計本就偏好權威當局）、「繁複與不公開的政治決策過程」等要素來穩固制度運作。但針對歷史偶然事件（contingent event）的如何發生、哪些機制得以誘發偶然事件的討論較爲缺乏，外部誘因或可提供解釋空間，就此點來看，本文認爲外部誘因增強報酬遞增要素的可能性在於：

（一）制度中立與報酬穩固

　　行爲國提供誘因的主導單位會影響誘因的提供，假使主導誘因提供的單位不夠中立，取消報酬的可能性便存在，對目標國可能造成極大傷害。觀察歐盟整合，過去數十年整合能聚焦在調和國家堅守主權，和擴大國家間合作效益，功能主義實扮演關鍵地位。其主要因素在於歐盟能藉由強化制度合作與發散效應，有效揉合主權國家對整合所帶來之主權消亡疑慮，歐盟執委會與部長理事會制度的設計分別彰顯歐盟利益與國家利益代表，至今這樣的制度設計仍持續有效運行。另一個突顯功能主義、強調制度中立角色的經驗就是歐盟東擴；主導歐盟擴大、審核新會員國改革進度的主導單位一開始就不把這項任務交給部長理事會，而是由執委會下轄「擴大總署」（Directorate General for Enlargement）負責年度聯繫國改革報告評估，將歐盟擴大事宜交給擴大總署，可有效阻絕會員國政治干擾。**25**

（二）持續追蹤與定期觀察

　　根據報酬遞增模式，將誘因提供之主導權交給行政部門可避免政治干擾，不過如果要使報酬持續遞增，需要透過建立制度慣性（inertia）的方式來達成。制度慣性將可避免回饋機制出現負面效應，並增強正向的改革路徑，也就是所謂的單一平衡（single equilibrium）。教育理論也支持此種看法，外部誘因對教師有相當大的影響，透過制度性的物質（金錢）與非物質誘因（如學生評鑑）安排可以激發教師教學與研究動力。**26**

　　不過制度慣性之建立還有賴透過長期的政策引導才能發揮效果，持續、定期的監督觀察報告可將誘因效益極大化（maximizing incentives）；此乃肇因一次性的給予難以達成路徑依賴之效果。要能達成路徑依賴效果，長期提供誘因與建立制度慣性（inertia）是另一種思考，因為制度慣性一旦建立，慣性便能促進目標國對民主改革之深化；本文認為持續追蹤或定期觀察的行政手段有助於慣性模式建立，而定期觀察的行政手段可以是年度報告（annual report）、定期報告（regular report）、進度報告（progress report）、定期政治對話、非政府組織之監督報告等。從過去歐盟東擴經驗來看，中東歐候

25 Arndt Wonka and Berthold Rittberger, "Credibility, Complexity and Uncertainty: Explaining the Institutional Independence of 29 EU Agencies," *West European Politics*, vol. 33, no. 4 (July 2010), pp. 730-752; Kjell Engelbrekt, "Multiple Asymmetries: The European Union's Neo-Byzantine Approach to Eastern Enlargement," *International Politics*, vol. 39, no. 1 (March 2002), pp. 37-52.

26 Staffan Wahlen, "Teaching Skills and Academic Rewards," *Quality in Higher Education*, vol. 8, no. 1(2002), pp. 81-87

選國與執委會協商事務層次，主要在各會員國大使與候選國代表所組成的委員會（Committee of Permanent Representatives）共同討論，這個階段主要工作是完成候選國入盟談判所需之人員、貨物、勞務、資本、農業、漁業、交通等總計三十一個主要談判項目。[27]執委會主要工作即是針對這些項目進行審查監督，並定期發表進度報告以爲檢討。自一九九八年起至二○○三年止各年度定期報告與次年度候選國政策調整也呈現正相關表現，凡此皆說明持續追蹤與定期觀察之重要性。[28]定期觀察效應對周邊非歐盟會員國也同樣具有效力；歐盟二○○四年五月「歐盟睦鄰政策」（European Neighbourhood Policy，ENP）做爲其推動睦鄰政策之官方指導政策，其政策表現也特別重視定期觀察之制度設計。[29]歐盟與睦鄰政策夥伴國進行定期政治對話，這些政治對話可區分爲年度性「合作理事會」（Cooperation Council）、「合作委員會」（Cooperation Committee）、「次級委員會」（Sub-Committee）等三大層級，合作理事會由雙方最高層級與部長級官員參加，每年定期舉辦；合作委員會則由各領域的資深官員參加，由歐盟與夥伴國雙方輪流主辦；次級委員會則涵蓋貿易投資、財稅金融、自由與安全、能源環境、人權對話機制等，均出現於雙方交流互動面向上。另外ENP年度進展報告（Progress Report）也擷取歐盟東擴經驗，透過定期發表報告方式提出夥伴國制度或政策調整方向，以摩爾多瓦爲例，歐盟針對摩爾多瓦民主化發展提出的幾大

27 *Enlargement of the European Union, Guide to the Negotiations Chapter by Chapter*, European Commission, Directorate-General Enlargement, Information & Interinstitutional Relations. June 2003, pp. 1-93.

28 European Union, Regular Report (1998-2003) on Czech Republic's Progress toward Accession.

29 European Union, *European Neighbourhood Policy Strategy Paper*, COM (2004) 373 final, 12 May 2004.

建議：如朝野對話、國會選制（降低國會席次分配門檻與擴大小黨參
與）、總統選制（總統選制改革與憲政危機避免）等，摩爾多瓦均給
予正面積極回應。[30]

30 Commission Staff Working Document Accompanying the Communication from the Com-
mission to the Parliament and the Council, "Taking Stock of the European Neighbourhood
Policy (ENP) Implementation of the European Neighbourhood Policy in 2009," *Progress
Report Republic of Moldova*, Brussels, 12/05/2010 SEC(2010) 523, or see http://ec.europa.
eu/world/enp/pdf/progress2010/sec10_523_en.pdf, accessed 4 October 2010.

伍、歐盟對塞爾維亞外交政策實踐初探

　　從上述討論出發，本節將檢視歐盟對塞爾維亞外交政策時間過程中民主化推動戰略，期望找出外部誘因之影響力與該項政策實踐初步評估。

　　冷戰時期的南斯拉夫由塞爾維亞（Serbia）、蒙地內哥羅（Montenegro）、斯洛維尼亞（Slovenia）、克羅埃西亞（Croatia）、馬其頓（Macedonia）、波士尼亞與赫塞哥維納（Bosnia & Herzegovina）等六個共和國和科索沃（Kosovo）、伏依伏地那（Vojvodina）兩個自治省組成；由於強人狄托領導與兩極對立冷戰體系格局，南斯拉夫呈現穩固的共黨統治局面。然冷戰結束，一九九一年起斯洛維尼亞、克羅埃西亞、馬其頓以及波士尼亞與赫塞哥維納相繼宣布獨立而引發一連串內戰，波士尼亞戰爭尤為慘烈，歷時三年多內戰於一九九五年簽署「岱頓和平協定」（Dayton Peace Accords）暫時劃下句點。一九九七年巴爾幹半島戰事旋即再啓，塞爾維亞與蒙地內哥羅另組南斯拉夫聯邦共和國（The Federal Republic of Yugoslavia），由塞爾維亞總統米洛塞維奇（Slobodan Milošević）擔任第一任總統，並對科索沃境內阿爾巴尼亞裔進行「種族淨化（Ethnic Cleansing）」行動；不過米洛塞維奇的屠殺行動旋即獲得國際介入，北約對南斯拉夫聯邦共和國進行轟炸。二○○○年十月南斯拉夫聯邦爆發革命，米洛塞維奇下臺，由科斯圖尼查繼任總統（Vojislav Koštunica），二○○一年米洛塞維奇則因被控種族屠殺罪送入「前南斯拉夫國際刑事法庭」（the International Criminal Tribunal for the Former Yugoslavia，ICTY），並於獄中結束餘生。二○○六年五月二十一日因蒙地內哥羅舉行獨立公投，超過百分之五十五點五之選民贊成該選項，蒙地內哥羅國會於該年六月三日正式宣布獨立，至此塞爾維亞與蒙地內哥羅成為兩個獨立國家。[31]

　　本文認為，歐盟對塞爾維亞政策實踐符合誘因、可信度與報酬遞增三者關係：

一、政策目標訂定以誘因為主要工具

　　歐盟對巴爾幹半島地區的外交政策有兩大考量：第一是巴爾幹半島區域自古即是民族、宗教、語言、文化與風俗習慣的大熔爐，不同民族混居其中，國家或民族間或因領土紛爭、或因政客煽動民族主義情緒而經常發生衝突，外部力量不當介入可能招致干預內政事務之批評，因此歐盟選擇較為軟性、以誘因為主的政策工具。巴爾幹半島地區的克羅埃西亞與馬其頓已獲得候選國（candidate countries）身分，[32]而塞爾維亞、門地內哥羅、波士尼亞－赫塞哥維納、科索沃與阿爾巴尼亞也已經成為潛在候選國（potential candidates），因此歐盟對巴爾幹半島地區的外交政策較睦鄰政策夥伴圈提供更為重要的政策誘因──最終加入歐盟的會籍身分。第二，塞爾維亞尤為西巴爾幹半島地區的關鍵國家，自冷戰結束以來的巴爾幹半島地區三大戰事（克羅埃西亞戰爭、波士尼亞－赫塞哥維納戰爭、科索沃戰爭）無一不與塞爾維亞有關；也就是說，要維持巴爾幹半島穩定與民主化推動，塞爾維亞問題必須嚴肅面對。

　　觀諸歐盟對塞爾維亞交往關係起始，雙方主要由「穩定與聯繫協

---

31 http://ec.europa.eu/enlargement/potential-candidates/serbia/relation/index_en.htm accessed May 11, 2011.

32 另外兩個候選國是土耳其和冰島，請見European Commission, *Enlargement Strategy and Main Challenges* 2010-2011, COM(2010) 660, Brussels, November 9, 2010

定」（Stabilisation and Association Agreement, SAA）作爲開啓，[33]
雙方透過政治合作、自由貿易區簽署、財政援助等手段發揮歐盟於西
巴爾幹半島之影響力，政策主要目標爲：[34]

（一）穩定西巴爾幹半島國家並鼓勵這些國家向市場經濟過渡；

（二）促進區域合作；

（三）最終加入歐盟。

　　爲使政策目標獲得實踐，歐盟透過以下幾項政策工具來建構對塞
爾維亞的交往關係：

（一）　給予貿易優惠待遇；

（二）　經濟與財政援助；

（三）　重建、發展與穩定援助；

（四）　穩定與聯繫協定（SAA）的總體交往架構。

　　上述誘因架構可再區分以下幾個類別：第一類是經濟性誘因；這
一項誘因包含各項經濟支持，二〇〇七年之前歐盟每年約有一億九千
萬對塞爾維亞之財政支持，援助工具以「重建、發展與穩定共同體
援助」（Community Assistance for Reconstruction, Development and
Stabilisation, CARDS）和「自主貿易措施」（Autonomous Trade
Measures）爲手段，提供各項經濟援助與歐盟市場開放的誘因，二〇
〇七年後則透過「入盟前援助」（pre-accession assistance）管道進
行，援助金額逐年增加，援助項目集中於交通運輸、能源、教育、司
法體系改革等，較詳細之援助金額請見下表。

---

33 European Commission, Declaration of EU-Western Balkans Summit, 10229/03, June 21, 2003.

34 由SAA向最終雙方整合的目標邁進之過程稱爲Stabilisation and Association Process (SAP).

表一　歐盟對塞爾維亞財政援助（二○○○年後爲計畫性金額）

單位：百萬歐元

	2007	2008	2009	2010	2011	2012	2013
轉型援助與制度建立	181.4	179.4	182.5	186.2	189.9	193.8	203.1
跨邊界合作	8.2	11.4	12.2	12.4	12.7	12.9	11.6
總計	189.6	190.8	194.8	198.6	202.6	206.7	214.7

資料來源：European Commission, Serbia-Financial Assistance, http://ec.europa.eu/enlarge-ment/potential-candidates/serbia/financial-assistance/index_en.htm

　　第二項誘因則以政治性交往爲手段；自一九九九年起歐盟即思考以SAP作爲歐盟與巴爾幹半島國家之交往策略，[35]二○○三年歐盟Thessaloniki高峰會確認此一戰略設計，並且在SAP架構下啓動歐洲夥伴關係（European Partnership）。[36]這些政治性誘因表現在雙邊關係強化、加入申根公約、以及未來塞爾維亞最終加入歐盟的目標。除此之外，歐盟還透過區域合作的方式將把西巴爾幹半島國家連結起來，在區域自由貿易協定、邊界管制、基礎建設等各項事務上協調，形成一種相互學習與增強的示範效應；「跨歐網絡」（Trans-European Network）的設置便是一例。在歐盟主導下，「第八號跨歐洲走廊」（Trans-European Corridor 8，從黑海到亞得里亞海到愛奧尼亞海）計畫建造一條橫跨東南歐各國的鐵路系統；無論是鐵軌寬度到鐵路安全標準等，皆須符合歐盟規範。[37]示範效應也表現在自由貿

35 請參照注釋35。
36 European Union, Council Decision of 18 February 2008 on the principles, priorities and conditions contained in the European Partnership with Serbia including Kosovo as defined by United Nations Security Council Resolution 1244 of 10 June 1999 and repealing Decision 2006/56/EC, Official Journal L 080, P. 0046 – 0070, March 19, 2008.
37 請參閱Italian Ministry of Economic Development, the Corridor VIII: Pre-Feasibility Study on the Development of the Railway Axis,

易區簽訂上，「中歐自由貿易協定」（Central European Free Trade Agreement, CEFTA）將原先將近三十項的雙邊自由貿易協定整合在 CEFTA項下，阿爾巴尼亞、波士尼亞－赫塞哥維納、克羅埃西亞、馬其頓、摩爾多瓦、門地內哥羅、塞爾維亞和科索沃等國決議共同籌組自由貿易區，在示範效應推波助瀾下，上述所有國家均在二○○七年完成簽署加入CEFTA。[38]

二、以可信度強化誘因提供之有效性

除了誘因提供做為政策主要的工具外，如何讓目標國的行為能趨向行為國期望的方向則取決於政策可信度，就目前歐盟政策實踐經驗來看，以下幾個面向讓歐盟的誘因政策具有高度的可信基礎：

（一）誘因與區域穩定架構

歐盟經過數十年深度與廣度整合，成為目前相當具代表性的區域整合組織，從過去歷次擴大經驗來看，歐盟與各國已經建立起一定程度之信任關係，這也連帶使得歐盟與周邊國家交往取得相對的正當性，這些國家對歐盟的政策實踐具相對信心，也因此願意與歐盟進行合作。不過歐盟與周邊國家合作還具有規範性考量；如前所述，巴爾幹半島特色在於區域內民族、語言和文化習慣迥異，因此如何消弭民

---

38 Central European Free Trade Agreement, Agreement on Amendment of and Accession to the Central European Free Trade Agreement, 2006, or see http://www.cefta2006.com/cefta-agreement, accessed May 12, 2011.

族／國家之間的衝突、化解區域穩定的負面因素是歐盟對塞爾維亞的首要政策。

　　一九九三年聯合國安理會八百零八號決議設立「前南斯拉夫國際刑事法庭」（ICTY）；ICTY主要針對巴爾幹半島地區違反戰爭罪行者進行起訴、審判，作為懲罰觸犯戰爭罪行與大規模種族清洗戰犯的追懲工具；不過儘管聯合國安理會作出如此決議，但實際上追懲任務還需要著落在國家手中，由於鄰近地區因素，歐洲國家變成為主要的追懲國家。

　　有鑑於戰爭罪犯主要來自塞爾維亞，歐盟對塞國的交往關係特別把ICTY的要求納入雙方交往架構，要求塞爾維亞必須「與ICTY進行全面性合作」（full cooperation with the ICTY），這一項重視特別表現在自一九九三年起歐盟歷次高峰會，會議結論多次提及塞爾維亞必須遵守ICTY。據統計，自一九九三年至二○○七年歐盟高峰會結論中共二十八次提及塞爾維亞問題，提及塞爾維亞時又有十四次提及ICTY，其中十二次是要求塞爾維亞必須「與ICTY進行全面性合作」，顯見歐盟對該議題的重視。[39]ICTY聚焦在打擊戰爭罪行可以獲得區域穩定的效果，消弭國家間未來可能的仇恨衝突與報復行為，不過主要精神則是與歐盟對普世人權規範的尊重，此種外交政策高度的一致性與歐盟和東歐地區或中東地區所堅持的規範認同相同，也讓周邊國家沒有模糊認同的中間地帶。

　　從ICTY的執行功效來說，ICTY已對一百六十一位違反戰爭罪行的前南斯拉夫聯邦政治或軍事領袖嫌疑犯起訴，目前仍有三十六位疑

39 Johannes-Mikael Maki, "EU Enlargement Politics: Explaining the Development of Political Conditionality of 'Full Cooperation with the ICTY' towards Western Balkans," *Politička Misao*, vol. XLV, no. 5 (November 2008), pp. 47-80.

犯進行起訴程序、完成審判程序或宣判遞解入獄的則有一百二十五位，在這些一百六十一位主要關係人中，截至二〇一一年五月，僅剩兩位塞爾維亞前軍事領袖Goran Hadžić（被控一九九一至一九九五年間進行人道屠殺）與Ratko Mladić（被控一九九五年於Srebrenica屠殺超過八萬名回教徒）仍未到案；而巴爾幹半島大屠殺的主角米洛塞維奇於二〇〇〇年革命中下臺並遭遞送國際法院受審，後由於個人身體因素死於獄中。**⁴⁰**雖然目前僅剩最主要兩名軍事領袖仍未到案，但歐盟並未放棄兩人的緝捕。如前所述，歐盟仍將塞爾維亞積極配合ICTY的訴求作為衡量歐盟與塞爾維亞之標準，除在高峰會上不斷強調塞爾維亞必須「與ICTY進行全面性合作」外，歐盟執委會更將SAA的談判與ICTY相連繫，二〇〇六年五月因為塞爾維亞推遲與ICTY之合作，歐盟執委會直接建議歐盟與塞爾維亞終止SAA談判以換取塞爾維亞之妥協。受到來自歐盟的龐大壓力，塞爾維亞旋即改弦更張、積極與歐盟就哈吉奇（Goran Hadžić）與姆拉吉奇（Ratko Mladić）追捕事宜進行協調。**⁴¹**

（二）巴爾幹半島周邊國家的成功經驗

斯洛維尼亞是冷戰時期南斯拉夫共和國分裂後第一個加入歐盟的國家，克羅埃西亞與馬其頓則緊追在後，東邊的羅馬尼亞與保加利亞則在二〇〇七年就已經成為歐盟會員國；這些同屬巴爾幹半島地區

---

40 UN International Criminal Tribunal for the former Yugoslavia: The Cases, http://www.icty.org/action/cases/4, May 16, 2011.

41 關於兩人最新消息，塞爾維亞政府表示已經投入約一千名警力追捕，並將此事視為改善塞爾維亞與歐盟關係之重要象徵。請見Euronews, "Serbia 'dedicated' to hunting Mladić," http://www.euronews.net/2011/02/23/serbia-claims-dedication-to-hunt-for-mladic/, accessed May 18, 2011.

南歐國家由於地理鄰接性與文化同質性較高，因此產生了一種不落人後的競爭感。科索沃於二○○八年二月宣布獨立，一年多後，二○○九年十二月塞爾維亞也正式宣布申請加入歐盟，決定仿效其他巴爾幹半島國家回歸歐洲的主流思想。[42]周邊國家加入歐盟經驗提供塞爾維亞遵循歐盟政策絕佳之可信度，因為這些國家（如羅馬尼亞與保加利亞）與塞爾維亞國家有諸多相似處，從政治體制改革（由共黨國家向民主國家轉型）與經濟發展程度（以二○一○年購買力平價來看，塞爾維亞人均GDP約一萬一千美元、羅馬尼亞一萬一千五百美元、保加利亞一萬兩千八百美元）來看。這些成功經驗強化塞爾維亞加入歐盟之信心；塞爾維亞政府官員也多次以周邊國家得以加入歐盟暗示未來塞爾維亞可能發展，藉以提振國民支持程度。[43]

三、報酬遞增過程與雙方交往關係

由於歐盟對塞爾維亞的誘因政策促使塞國思考接受歐盟民主與人權價值基本規範，塞爾維亞開始與歐盟在SAA、貿易與貿易相關議題臨時協定（Interim Agreement on Trade and Trade-related issue）等面向上與歐盟進行交往，這些勾勒雙方交往關係的重要文件。透過這些基礎文件，歐盟可以將過去擴張時期累積的「條件設定」（conditionality）經驗向塞爾維亞民主化發展推廣，透過入盟前期準備階段就把歐盟規範納入歐盟與塞國交往戰略之中。[44]本文認為，此

---

42 EU News, http://europa.eu/news/external-relations/2010/10/20101026_en.htm
43 Central Intelligence Agency of United States, the World Factbook, https://www.cia.gov/library/publications/the-world-factbook/, accessed May 20, 2011.
44 Frank Schimmelfennig and Ulrich Sedelmeier, "Governance by conditionality: EU rule

種報酬遞增過程可以透過以下幾個因素發揮效用：

首先，制度中立之設計有助報酬穩定提供。此乃肇因歐盟對塞爾維亞之各項觀察或進度報告主導者仍為歐盟執委會，將推動周邊國家民主化進程交由執委會一方面可以排除這些國家卸責的可能，降低周邊國家政治性之干擾；另方面執委會也得以排除歐盟會員國對特定國家之偏好、排除會員國施壓執委會以求特定國家盡速加入歐盟之壓力。

其次，歐盟發表對塞爾維亞定期發表進度報告，穩固歐盟報酬。截至本文撰寫之日，歐盟執委會共發表對塞爾維亞五次進度報告（二〇〇六年至二〇一〇年）。[45]歷年報告均特別著重於塞爾維亞民主改革進程，每年報告特別突出憲法修訂、人權保障與民主實踐等議題；例如報告中特別肯定塞爾維亞新憲法著重人權與少數民族保障（2006 Progress Report, 2.1. Democracy and the rule of law, p. 6），鼓勵塞爾維亞持續推動民主改革。[46]另外，執委會也特別針對伏依伏地那的自治問題提出多次看法，在二〇〇八年的報告中特別提及，雖然塞爾維亞憲法已經給予伏依伏地那自治地位，但仍要求塞爾維亞議會應該盡速通過伏依伏地那的自治法律（This new statute has to be

---

transfer to the candidate countries of Central and Eastern Europe," *Journal of European Public Policy* vol. 11, no. 4 (August 2004), pp. 669-687; Heather Grabbe, "A Partnership for Accession? The Implications of EU Conditionality for the Central and East European Applicants," *Robert Schuman Centre Working Paper*, no. 12 (1999); Florian Trauner, "From membership conditionality to policy conditionality: EU external governance in South Eastern Europe, "*Journal of European Public Policy*, vol. 16, no. 5 (August 2009), pp. 774-790.

45 European Commission, Serbia 2006 Progress Report, COM(2006) 649 final; European Commission, Serbia 2007 Progress Report, COM(2007) 663 final; European Commission, Serbia 2008 Progress Report COM(2008)674; European Commission, Serbia 2009 Progress Report, COM(2009) 533; European Commission, Serbia 2010 Progress Report, COM(2010) 660.

46 Constitution of the Republic Serbia, Section 2, Article 18-81.

approved by the national parliament）；這項要求在塞爾維亞境內引起諸多討論，並且一度嘗試希望透過推遲的方式暫緩通過該項法律，不過歐盟持續施壓終究讓塞爾維亞做出改變，二〇〇九年十一月塞爾維亞國會投票同意伏依伏地那的自治法律。[47]

最後，「最佳表現」（Best performer）的區域學習與競爭模式為塞爾維亞提供未來強化歐盟報酬遞增過程之動力。根據歐盟前期的擴張經驗，為能消弭新會員國推動改革時所遭遇之阻礙，一種透過制度調整與降低風險的相互學習方式引進區域學習或競爭模式之中，此種最佳實踐的區域模式即是透過新會員國參照其他會員國的經驗學習過程，使成本支出的顧慮降至最低，或稱為「成對最佳實踐」（Twinning Best Practice）概念；透過入盟候選國選擇與特定舊會員國的相互合作，以團隊進駐候選國，並採互助學習的方式來提升候選國的執行能量，一般稱之為入盟前顧問（Pre-Accession-Advisors, PAA）。[48]巴爾幹半島地區的區域學習競爭關係也仿效此種方式，將塞爾維亞和門地內哥羅、科索沃、波士尼亞、阿爾巴尼亞等國並列為區域內夥伴，歐盟也同列上述國家每年的進度報告，以區域觀點來推動民主化戰略。[49]

從上述討論觀察塞爾維亞民主化表現，歐盟強化誘因之可信度對塞爾維亞政策實踐上取得相當顯著之效果；塞爾維亞主動將米洛

---

47 上述發展請見二〇〇六年至二〇一〇年的歐盟進度報告項下Democracy and the Rule of Law, Constitution.

48 例如波蘭和捷克向英國學習環境政策革新事宜即為一例。請見Matthew Gorton, Philip Lowe and Anett Zellei, "Pre-accession Europeanization: The Strategic Realignment of the Environmental Policy Systems of Lithuania, Poland and Slovakia towards Agricultural Pollution in Preparation for EU Membership," *European Society for Rural Sociology*, vol. 45, no. 3 (July 2005), pp. 202-223.

49 European Commission, Enlargement Strategy and Main Challenges 2009-2010, COM(2009) 533, Brussels, October 14, 2009.

塞維奇與卡拉吉奇（Radovan Karadžić）遞交ICTY進行審判獲得歐盟肯定，另外塞爾維亞與門地內哥羅和平分離、科索沃宣布獨立兩件與主權相關議題對塞爾維亞內部政治發展產生衝擊，又以科索沃獨立事件尤為巨大。由於科索沃特殊的地理位置與歷史地位，科索沃獨立對塞爾維亞政治、經濟、領土與主權衝擊不可謂不大。另外，在國內政治部分，塞爾維亞國會通過促進平等的「反歧視法」（antidiscrimination law）以及伏依伏地那的自治法律，並將管轄權由中央政府轉移至伏依伏地那自治省；另外對於給予不同政黨公平競爭地位的法律「政黨法」（law on Political Parties）和「政治團體補助法」（Law on Financing of Political Organizations）也獲得通過，歷年來塞爾維亞已舉行過省市級、國會與總統等各個不同層級大選。根據自由之家所作的塞爾維亞民主化評量，除媒體與司法獨立兩項目外，塞爾維亞自二〇〇一年起民主化呈現緩步進展，請見表二統計。

表二　自由之家對塞爾維亞各項民主化指標評分

	2001	2002	2003	2004	2005	2006	2007	2008	2009	2010
選舉	4.75	3.75	3.75	3.50	3.25	3.25	3.25	3.25	3.25	3.25
市民社會	4.00	3.00	2.75	2.75	2.75	2.75	2.75	2.75	2.75	2.50
媒體	4.5	3.50	3.25	3.50	3.25	3.25	3.50	3.75	3.75	4.00
治理[50]	5.25	4.25	4.25	4.00	n/a	n/a	n/a	n/a	n/a	n/a
國家治理	n/a	n/a	n/a	n/a	4.00	4.00	3.75	4.00	4.00	3.75
地方治理	n/a	n/a	n/a	n/a	3.75	3.75	3.75	3.75	3.75	3.50
司法獨立	5.50	4.25	4.25	4.25	4.25	4.25	4.25	4.50	4.50	4.50
貪腐	6.25	5.25	5.00	5.00	5.00	4.75	4.50	4.50	4.50	4.50
總得分	5.04	4.00	3.88	3.83	3.75	3.71	3.68	3.79	3.79	3.71

資料來源：Freedom House, Nations in Transit 2010-Serbia, http://www.freedomhouse.org/images/File/nit/2010/NIT-2010-Serbia-proof-II.pdf

---

50 治理項目自二〇〇五年開始區分為國家治理與地方治理。

陸、結　論

　　綜合上述討論，本文認為塞爾維亞民主化過程與歐盟誘因有顯著關係，兩者之主要互動關係表現在以下幾個層面：

一、誘因提供具啟動民主化進程之重要功效

　　回顧歷史經驗，後冷戰時期初期的巴爾幹半島地區依然戰火蔓延，各民族國家仍依循使用武力解決國家間衝突之行為，在缺乏外部誘因的影響下，巴爾幹半島地區很可能繼續扮演歐洲火藥庫的角色；這不僅將危害該地區人民與主權國家之安危，同時也將影響歐盟各國的邊界安全與社會穩定。

　　歐盟的外部誘因提供塞爾維亞正面且積極的民主改革影響力，讓塞爾維亞擺脫米洛塞維奇下臺後混亂局面之可能性，歐盟提供的穩定與聯繫協定開啟雙方交流，並透過將塞爾維亞納入潛在候選國之方式作為穩固巴爾幹半島之政策目標。如無此項政策目標，塞爾維亞將可能繼續陷入外交政策路線之爭，傾歐或傾俄將仍是塞爾維亞難以決定之政治僵局。

二、誘因提供需搭配可信度，強化誘因之影響力

　　塞爾維亞與其他巴爾幹半島國家最大不同處在於曾觸犯大規模違反人道之戰爭罪行，因此歐盟必須率先確認人權保障為該地區之最高優先原則。透過要求塞爾維亞必須「與ICTY進行全面性合作」顯

示誘因政策之可信度：誘因政策將不是地緣政治或國家利益的交易對象，塞爾維亞唯有完全遵守與ICTY的合作才有可能與歐盟發展進一步關係。就目前多數戰爭罪犯均受到ICTY起訴情況來看，誘因之可信度可以獲得確立。歐盟誘因可信度獲得確立的第二個來源則是周邊國家改革的成功經驗；周邊國家根據歐盟提出的民主化要求進行改革，最終完成加入歐盟政策目標，由於經濟發達程度並非是加入歐盟的主要標準，因此周邊國家成功經驗對塞爾維亞有極大的鼓舞作用。換句話說，給予歐盟會籍身分的誘因政策是歐盟現階段與鄰近國家交往最有力之政策工具。

三、誘因提供有助於建立制度慣性、強化報酬遞增效應

誘因之給予如能增強制度慣性，就能使誘因獲得之報酬透過時間遞延而逐步遞增，產生出內部改革與自我演化之效果。歐盟累積過去經驗，以制度中立和長期觀察做為輔助制度慣性發展的目標；制度中立可以擺脫政治性干擾，使觀察報告依循歐盟堅持之價值規範而進行客觀評斷，目標國也因為信任行為國的客觀判斷，政治改革也就有所依循。從過去經驗來看，塞爾維亞的民主改革正逐步朝此種方向前進，進度報告所顯示的效果非常明顯。

四、區域內示範效應增強鄰近國家學習效果

　　示範效應是近年來觀察民主化浪潮相當重要的切入點，過去十年東歐、高加索、中亞與中東地區分別出現程度不一的民主化浪潮。就本文脈絡來看，示範效應能發揮影響力還在於透過區域競爭與學習效果達成，相同文化圈或地理位置相近的國家彼此仿效改革道路，並在發展過程中透過經驗學習方式減少成本支出，增強改革信心。

　　最後，本文仍要提出未來塞爾維亞民主化進程的可能挑戰。首先，塞爾維亞仍須配合ICTY追緝哈吉奇與姆拉吉奇兩個主要疑犯；歐盟以塞爾維亞是否配合ICTY作為雙方交往與塞國能否加入歐盟之重要標準，姆拉吉奇已於二○一一年五月二十六日遭到塞爾維亞逮捕，據信塞爾維亞應該近期就會將姆拉吉奇遞交ICTY進行審判，[51]而塞爾維亞與科索沃能否和平相處，從此弭平戰亂仍需持續觀察。其次，塞爾維亞對於開放國內媒體獨立經營，與司法獨立審判的環境仍有不足之處；主要原因是由政治力干預，與媒體自我審查的不友善環境所促成，其他如選舉過程、市民社會、治理與打擊貪腐等層次仍有許多空間可以加強。上述挑戰雖然眾多，能否解決這些問題也需要較長時間觀察，不過本文所欲指出之誘因與民主化推動戰略因果關係，在塞爾維亞的民主化表現議題上，應該是成立的。

---

51 Toby Vogel, "Serbia Arrests Mladić," *European Voice*, May 26, 2011.

附錄：後冷戰時期歐盟與塞爾維亞互動主要記事

時間	主要事件
一九九二年四月	波士尼亞內戰。
一九九二年四月二十七日	塞爾維亞與蒙地內哥羅另組南斯拉夫聯邦共和國（The Federal Republic of Yugoslavia）。
一九九五年十二月十四日	岱頓和平協定（Dayton Peace Accords）
一九九九年	南斯拉夫聯邦共和國總統米洛塞維奇對境內阿爾巴尼亞裔進行「種族淨化（Ethnic Cleansing）」。
二〇〇〇年十月	南斯拉夫聯邦共和國爆發革命，米洛塞維奇下臺，並且送國際法院受審。
二〇〇三年二月四日	南斯拉夫聯邦議會通過「塞爾維亞與蒙地內哥羅」憲法，並且於該年三月正式對外更改國名為「塞爾維亞與蒙地內哥羅」。
二〇〇三年五月	歐盟確立穩定與聯合進程（Stabilisation and Association Process）為對塞爾維亞與蒙地內哥羅之外交政策。
二〇〇六年六月三日	蒙地內哥羅宣布獨立。
二〇〇八年二月	科索沃議會宣布獨立脫離塞爾維亞。
二〇〇八年四月二十九日	歐盟與塞爾維亞簽訂穩定與聯合協定以及貿易與貿易相關議題臨時協定（Interim Agreement on Trade and Trade-related issue）。
二〇〇九年十二月十九日	塞爾維亞取得歐盟免申根簽證待遇國家。
二〇〇九年十二月二十二日	塞爾維亞申請加入歐盟。
二〇一一年一月三十一日	塞爾維亞成為歐盟潛在候選國（Potential Candidate）。

參考文獻

一、中文書目

于如陵、賴世綱，「報酬遞增理論對聚落體系影響之電腦模擬實驗」，建築與規劃學報，第4卷第2期（2003年），頁160-177。

二、英文書目

Baldwin, David, *Economic Statecraft* (Princeton: Princeton University Press, 1985)

Blanton, Shannon "Instruments of Security or Tools of Repression? Arms Imports and Human Rights Conditions in Developing Countries," *Journal of Peace Research*, vol. 36, no. 2(1999), pp. 233-244.

Beatriz, Sylvia and Peon, Guillermo, "Increasing Returns: A Historical Review," *Aportes*, vol. 8, no. 22, pp. 79-98.

Constitution of the Republic Serbia, Section 2, Article 18-81.

Corright, David and Geroge Lopez, "Learning from the Sanctions Decade," *Global Dialogue*, vol. 2, no. 3(2000), pp. 11-24.

Cortright, David, *The Price of Peace: Incentives and International Conflict Prevention* (New York: Carnegie Corporation, 1997)

Central European Free Trade Agreement, Agreement on Amendment of and Accession to the Central European Free Trade Agreement, 2006.

Checkel, Jeffrey, "Norms, Institutions, and National Identity in Contemporary Europe," *International Studies Quarterly*, no. 43 (1999), pp. 83-114.

Drury, Cooper, *Economic Sanctions and presidential Decisions* (New York: Palgrave, 2005)

Engelbrekt, Kjell, "Multiple Asymmetries: The European Union's Neo-Byzantine Approach to Eastern Enlargement," *International Politics*, vol. 39, no. 1 (March 2002), pp. 37-52.

Enlargement of the European Union, Guide to the Negotiations Chapter by Chapter, European Commission, Directorate-General Enlargement, Information & Interinstitutional Relations. June 2003, pp. 1-93.

European Union, Regular Report (1998-2003) on Czech Republic's Progress toward Accession.

European Union, *European Neighbourhood Policy Strategy Paper*, COM (2004) 373 final, 12 May 2004.

European Union, Commission Staff Working Document Accompanying the Communication from the Commission to the Parliament and the Council, "Taking Stock of the European Neighbourhood Policy (ENP) Implementation of the European Neighbourhood Policy in 2009," *Progress Report Republic of Moldova*, Brussels, 12/05/2010 SEC(2010) 523.

European Commission, *Enlargement Strategy and Main Challenges 2010-2011*, COM(2010) 660, Brussels, November 9, 2010.

European Commission, Declaration of EU-Western Balkans Summit, 10229/03, June 21, 2003.

European Commission, Serbia 2006 Progress Report, COM(2006) 649 final.

European Commission, Serbia 2007 Progress Report, COM(2007) 663 final.

European Commission, Serbia 2008 Progress Report COM(2008)674.

European Commission, Serbia 2009 Progress Report, COM(2009) 533.

European Commission, *Enlargement Strategy and Main Challenges 2009-2010*, COM(2009) 533, Brussels, October 14, 2009.

European Commission, Serbia 2010 Progress Report, COM(2010) 660.

European Union, Council Decision of 18 February 2008 on the principles, priorities and conditions contained in the European Partnership with Serbia including Kosovo as defined by United Nations Security Council Resolution 1244 of 10 June 1999 and repealing Decision 2006/56/EC, Official Journal L 080, P. 0046 – 0070, March 19, 2008.

Fagan, Adam, *Environment and Democracy in the Czech Republic: The Environmental Movement in the Transition Process* (Cheltenham, UK: Edward Elgar, 2004)

Fettweis, Christopher, "Credibility and The War on Terror," *Political Science Quarterly*, vol. 122, no. 4 (2007/2008), pp. 607-633.

Grabbe, Heather, "A Partnership for Accession? The Implications of EU Conditionality for the Central and East European Applicants," *Robert Schuman Centre Working Paper*, no. 12 (1999).

Gorton, Matthew, Lowe, Philip and Zellei, Anett, "Pre-accession Europeanization: The Strategic Realignment of the Environmental Policy Systems of Lithuania, Poland and Slovakia towards Agricultural Pollution in Preparation for EU Membership," *European Society for Rural Sociology*, vol. 45, no. 3 (July 2005), pp. 202-223.

Hill, Christopher, *The Changing Politics of Foreign Policy* (N.Y.: Palgrave Macmillan,

2003)

Hass, Peter, *Knowledge, Power, and International Policy Coordination* (South California: University of South Carolina Press, 1997).

Huntington, Samuel, *The Third Wave: Democratization in the Late Twentieth Centuries* (Oklahoma: University of Oklahoma Press, 1991), p. 6.

Italian Ministry of Economic Development, the Corridor VIII: Pre-Feasibility Study on the Development of the Railway Axis.

Kelley, Judith, "New Wine in Old Wineskins: Promoting Political Reforms through the New European Neighborhood Policy", *Journal of Common Market Studies, vol.* 44, no. 1, pp. 29–55.

Krugman, Paul, "Increasing Returns and Economic Geography," *The Journal of Political Economy*, vol. 99, no. 3 (June 1999), pp. 483-499.

Maki, Johannes-Mikael, "EU Enlargement Politics: Explaining the Development of Political Conditionality of 'Full Cooperation with the ICTY' towards Western Balkans," *Politička Misao*, vol. XLV, no. 5 (November 2008), pp. 47-80.

Marinov, Nikolay, "Do Economic sanctions Destablize Country Leaders?" *American Journal of Political Science*, vol. 49, no. 3(July 2005), pp. 564-576.

Manning, Nick, "Patterns of Environmental Movements in Eastern Europe," *Environmental Politics*, vol. 7, no. 2 (Summer 1998), pp. 100-133.

Maoz, Zeev and Terris, Lesley, "Credibility and Strategy in International Mediation," *International Interactions*, vol. 34, no. 4(2006), pp. 409-440.

Niemann, Arne and Tessa de Wekker, "Normative power Europe? EU relations with Moldova," *European Integration online Papers*, vol. 14 (2010).

Peksen, Dursun and Drury, A.C., "Economic Sanctions and Political Repression: Assessing the Impact of Coercive Diplomacy on Political Freedom," *Human Rights Review*, no. 10 (2009), pp. 393-411.

Pierson, Paul, "Increasing returns, Path Dependence and the Study of Politics," *The American Political Science Review*, vol. 94, no. 2(June 2000), pp. 251-267.

Putnam, Robert, "Diplomacy and Domestic Politics: The Logic of Two-level Games," *International Organizations*, Vol. 42, (Summer 1988), pp. 449-450.

Schimmelfennig, Frank and Hanno Scholtz, "EU Democracy Promotion in the European Neighbourhood," *European Union Politics*, vol. 9, no. 2, pp. 187–215.

Schimmelfennig, Frank, "The Community Trap: Liberal Norms, Rhetorical Action, and The Eastern Enlargement of the European Union," *International Organization*, vol.

55, no.1 (Winter 2001), pp. 47-80.

Schimmelfennig, Frank and Sedelmeier, Ulrich, "Governance by conditionality: EU rule transfer to the candidate countries of Central and Eastern Europe," Journal of European Public Policy vol. 11, no. 4 (August 2004), pp. 669-687.

Schimmelfennig, Frank and Sedelmeier, Ulrich ed., The Europeanization of Central and Eastern Europe (Cornell: Cornell University Press, 2005).

Seeberg, Peter, "The EU as a Realist Actor in Normative Clothes: EU Democracy Promotion in Lebanon and the European Neighbourhood Policy," Democratization, vol. 16, no. 1(February 2009), pp. 81-99.

Trauner, Florian, "From membership conditionality to policy conditionality: EU external governance in South Eastern Europe, "Journal of European Public Policy, vol. 16, no. 5 (August 2009), pp. 774-790.

Vogel, Toby, "Serbia Arrests Mladić," European Voice, May 26, 2011.

Wonka, Arndt and Berthold Rittberger, "Credibility, Complexity and Uncertainty: Explaining the Institutional Independence of 29 EU Agencies," West European Politics, vol. 33, no. 4 (July 2010), pp. 730-752.

Wójtowicz, Krzysztof, "Proposed Changes in the Polish Constitution of 1997 ahead of Poland's Accession to the European Union," in Władysław Czapliński ed., Poland's Way to the European Union (Warsaw: Scholar Publishing House, 2002), pp. 35-55.

Wahlen, Staffan, "Teaching Skills and Academic Rewards," Quality in Higher Education, vol. 8, no. 1(2002), pp. 81-87.

三、網路資料

European Commission, Serbia-Financial Assistance, http://ec.europa.eu/enlargement/potential-candidates/serbia/financial-assistance/index_en.htm

Secretariat of Central Europe Free Trade Agreement, http://www.cefta2006.com/cefta-agreement

UN International Criminal Tribunal for the former Yugoslavia: The Cases, http://www.icty.org/action/cases/4

Euronews, "Serbia 'dedicated' to hunting Mladić," http://www.euronews.net/2011/02/23/serbia-claims-dedication-to-hunt-for-mladic/

EU News, http://europa.eu/news/external-relations/2010/10/20101026_en.htm

Central Intelligence Agency of United States, the World Factbook, https://www.cia.gov/library/publications/the-world-factbook/

Freedom House, Nations in Transit 2010-Serbia, http://www.freedomhouse.org/images/
File/nit/2010/NIT-2010-Serbia-proof-II.pdf

第八章　蘇聯解體後的中亞：「民主」進程及其選擇

趙竹成

壹、前　言

　　蘇聯解體後，就中亞各國來說，馬克思－列寧主義的霸權已留在過去，蘇聯政體的專制性亦宣告結束。但是，後來政治變遷的結果顯示，中亞各國的統治菁英在其變動的時代並沒有將各自的國家推向蘇聯體制的另一面，反而利用蘇聯的瓦解更加地強化其專制性格，政府體制的弱化伴隨對領袖幾近全面的依賴性。

　　中亞各國在政經上的問題有三：第一是政治體系弱化；原因在於整個系統過於依賴強而有力的領袖個人，[1]造成在政治繼承上的危機、遊戲規則以及權力移轉過程的不透明。因此，所有的權力更迭就為政治權力競逐的過程投下不安的變數，甚至要透過非制度內的手段來完成。第二是在民眾政治參與不足，包括不存在政黨政治，傳統社會組織仍具重要功能，未被現代化組織替代。如果一般民眾的參與越來越廣，則民眾的意見越能真實的反映在制度性的政治活動中，也更能回應社會中不同的利益主張。由此，就比較能夠降低極端的反對勢力的發生。第三，經濟的快速發展極大化的依賴能源與天然資源的開發與生產。但是，這種情形卻造成政治進程中不良的後果——以領袖為核心的政府機制掌握了所有權力，進而造成貪汙腐敗。過於依賴能源生產使其他非能源產業競爭力不足，出現「荷蘭病」以及經濟改革的遲滯。[2]

　　以下將就中亞的政治變遷作簡單的回溯，說明當前中亞各國政治體系形成的當時背景。由於中亞五國中，吉爾吉斯與土庫曼近年都發

1　也就是總統的任期接近終身制，除了中亞各國外，亞塞拜然及白俄羅斯亦有類似情形。請參考文末附錄一。
2　關於能源富裕國家的經濟矛盾問題早有專論，如Robert Ebel and Rajan Menon,eds., Energy and conflict in Central Asia and the Caucasus (Lanham, MD: Rowman and Littlefild, 2000) 以及Terry Lynn Karl, Paradox of Plenty: Oil Booms and Petrostates (Berkeley: University of California press, 1977)。

生過領導人的更迭，而哈薩克，烏茲別克，塔吉克三國則未發生。因此，本文在五國綜述中多以哈、烏、塔三國爲本；而這三國中，烏茲別克在美俄中亞競逐中出現的搖擺，形成一個有趣的案例，因此本文將三國中的焦點放在烏茲別克，將其進行介紹。

貳、當代中亞政治體系形成之背景－關於氏族政治的問題

　　雖然在形式上，中亞各國是在蘇聯瓦解之後才取得獨立地位，但是其國家的形成仍是以一九二四年後在蘇聯民族政策下形成的基本格局做爲基礎，[3] 尤其在蘇聯國民義務教育下培養出高識字率的國民。此外，相較於一九二〇年代或一九四五年後去殖民化過程的近東及中東周邊國家，這些國家仍有較好的工業化基礎。[4]

　　但是前述的條件，並沒有使中亞各國在政治轉型過程中向西方式的民主政體與自由市場經濟過渡；所有研究和紀錄資料都表明，在中亞各國發展出形式上的民主，這種的民主形式由一個專制極權的領袖爲核心，伴隨著一個體制性的貪汙以及政府統治下的人權侵犯。[5] 在各國獨立之初，中亞各國在政治發展過程中可以被稱爲成功之處在於並沒有出現伊朗何梅尼（Хомейни）的伊斯蘭政權；也就是說，伊斯蘭極端主義在這個區域受到一定程度的抑制。因此，探究中亞各國的政治選擇仍要由其文化傳統本質談起。

　　一般在研究民主化過程中的政府角色時，都會關注到社會階級、政黨，以及看不見的非正規機制。在秩序瓦解以及體制弱化的情形下，非正規組織的運作（包括不成文規定法則以及社會習慣）益形重要，因爲非正規組織會透過自己的內部操作，越過正規組織以形成潛規則的共識，進而確保正規組織的有效運作。

---

3 最主要的影響在於邊界的形塑所發生的獨自的政治意識。（Трофимов Д.А., 2004:426）
4 雖然在蘇聯社會主義經濟建設的分工原則下，中亞各國以原料供應基地爲主要任務，但仍有基本的工業建設。
5 以烏茲別克的費爾干納河谷地區最具代表性。請參閱Абашин С.Н.,Бушков В.И.(Отв. coc.), Феаганская Долина, Москва: Наука, 2004.

　　關於「氏族政治」在政治中的作用，要關注兩個問題，第一，為何在中亞地區出現強有力的「氏族政治」形式？以及第二，這種「氏族政治」的變動如何影響政治穩定並決定了專制形式？但是這種特殊現象在西方研究中很少關注這個問題，只有在最近一段時間，關於制度中的非正式機制在發展中社會作用的相關課題才逐漸受到注意。[6]

　　「氏族」作為一種非正規的組織包含由親屬連接構成的個人人際網絡，而這種親屬連接並不一定是由血緣形成，而主要決定於個人對組織的認同與義務。這種義務包括下對上及彼此之間的承諾，並進而將菁英與非菁英連接在一起，從而製造出實際的或是虛構的親屬關係（Collins K., 2004: 231）。這種現象在一九九一年後的中亞政治發展過程中成為一大特色。[7]

　　嚴格說來，所謂氏族並不是一般概念中的族群、民族或部落，也不是單純以地域，黑幫走後門庇護就能一言以蔽之。例如，族群、民族在蘇聯時代的概念來自於國家的政治性格，最接近的概念是部落。部落來自於具有共同父系血緣關係的各氏族組織擴張之後形成的共同體，但這種概念並不能全面的形容中亞這種政治形態；這樣的集團反而具有跨越階級界線的特徵（Edgar AL., 2001）。氏族菁英利用氏族連接來達到自己在政治或經濟系統中的目的，內部成員依賴氏族的協助以獲得工作或其他利益。

　　蘇聯時期在中亞，氏族與政府的關係各國彼此間的差異不大。在更早的俄羅斯帝國時期，中亞地區實際上是實施間接統治並不介入

6　如North D. (1998). "Where have we been and where are we going?" In Ben-Ner A., Putterman L. (eds.), *Economics, values and organization*, Cambridge.; O'Donell G (1996). "Illusions about consolidation." *Journal of democracy*, No.7.; Midgal J. (2001) State in society: studying how states and societies transform and constitute one another, Cambridge.

7　另有稱其為「父權家長式體制」。

社會內部結構。[8]但自一九二〇年代後，布爾什維克黨開始嘗試消滅氏族系統。第一，用民族意識取代氏族意識（主要是透過政治畫分，確立哈薩克人、吉爾吉斯人、塔吉克人、土庫曼人、烏茲別克人等更高層次的認同層次之塑造）；第二，透過集體化方式，破壞了傳統的農村氏族結構。這兩種方法受到當時依賴傳統氏族結構運作生活的一般人的反抗，「集體農場在一開始壓制了氏族，但後來反而有助於氏族，氏族力量的強化與氏族網路的擴張」（Collins K., 2004:239）。到布里茲涅夫時期，由於自傲於社會主義建設的成就，在「蘇維埃人」新共同體形成的前題下，氏族問題被刻意忽視。在當時政治氣氛下，氏族成員會想辦法在黨的管制下，利用政府機構和集體農場的資源，來保障自己氏族內成員的需求，其運作的基本原則仍然保存下來（Collins K., 2004:239）。

　　到安德洛波夫（Ю. Андропов）及戈巴契夫（М. Горбачев）在中亞地區進行大規模的地方官員清洗，以俄羅斯人或俄羅斯化的中亞人取代原來的地方民族官員，導致部分地區重要的氏族集團瓦解，如吉爾吉斯的「烏蘇巴里氏族」（Усубалиева клан）以及烏茲別克的「拉希德氏族」（Рашидова клан）都被排除在權力核心之外。這種作為雖然違反蘇聯在民族官員任命上的「本土化」（кореннизация）原則，但其目的是在保證地方官員領袖向莫斯科效忠。吉爾吉斯的阿卡耶夫（А. Акаев）、烏茲別克的卡里莫夫（И. Каримов）、哈薩克的那扎爾巴耶夫（Н. Назарбаев）和土庫曼和尼亞佐夫（Н. Ниязов）就是在這個背景下，被莫斯科視為沒有強大氏

8 特別是在都市中俄羅斯區與「本地區」（туземная）的分管最為明顯。請參閱 *Центральная Азия в составе Российской империи*. Москва:Новое литературное обозрение.2008, с.97-99.

族背景，可受莫斯科掌控的政黨官僚能夠主政。但是，新的政黨領袖就出現其氏族連接較弱，只能依靠共產黨的政黨連接支持。歷史證明，這種政治社會控制系統在社會政治轉型的動盪時期，面對以族群民族主義爲主的政治運動能發生的作用不大，因爲這四個國家氏族間的協議，也就是非正規的運作維持住政體的穩定。[9]

　　這段期間的清洗也創造出一個微妙的政社環境，未被清洗的氏族集團出現一種實力大致趨向相同的現象。這讓氏族集團在潛規則環境中進行協調的可能性大增，不僅使各氏族間取得平衡，也同時保持各國政體的穩定。

　　雖然在蘇聯時代，透過黨政二元體制取代一九二四年前中亞地區氏族政治的發展，但這種傳統一直被保存下來，並且在一九九〇年代後期，越來越明顯。

　　氏族政治在模式上最明顯的特徵就在政治領袖的親人在國家公資源部門占據重要的位置，我們試著檢視出一個大致的輪廓。

表一：中亞三國（哈薩克／烏茲別克／塔吉克）現任總統家人擔任公職狀況

哈薩克共和國		
努爾蘇丹‧那扎爾巴耶夫[10]（Нурсултан Назарбаев/ Nursultan Nazarbayev）		
與總統關係	姓名	角色

9　在塔吉克雖然沒有發生前四個國家的清洗事件，但是自一九四六年至一九九一年，權力一直掌握在忽氈－庫里雅伯族（ходжендско-килябский клан）的手中，但是政體相對不夠鞏固。

10 那扎爾巴耶夫的許多親戚都擔任國家公職。

長女	達麗嘉・那扎爾巴耶娃 （Дарига Назарбаева / Dariga Nazarbaye-va）[11]	一九九二	哈薩克「孩子（Бобек）」國際兒童福利基金會副主席（主席是其母，薩拉・那扎爾巴耶娃（Сара Назарбаева））。
		一九九四初	在沒有傳播媒體相關經驗的情況下，應國營傳媒公司——哈薩克電視暨電臺（Телевидение и радио Казахстана）——董事長之邀擔任副董事，並同時兼任哈巴爾（Хабар）新聞臺經理。
		一九九五年十月二十三日	努爾蘇丹・那扎爾巴耶夫頒布總統令，將哈巴爾（Хабар）新聞臺納入國營體系，局長即為達麗嘉・納紮爾巴耶娃。其在任內打壓反對執政當局的傳媒公司。
		一九九八年六月	哈巴爾（Хабар）新聞臺轉為封閉式股份公司，由達麗嘉・那扎爾巴耶娃擔任總裁。後因總統大選在即，為其父輔選而暫時離開公司總裁一職。
		二○○一年三月	擔任哈巴爾（Хабар）電視公司董事會主席，此時她幾乎掌握國家整個傳播媒體。
		二○○二年四月二十七	在第一屆記者代表大會上被選為執行委員會會長。
		二○○三年十月二十五日至二○○六年七月四日	組成政黨「Асар」，並在其與另一政黨「Отан」合併前，擔任阿薩爾黨主席。而兩黨合併後改名為「祖國之光」人民民主黨（Народно-демакратическая партия "НУР ОТАН"）；為今之執政黨。
		二○○五年二月十七	成為由二十八位下議院議員和八位上議院議員組成的黨團「Аймак」主席。
		二○○七年七月二十三	在銀行Нурбанка的臨時股東大會上，一致同意其為董事會成員。達麗嘉・那扎爾巴耶娃握有百分之三十六的股份。

11 達麗嘉在政壇的活躍及其所掌握的傳播媒體，對那扎爾巴耶夫本人以及哈薩克的政經、生活都有一定的影響力。

		一九九九至二○○○	哈薩克國安會阿拉木圖地區主管。
大女婿	拉哈特‧阿利耶夫（Рахат Алиев/ Ra-hat Aliev）	二○○○至二○○一	哈薩克國家安全委員會副主席。
		二○○一至二○○二	哈薩克總統安全部門副首長。
		二○○二至二○○五	哈薩克駐奧地利、斯洛維尼亞、克羅埃西亞、馬其頓、塞爾維亞、黑山共和國等國之特命全權大使。
		二○○五年七月	哈薩克外交部第一副部長。
		二○○五年八月	哈薩克就和歐安組織合作問題之特別代表。
		二○○七年二月九日	哈薩克駐奧地利之特命全權大使。
			哈薩克常駐歐安組織及駐維也納瓦其他國際機構之常駐代表。
次女	季娜拉‧庫裡巴耶娃（Динара Кулибаева/ Dinara Kulibayeva）	一九九八至今	「那扎爾巴耶夫教育基金會」主席。
二女婿	鐵木爾‧庫裡巴耶夫（Тимур Кулибаев/Timur Ku-libayev）	一九九七	國營石油及天然氣公司КазахОйл公司副財務長。
			哈薩克國家投資評估暨談判委員會（Дирекция оценки проектов и ведения переговоров Госкомитета РК по инвестициям）負責人。
		一九九七至一九九九	КазахОйл公司財經部副部長。
		二○○○	國營石油公司КазТрансОйл董事長。
		二○○二至二○○五	哈薩克國家油氣公司КазМунайГаз副董事長。КазМунайГаз為二○○二年二月二十日由ННК（Казахойл）和НК（Транспорт нефти и газа）兩家股份公司根據總統頒布之法令合併；後者鐵木爾‧庫裡巴耶夫曾在二○○二年擔任公司總經理。

		二〇〇五年十月	哈薩克總統顧問。
		二〇〇五年十一月	哈薩克油氣及能源企業協會КазЭнерджи會長。
		二〇〇八年十月	薩姆魯克－卡澤納國家福利基金ФНБ（Самрук-Казына）副主席。

烏茲別克共和國		
伊斯蘭・卡里莫夫（Ислам Каримов/ Islam Karimov）		
與總統關係	姓名	角色
長女	古爾娜拉・卡里莫娃（Гульнара Каримова/ Gulnara Karimova）[12]	一九九六年六月至一九九七年九月	外交部政治顧問。
		一九九八年四月至二〇〇三年九月	烏茲別克常駐聯合國日內瓦辦事處代表團團長、大使。
		二〇〇三年九月至二〇〇五年四月	駐俄羅斯使館任公使銜參贊。
		二〇〇五至二〇〇八	烏克蘭外交部部長顧問。
		二〇〇八年二月至二〇〇八年九月	國際合作文化和人道主義領域的外交部副部長。
		二〇〇八年九月至今	烏茲別克常駐聯合國及駐日內瓦其他國際機構之特命全權大使。
		二〇一〇年一月至今	烏茲別克斯坦駐西班牙大使。

12 卡里莫娃擁有烏茲別克國內最大電信公司、水泥工廠及幾家貿易、房地產公司的大多數持股。未來卡莫莫娃很有可能會繼承父親的衣缽擔任烏茲別克執政黨——烏茲別克人民民主黨的主席，進而為繼任總統打下堅實的基礎。

		二〇〇八年一月	烏茲別克駐聯合國教科文組織的常駐代表。
次女	洛拉・卡里莫娃（Лола Каримова/ Lola Karimova）	幫助孤兒之基金會 Республиканского общественного детского фонда "Ты не одинок"	
		幫助殘疾孩童之基金會 Республиканского центра социальной адаптации детей	

塔吉克共和國			
埃莫馬利・拉赫蒙[13]（Эмомали Рахмон/ Emomali Rakhmon）			
與總統關係	姓名	角色	
次女	奧佐達・拉赫莫諾娃（Озода Рахмонова/ Ozoda Rakhmonova）[14]	二〇〇九年九月	塔吉克外交部副部長，事實上奧佐達自美國首都華盛頓特區的喬治城大學畢業後即進入塔國外交部工作。
長子	魯斯坦・拉赫蒙（Рустам Рахмон/Rustam Rakhmon）[15]	二〇〇九年四月	國家青年組織副主席。

資料來源：列表由筆者參考整理自下列網站。(2010/09/08)

　　　　哈薩克總統官方網站：http://www.akorda.kz/ru/

　　　　烏茲別克官方網站：http://www.gov.uz/ru/

　　　　塔吉克總統官方網站：http://www.president.tj/rus/

　　　　吉爾吉斯總統官方網站：http://www.kyrgyz-el.kg/

　　　　土庫曼官方網站：http://www.turkmenistan.gov.tm/

　　　　中華民共和國外交部網站：http://www.fmprc.gov.cn/chn/gxh/tyb/

　　　　華新網：http://www.xinhuanet.com/

---

13 埃莫馬利・拉赫蒙有七女二男。

14 塔吉克總統埃莫馬利・拉赫莫諾夫放棄自己姓中的俄羅斯姓結尾-ов，改為「拉赫蒙」。不過他的女兒仍保留俄羅斯姓結尾。

15 埃莫馬利・拉赫蒙企圖將其培育為繼任者。

　　「氏族政治」的變動牽涉到幾個可能性：一、如果氏族對政府機制運作產生正面作用，政府機制只是抑制，而不是消滅。這會讓氏族有機會存活，並且能在強力政府機制中存在；二、氏族在外部威脅出現的情況下，可以成為潛在機制，取代正軌機制並迫使正規機制隱藏的角色與功能，由氏族機制出面進行協調，彼此達成協議，進而保持正軌體制的穩定。這種角色在轉型國家特別有用，但明顯的不符合現代民主運作的常態；三、前述構成的協調及轉型模式，領袖的個人意識形態取向，以及新的政治體制都會在政治進程中對彼此產生影響；四、正規的政治機制會逐步的被非正規的氏族機制吸收，取代部分或大部分功能。換句話說，政治或經濟權力的根源就會被動的由氏族政治先行決定。但是嚴重的是，氏族政治的封閉性與部分性會妨礙民主的多樣性與公開性，進而造成政治社會的分裂競爭，而反映在正軌政治機制的政黨競爭上（Collins K., 2004: 226）。

　　在某個方面來看，氏族集團的協議存在或不存在，是解釋政治轉型進程政體穩定或不穩定的因素之一。但是氏族政治本身並不是一個新式的政體，它可能在民主化過程中造成不同的政體形態，在經濟困難以及政府衰弱的條件下，氏族菁英很大程度上會利用國家資源，建立一個能與政府對抗的中央，破壞公民與政治自由，甚至是政府。

　　總而言之，中亞地區的氏族集團逃過了蘇聯時期的壓制，雖然因為各共和國的政治進程不同，在新政治體制與傳統氏族集團間有不同聚合形態。在吉爾吉斯的自由化體制產生負面的結果，並且成為支持極權政體運作的一個重要因素。氏族網絡所阻礙的不只是民主化以及政體的穩定，並且會有害於未來的鞏固。

參、烏茲別克的民主化問題一走向專制

以烏茲別克的政治史來看，雖然多年的蘇聯化（советизация）使烏茲別克在民族認同意識上比較複雜，但是一般都承認烏茲別克蘇維埃社會主義共和國（Узбекская ССР）的建立對烏茲別克民族的的確立非常重要。在烏茲別克共產黨第一書記拉希多夫（Ш. Рашидов，一九五九年至一九八三年）主政時，就已經達到確立自治的政治方針。而自一九八九年起，由卡里莫夫（И. Каримов）當政起，塔什干的自主性更加鞏固一直到一九九一年烏茲別克正式獨立。

一、族群的一體化

烏茲別克人占烏茲別克人口的百分之七十四點五，以及其他超過一百人以上的民族包括：塔吉克人（百分之五點五）、哈薩克人（百分之四點一），和俄羅斯人（百分之三點九），塔吉克人集中在撒馬爾干（Самарканд）和布哈拉（Бухара）兩地區。族群一體化是建立烏茲別克為中心，有同化亦有排除的作為，其中發揚烏茲別克民族主義早在一九八〇年代就已開始，但在一九九〇年代大規模進行，帖木兒（Тимур）的個人崇拜是其代表，其他如將烏茲別克語訂為唯一國語，重新改寫烏茲別克史，平反在蘇聯時代遭受整肅的烏茲別克民族主義者。[16]

同化政策的代表是塔吉克人。根據塔吉克作家馬索夫

---

16 С.И.Кузнецова(сост.), Государственные структуры. Авторитаризм и демократия. Страны Центральной Азии на рубеже XX-XX1 вв.: Становление национальных государств.Реферативный сборник. Москва:ИНИОН РАН, 2006, с.77

（З.Масов）的說法，自蘇聯時代開始，當地塔吉克人就被迫同化。[17]事實上，烏茲別克除了強迫同化外，也強迫塔吉克人登記為烏茲別克人。因此在某種程度上，很難正確去估算出塔吉克人真正的數字。[18]

　　排除的代表族群是俄語人口。[19]在蘇聯的工業化政策以及都市建設過程中，俄語人口在烏茲別克迅速增加，並且在各經濟部門位居重要職位。主要集中在塔什干以及阿爾瑪利克（Almalyk）、烏奇庫都克（Uchkuduk）、齊爾奇克（Chircik）、阿格鄰（Angren）等城市。其中在那沃伊（Navoi）人口的百分之八十至百分之八十五是斯拉夫人（Melvin N.J., 2000:48）。在烏茲別克獨立期間並沒有與烏茲別克人起衝突，但是隨著社經情勢的變化，俄語人口出現移民潮（趙竹成，2007: 54-81）。

---

17 Масов Р., история топорного разделения. Душанбе, 1991, c.10-11引自Melvin N.J., Uzbekistan: transition to authoritarianism on the Silk Road. Amsterdam: Harwood acad. publ., 2000, XV,129 p. p.49 http://books.google.com.tw/books?id=jc6yLgUd0OYC&printsec=frontcover&dq=Melvin+J.,+Uzbekistan:+transition+to+authoritarianism+on+the+Silk+road.&source=bl&ots=Mc4mzpgs-E&sig=CubC_8ZSXMs2L7wIgfuPOoRkGcU&hl=zh-TW&ei=Mz68TMCUAoyHcZT85NkM&sa=X&oi=book_result&ct=result&resnum=1&ved=0CBkQ6AEwAA#v=onepage&q&f=false (2010/08/28)

18 但要指出的是，縱使面對歧視，塔吉克人從未公開反抗，主要的原因是塔吉克人幾乎都是雙語使用者，嚴格的語言限制對塔吉克人不構成障礙。

19 русскоязычное население指俄羅斯人、烏克蘭人、日爾曼人及猶太人。

二、外部影響微弱

　　二〇〇一年九一一事件後，中亞對美國的戰略意義升高，烏茲別克對美國軍事意義的增加，二〇〇二年三月烏茲別克與美國簽訂的「戰略夥伴宣言」（Декларация о стратегическом партнерстве）除了標誌雙方關係在九一一事件的強化外，也代表美國在傳統俄羅斯地緣優勢地區取得突破。就烏茲別克的立場來看，所以會和美國合作大致可歸因於幾個因素：首先，美國是唯一有能力提供援助以改善烏茲別克經濟的國家；[20]第二，不同於上海合作組織與「集體安全合作組織」（Организация договор коллективная безопасность）成員，美國是最有能力動員反恐資源的國家；第三，烏茲別克本身想透過與美國的合作成為中亞地區的領袖，而美國利用基地租借與經濟援助方式積極扮演安全核心的角色。

　　但是，這種透過經濟財務援助的形式並無助於中亞各國民主化的進程，反而是強化了這些國家的專制政體。卡里莫夫是第一個在九一一後承諾推動民主改革及與美國在安全方面進行合作的中亞領導人，但是除了與美國的合作外，關於民主改革的承諾從未實現。一方面在於美國的軍事援助削弱了「伊斯蘭解放黨」與「烏茲別克伊斯蘭運動」對卡里莫夫政權的威脅性，美國的主要目標在與烏茲別克軍事合作，而非促進烏茲別克的政治民主化。因此，與美國友好的期間烏茲別克在民主的指標上並沒有些許的改變。[21]

---

20 美國在當年援助達一億六千一百萬美元，在中亞五國中最多是對哈薩克的兩倍。請參閱С.И.Кузнецова(сост.), Центральная Азия в современном мире: Внешнеполитические и геополитические аспекты развития. Реферативный сборник. Москва:ИНИОН РАН, 2006, с.61

21 例如，就在烏茲別克與美國簽署共同宣言後的幾週，國際紅十字會

三、宗教的政治作用

　　烏茲別克於轉型時期宗教的作用在協助政權的穩定，因為為了克服蘇聯時期留下來的影響，必須強調伊斯蘭傳統的宗教價值。換句話說，烏茲別克透過發揚伊斯蘭的復興來強化其政權的正當性，並且取代以往的共產主義意識形態。因此，烏茲別克的俗世政府必須能夠容忍伊斯蘭。但是，重點在於宗教在政權穩定的工具性，卡里莫夫對於伊斯蘭的定位很清楚：「相對的，伊斯蘭的傳統主義也要協助烏茲別克社會，使文化與精神成為烏茲別克民族認同的基本」（Pottenger J., 2004:67）。因此嚴厲的控制伊斯蘭，特別是來自於境外的伊斯蘭勢力的影響，成為具政治重點。尤其塔利班（Taliban）政權在阿富汗建立後，烏茲別克對相關議題益發小心（Левитин Л., 2001: 249-251）。一九九七年起烏茲別克禁止成立任何宗教背景的政黨，一九九八年起強迫所有清真寺及宗教團體進行登記，並認為瓦哈比主義（ваххабизм）是危害烏茲別克國家安全最危險的意識形態。在此同時，卡里莫夫強烈的批判並禁止如「伊斯蘭解放黨」（Хизб ут-Тахрир аль-Ислами）與「烏茲別克伊斯蘭運動」（Исламское движение Узбекистана）等伊斯蘭宗教極端組織的活動。[22]

　　（Международный коммитет Красного Креста）由於被禁止探訪監獄情況而被迫離開烏茲別克，但美國對此問題冷漠以對。直到二〇〇九年才得以進入進行訪視。請參閱Международный коммитет Красного Креста возобновляет посещения тюрем Узбекистана под грифом "секретно" http://ru.trend.az/regions/casia/uzbekistan/1569705.html. (2010/08/28)

22 因此兩者間已成水火，「伊斯蘭解放黨」與「烏茲別克伊斯蘭運動」不斷嘗試暗殺及恐怖攻擊，最有名的是「烏茲別克伊斯蘭運動」於二〇〇四年四月在塔什干及布哈拉（Бухара）大規模武裝攻擊。

四、一黨獨大的政黨體系

卡里莫夫的主要目的與任務在確保自我政治穩定及權力鞏固，其個人統治體系的建立內含四個因素：強而有力的總統系統之確立、反對派的臣服、對大眾傳播媒體的嚴格管制以及不斷的對政治菁英進行清算。（Melvin N.J. 2000:31）

在實務上，要完成這個任務須透過下列幾個途徑：第一、建立總統的個人權力；第二、在中央集權政府的原則下，由塔什干指揮地方；第三、發揚烏茲別克民族主義，作為社會團結的工具；第四、壓制任何有利於反對黨的資源。在這四個途徑並行下，塑造出總統擁有無限權力的專制政體，[23]最簡單的途徑就是建立一個形式上民主，卻可以控制的政黨體系。

烏茲別克在獨立初期自一九九一年起，曾出現第一批的反對黨，包括「ERK」以及「Birlik」，但在一九九三年的政黨重登記過程中解散。一九九三年後留下兩個政黨，一是「烏茲別克人民民主黨」（Народно-демократическая партияУзбекистана-就是前共產黨），[24]以及另一不大類似反對黨的「Vatan tarikkieti」，因為反對黨既不能在轉型過程中扮演主要角色，反而是以愛國主義主張烏茲別克民族主義。自一九九五年初，社會民主黨「Adolat」、民主政黨「Millii tiklanish」及「Khalk birliki」相繼成立。但在一九九七年一月烏茲別克公布新的政黨法，該法規定單一政黨登記黨員數在全烏茲別克十四個行政區的八個中，每行政區不得超過五千人不得以宗教、

---

23 請參閱С.И.Кузнецова, Государственные структуры. Авторитаризм и демократия. Страны Центральной Азии на руббеже ХХ-ХХ1 вв.: Становление национальных государств. c.77

24 在一九九六年前，黨主席由卡里莫夫擔任。

會族群條件組黨，宣傳戰爭或以暴力推翻政府。²⁵透過對政黨的管控，烏茲別克的政黨體系基本上是建立在一黨獨大的「烏茲別克人民民主黨」，²⁶其他政黨形成附庸，而沒有制衡性。

---

25 其他政黨包括：「烏茲別克人民民主黨」是由原共黨改組成的最大政黨，一九九一至一九九八年登記黨員數在三十五萬到五十萬人之間，其中81%是烏茲別克人。「烏茲別克人民民主黨」被認為是帶有民族主義的保守社會主義政黨。「Vatan tarikkieti」成立在一九九二年，由各類商人組成。到二〇〇〇年止，其黨員人數約三千五百人，95%是烏茲別克人。主張漸進的建立市場經濟，發行烏茲別克語的週報「Vatan」。由於缺乏強有力的領導人，於二〇〇〇年四月與另一政黨「Fidokorlar」合併。
社會民主黨「Adolat」成立於一九九五年，成員大多是教師及知識分子，但影響力甚低。
民主黨「Millii tiklanish」主要由藝術家或科學家在一九九五年組成，只占國會中十席。
民族民主黨「Fidokorlar」成立在一九九八年底，在一九九九年的國會選舉取得多數席次後就一直保持下來，卡里莫夫於二〇〇一年以該黨候選人身分參選，使該黨影響力大增，取得五十四席。請參閱：Ялчин Р.,Становление многопартийной системы в Узбекистане. Центральная Азия и Кавказ, Lulea, 2001, No. 5,c. 39 http://www.ca-c.org/journal/rus-05-2001/03.jalprimru.shtml.(2010/09/02)。
26 請參閱烏茲別克人民民主黨官網：http://www.xdp.uz/.(2010/09/02)。

肆、結　語

　　中亞五國的政治進程中，雖然最終出現所有的權力實際上全部集中在總統手中的政治現實。但是，這種非傳統形式的集權主義也是透過民主形式完成，包括公開的選舉、公民投票等方式，尤以利用民主方式，透過修憲形成「具合法性的權力集中」為一特點。**27**

　　這種透過「中亞式民主」的方式與過程完成的權力集中，在形式上，權力的合法性與正當性並沒有太大可爭議之處。但是，這種過程與結果顯示出的最大的問題在於：這個過程只是把蘇聯時期的體制進行複製以及轉換。目前在中亞各國掌握權力的政治高層，基本上是蘇聯「俄羅斯化」過程的成品，大多是布里茲涅夫時代的產物，在意識形態上接近俄羅斯，與俄羅斯之間共同的政治語言也較親近。

　　因此，對於中亞各國的政治未來改變，仍要寄望未來受過西方教育的社會菁英出現。就當前各國總統的任期來看，能寄望的，除非有極大的意外，如吉爾吉斯在二〇〇五年後發生的一連串事件，短期內似乎看不到改變的可能性。就歷時性的角度觀察，中亞政治的徹底變化仍要放在二〇二〇年後才能有比較大的改變。但是，在期望這種變化的同時，我們也不能不強調，一國政治的實踐仍不能脫離其傳統政治社會文化之本質；就中亞五個穆斯林國家的立場出發，特別是其中具有最濃烈伊斯蘭氣息與伊斯蘭文明的烏茲別克，在其民主化與現代化進程中，必須在傳統的伊斯蘭文化、長久的社會主義政治遺緒，以及西方式民主政體三者之間找出妥協，才能建立起新的民主範式。

---

27 中亞五國的修憲歷程請參考文末附錄二。

附錄一：中亞五國一九九一至二〇一〇歷任總統及其任期一覽

哈薩克共和國	
任期	總統
一九九一年十二月一日	
一九九五年四月二十九日舉行公投，將那扎爾巴耶夫的總統任期延長至一九九九年底。	努爾蘇丹・那扎爾巴耶夫
一九九八年十月七日議會修憲，將總統任期從五年改成七年。	（Нурсултан Назарбаев/ Nursultan Nazarbayev）
一九九九年一月十日此次總統大選是提前舉行的。	
二〇〇五年十二月四日至今	

烏茲別克共和國	
任期	總統
一九九一年十月三十日	
一九九五年三月二十六日舉行公投，任期由原本的一九九七年延至一九九九年底。	伊斯拉姆・卡莫夫（Ислам Каримов/ Islam Karimov）
二〇〇一年一月九日	
二〇〇二年一月二十七日舉行公投，總統任期由五年延長至七年。	
二〇〇七年十二月二十三日至今	

塔吉克共和國	
任期	總統
一九九四年十一月六日	埃莫馬利・拉赫蒙
一九九九年十一月六日	（Эмомали Рахмон/ Emomali Rakhmon）
二〇〇六年十一月六日至今	

吉爾吉斯共和國	
任期	總統
一九九〇年十月二十七日	阿斯卡爾・阿卡耶夫 （Аскар Акаев/ Askar Akayev）
二〇〇五年三月二十四日鬱金香革命後代遭驅逐的阿卡耶夫暫行總統職權。	庫爾曼別克・巴基耶夫 （Курманбек Бакиев/ Kurmanbek Baki-yev）
二〇〇五年七月十日	
二〇一〇年四月七日吉爾吉斯動亂，巴基耶夫政權遭推翻，由當時的外交部長羅薩・奧坦巴耶娃組臨時政府，擔任臨時總統。	羅薩・奧坦巴耶娃 （Роза Отунбаева/ Roza Otunbayeva）
二〇一〇年七月三日至今	

土庫曼共和國	
任期	總統
一九九〇年十月二日	薩帕爾穆拉特・尼亞佐夫 （Сапармурат Атаевич Ниязов / Sapar-murat Niyazov）
一九九二年六月二日	
一九九四年一月十五日 舉行公投，尼亞佐夫的總統任期延長至二〇〇二年。	
二〇〇六年十二月二十一日接替病逝的帕爾穆拉特・尼亞佐夫代行總統職權，但當日下午突然遭到國家總檢察院起訴，在未剝奪豁免權的情況下遭到逮捕。	奧韋茲蓋爾德・阿塔耶夫 （Овезгельды Атаев/ Ovezgeldy Ataev）
二〇〇六年十二月二十一日因代理總統奧韋茲蓋爾德•阿塔耶夫遭到逮捕，故在國家安全委員會的緊急會議下擔任代理總統一職。	庫爾班古力・別爾德穆哈梅多夫 （Гурбангулы Бердымухамедов/ Gurban-guly Berdimuhamedow）
二〇〇七年二月十四日至今	

資料來源：列表由筆者參考整理自下列網站。(2010/09/08)

　　哈薩克總統官方網站：http://www.akorda.kz/ru/

　　烏茲別克官方網站：http://www.gov.uz/ru/

　　塔吉克總統官方網站：http://www.president.tj/rus/

　　吉爾吉斯總統官方網站：http://www.kyrgyz-el.kg/

　　土庫曼官方網站：http://www.turkmenistan.gov.tm/

　　中華民共和國外交部網站：http://www.fmprc.gov.cn/chn/gxh/tyb/

　　華新網：http://www.xinhuanet.com/

附錄二：中亞五國一九九一至二○一○修憲歷程一覽

哈薩克共和國	
日期	內容
一九九○年四月	哈薩克最高蘇維埃通過「哈薩克共和國設立總統職務及修改、補充共和國憲法（根本法）修正案」，總統制於此確立。
一九九三年一月二十八日	哈薩克第十二屆最高蘇維埃第九次會議上通過獨立後第一部憲法。
一九九五年八月三十日	經全民公投後通過哈薩克第二部憲法。
一九九八年十月七日	根據納紮爾巴提議，議會憲法對其進行修改，將總統的任期從五年延長到七年，同時增加議會下院議員人數。
二○○七年五月十八日	哈薩克議會通過憲法修正案，賦予那扎爾巴耶夫無限次競選總統的權力。根據該修正案，哈薩克斯坦現行憲法第四十二款第五條中，有關「同一人選連續擔任哈薩克斯坦總統不得超過兩屆」的規定，將不適用於首任、即現任總統那扎爾巴耶夫。該修正案同時規定，總統任期將自二○一二年起，由七年減至五年。

烏茲別克共和國	
日期	內容
一九九一年十二月八日	第一部憲法通過。
二○○二年一月二十七日	烏茲別克舉行全民公決，將總統任期由五年延長爲七年，並將議會改爲兩院制。

塔吉克共和國	
日期	內容
一九九九年九月二十六日	全民公投通過新憲法，對一九九四年十一月之憲法做了修改。修改條款包括保持世俗國體、允許建立宗教性質政黨、實行議會兩院制、總統任期七年等。
二○○三年六月二十二日	根據此通過的憲法修正案，二○○六年十一月六日重新舉行總統大選，新任總統每屆任期七年，可連任一屆。

吉爾吉斯共和國	
日期	內容
一九九三年五月五日	議會通過獨立後第一部憲法，明定吉爾吉斯是建立在法制、世俗國家基礎上的主權、單一制民主共和國，實行立法、司法、行政三權分立，總統為國家元首。
一九九六年二月十日	全民公投通過對憲法進行修改，擴大總統許可權，規定總統任期五年，並對各權力部門的職權進行了更為明確的劃分。
一九九八年十月十七日	全民公投通過修憲，修憲內容包括調整議會兩院議席，限制議會及議員權利，實行土地私有制，嚴禁通過限制新聞自由的法律等。
二〇〇一年十二月二十四日	吉爾吉斯總統簽署修憲法令，賦予俄語國家官方語言地位。
二〇〇三年二月二日	透過全民公投修改憲法。根據新憲法，議會由兩院制改為一院制，議員由一百零五人減少到七十五人。取消政黨比例代表制，全部議員由單一選區選舉制選舉產生。總統將部分權力轉交給議會和政府，政府組成、總理和所有內閣成員的任免均需經過議會同意，地方行政長官的任免由政府提名，總統任命。
二〇〇六年十一月九日	吉爾吉斯議會通過新憲法，規定議會由九十名議員組成，百分之五十席位按比例代表制產生，其餘席位按單一選區制產生。由在議會選舉中贏得百分之五十以上議席的政黨組建政府。
二〇〇六年十二月三十日	吉議會再次通過新憲法，總統權力恢復並有所強化。
二〇〇七年九月十四日	吉憲法法院宣布廢止二〇〇六年年底通過的兩部憲法。
二〇〇七年十月二十一	全民公投新憲法通過。該憲法規定，議會由九十名議員組成，完全按政黨比例代表制選舉產生；在議會選舉中獲得多數席位的政黨組建政府。
二〇一〇年七月二日	奧坦巴耶娃政府的新憲法公投通過，共分九章一百一十四條，與以前通過的憲法版本相比，新憲法對有關總統和議會職權的章節作出了重大的改變，明確地對國家立法、行政、司法三權進行畫分和制衡，規定總統只是國家權力的象徵，在國家政治生活中起仲裁作用，議會為一院制，不僅擁有立法權、組閣權，還有財政大權。新憲法核心內容就是吉政體將由總統制過渡到議會制。

| 土庫曼共和國 ||
日期	內容
一九九二年五月十八日	通過第一部憲法，規定土為民主、法制和世俗的國家，實行三權分立的總統共和制。立法、行政和司法相互獨立又相互平衡和制約。總統為國家元首和最高行政首腦，由全民直接選舉產生。人民委員會為國家最高權力代表機關。立法權和司法權分屬國民議會和法院。
一九九五年十二月二十七日	透過修憲，土庫曼成為永久中立國。
一九九九年一月	對憲法中有關人民委員會、議會的職能進行了修改和補充，明確規定尼亞佐夫作為首任總統，其任期無時間限制。
二〇〇三年八月	修改並通過新憲法，規定人民委員會為常設的最高權力代表機構，設立主席一職，同時規定總統當選年齡不得超過七十歲。新憲法內亦提到土庫曼不承認那些持有外國護照、擁有其他國家國籍的人是本國公民。
二〇〇六年十二月二十六日	再次修憲，規定總統候選人年齡在四十至七十歲之間，總統因故不能行使職權時，根據國家安全會議決議，任命副總理臨時代理總統職權。
二〇〇八年九月二十六日	土庫曼人民委員會通過新憲法，根據新憲法，總統有權組建中央選舉和全民公決委員會並對其人員進行調整，制定國家政治、經濟、社會發展綱要，對行政區劃進行變更，組建國家安全委員會並領導其工作。國民議會則負責通過、修改和補充憲法，審議國家政治、經濟和社會發展綱要，決定有關舉行全民公決、總統選舉、議會選舉事宜，批准或廢除相關國際協議、國家邊界的變更，審議和平與安全問題等。

資料來源：列表由筆者參考整理自下列網站。（2010/09/05）
哈薩克總統官方網站：http://www.akorda.kz/ru/
烏茲別克官方網站：http://www.gov.uz/ru/
塔吉克總統官方網站：http://www.president.tj/rus/
吉爾吉斯總統官方網站：http://www.kyrgyz-el.kg/
土庫曼官方網站：http://www.turkmenistan.gov.tm/
中華民共和國外交部網站：http://www.fmprc.gov.cn/chn/gxh/tyb/
華新網：http://www.xinhuanet.com/

參考文獻

一、中文資料

期刊論文

趙竹成，「認同的選擇─以境外俄羅斯人為案例的分析」，問題與研究，第46卷第2期（2007年4月），頁54-81。

二、英文資料

書籍

Melvin, Neil J., Uzbekistan: Transition to Authoritarianism on the Silk Road (Amsterdam, Netherlands: Harwood Academic Press, 2000)

期刊論文

Collins, Kathleen, "The Logic of Clan Politics: Evidence from the Central Asian Trajectories," *World Politics*, Vol. 56, No. 2 (January 2004), pp. 224-261.

Edgar, Adrienne L., "Genealogy, Class, and 'Tribal Policy' in Soviet Turkmenistan," Slavic Review, Vol. 60, No. 2 (Summer 2001), pp. 266-288.

Pottenger, John R., "Civil Society, Religious Freedom and Islam Karimov: Uzbekistan's Struggle for a Decent Society," *Central Asian Survey*, Vol. 23, No. 1 (March 2004), pp. 55-77.

三、俄文資料

書籍

Абашин, С.Н., Бушков, В.И.(Отв. сос.), *Феаганская Долина*, (Москва: Наука, 2004)

Кузнецова, С.И. (сост.), *Государственные структуры. Авторитаризм и демократия.//Страны Центральной Азии на руббеже XX-XXI вв.: Становление национальных государств. Реферативный сборник* (Москва: ИНИОН РАН, 2006)

Кузнецова, С.И. (сост.), *Центральная Азия в современном мире: Внешнеполитические и геополитические аспекты развития. Реферативный сборния* (Москва: ИНИОН РАН, 2006)

Левитин, Леонид, *Узбекистан на историческом повороте. Критические заметки сторонника Президента Ислама Каримова* (Москва: Вагриус, 2001)

Трофимов, Д.А., *Этнотерриториальные и пограничные проблемы в Центральной Азии. Северо-Восточная и Центральная Азия: Динампка международных и межрегиональных взаимодействий* (Москва: РОССПЭН, 2004)

Центральная Азия в составе Российской империи (Москва: Новое литературное обозрение, 2008)

期刊論文

Ялчин, Ресул, "Становление многопартийной системы в Узбекистане," Центральная Азия и Кавказ, No. 5 (2001), pp. 25-35."

第九章　戰略黑金磚：伊朗之內外在挑戰與出路

陳文生

壹、前　言

　　多年來，伊朗與美國等強權的對立戲碼，總在國際舞臺上吸引世人的目光；由支持恐怖主義、反以色列，到核子威脅及獨裁政權等議題，不一而足。伊朗之所以受到重視至少因為三個重要特徵：世界級的石油蘊藏與生產、居於國際重要地緣戰略位置，且是中東大國。

　　首先，石油作為世界的主要能源，不僅是獲利豐厚的經濟商品，也是牽動各國國家安全的戰略物資。石油是牽動國際經濟與安全的全球性議題，一九七〇年代的兩次石油危機對世界造成的衝擊即為顯例；一九七九年的第二次石油危機，即導因於伊朗的伊斯蘭革命。石油的重要性正可突顯伊朗的世界地位。伊朗石油蘊藏量居世界第三位，生產量與出口量在石油輸出國家組織（Organization of Petroleum Exporting Countries，以下簡稱OPEC）中排名第二。在工業化時代，石油價值不菲，俗稱「黑金」，伊朗的石油實力使它成為一塊閃亮的黑金磚。

　　其次，從地緣戰略的角度看，伊朗位居橫跨世界兩大能源區——波斯灣（Persian Gulf）與裏海（Caspian Sea）——的戰略通道，更扼住波斯灣的咽喉位置——荷姆茲海峽（Strait of Hormuz），對國際能源的運輸安全及地緣戰略部署有重大影響。再者，從地理條件觀之，伊朗的領土面積是中東第二大，約是伊拉克的四倍；伊朗人口規模則是中東第一，人口數是伊拉克的兩倍半，也是波灣合作理事會（Gulf of Cooperation Council，GCC）六國之人口總和的兩倍半。從能源經濟、地緣戰略及地理特質等條件觀之，以「戰略黑金磚」來稱呼伊朗，符合其所具備的國家特質，也更能突顯其在國際經濟與安全上的重要性與影響力。

　　伊朗作為中東區域大國，且是世界級的能源大國，其國家發展對區域及世界都有影響。在當前的國際情勢中，伊朗具有什麼樣的優勢條件，可以促進其進一步發展？它在追求發展的同時，面臨什麼樣的局限與隱憂？在西方主導的國際環境中，伊朗遭遇哪些外在的威脅與挑戰？伊朗將如何突破內外在的困境，尋找有利的發展契機呢？

　　本文除第壹及第陸部分為前言與結論外，第貳部分分析伊朗在石油及戰略地位上的優劣勢所在；第參部分解讀伊朗面對之外在困境；第肆部分剖析伊朗之內在隱憂；第伍部分評估伊朗之因應與出路。

貳、伊朗的石油與戰略優勢

　　伊朗是世界主要石油蘊藏國、生產國及出口國，擁有豐富而珍貴的石油能源，在世界石油市場具有影響力。同時，伊朗不僅位居世界重要的能源帶及歐亞通道上，更扼有世界石油航道——荷姆茲海峽，戰略重要性亦非常突顯。以下分從石油及戰略位置兩方面分析伊朗之優勢，也兼論其可能的弱點。

一、石油優勢

　　伊朗是世界級的能源大國。就石油存量而言，它是世界第三大儲油國，約占世界總量的百分之十三；就生產量及出口量而言，伊朗都位居OPEC中的第二位，兩項數量均超過世界總量的百分之五點五以上（請參表一），對OPEC及世界之石油供應及價格有頗大影響力。甚至有評估認為，伊朗靠近裏海的水域，可能有大量未發掘的油藏，[1]則伊朗之石油蘊藏量將更可觀。

表一　伊朗原油之儲存、生產及出口數量，二〇〇〇至二〇〇八

儲存量：百萬桶

產量及出口量：千桶/每日

	2000	2001	2002	2003	2004	2005	2006	2007	2008
伊朗儲存量	99,530 (9.2)	99,080 (8.8)	130,690 (11.3)	133,250 (11.2)	132,460 (11.1)	136,270 (11.4)	138,400 (11.4)	136,150 (11.2)	137,620 (10.6)

1　Roger Howard, *Iran Oil: The New Middle East Challenge to America* (London: I. B. Tauris & Co. Ltd, 2007), p. 5.

OPEC 儲存量	851,076 (78.3)	859,014 (76.5)	895,639 (77.4)	915,457 (77.3)	921,161 (77.4)	928,453 (77.4)	940,204 (77.7)	952,048 (78.1)	1,027,383 (79.3)
世界 儲存量	1,086,648	1,122,930	1,157,610	1,184,823	1,190,338	1,198,953	1,209,545	1,219,351	1,295,085
伊朗 生產量	3,661.3 (5.6)	3,572.0 (5.5)	3,248.0 (5.1)	3,741.6 (5.6)	3,834.2 (5.4)	4,091.5 (5.7)	4,072.6 (5.7)	4,030.7 (5.6)	4,055.7 (5.6)
OPEC 生產量	28,873.3 (43.8)	28,008.3 (42.8)	25,593.3 (40.0)	28,187.9 (41.9)	31,076.8 (44.1)	32,305.7 (45.1)	32,448.6 (45.2)	31,928.6 (44.7)	33,093.0 (45.9)
世界 生產總量	65,856.9	65,386.9	63,980.8	67,221.1	70,511.7	71,640.5	71,729.3	71,386.9	72,028.3
伊朗 出口量	2,492.2 (6.4)	2,184.6 (5.7)	2,093.6 (5.9)	2,396.3 (6.4)	2,684.1 (6.7)	2,394.5 (5.9)	2,377.2 (5.9)	2,466.8 (6.0)	2,438.1 (6.1)
OPEC 出口量	21,527.1 (55.5)	20,490.5 (53.8)	18,845.1 (52.8)	20,228.4 (54.2)	22,903.9 (57.4)	23,690.3 (58.4)	23,866.8 (58.7)	24,352.2 (59.6)	24,189.9 (60.3)
世界 出口總量	38,799.8	38,067.5	35,704.9	37,352.7	39,919.5	40,541.3	40,632.7	40,832.6	40,114.4

Source: *OPEC Annual Statistical Bulletin* 2008.

Note: 括弧中之數字指該項目占世界總量之百分比，為作者計算所得。

表二　伊朗天然氣儲量、產量及出口量，二〇〇〇至二〇〇八

儲存量：10億立方公尺

產量及出口量：百萬立方公尺

	2000	**2001**	**2002**	**2003**	**2004**	**2005**	**2006**	**2007**	**2008**
伊朗 儲存量	26,600 (16.6)	26,600 (15.4)	26,690 (15.4)	27,570 (15.7)	27,500 (15.7)	27,580 (15.6)	26,850 (15.2)	28,080 (15.6)	29,610 (16.2)
OPEC 儲存量	75,126 (47.0)	87,096 (50.4)	87,966 (50.7)	89,105 (50.9)	89,519 (51.0)	89,415 (50.7)	89,407 (50.7)	91,502 (51.0)	93,347 (51.1)
世界 儲存總量	159,776	172,953	173,558	175,098	175,379	176,272	176,429	179,554	182,842
伊朗 生產量	60,240 (2.5)	66,000 (2.6)	75,000 (2.9)	81,500 (3.1)	89,663 (3.3)	103,500 (3.7)	108,600 (3.8)	111,900 (3.8)	116,300 (3.8)
OPEC 生產量	384,415 (15.7)	401,910 (16.0)	417,979 (16.3)	436,232 (16.5)	462,850 (16.9)	498,069 (17.7)	515,915 (17.9)	536,032 (18.3)	565,461 (18.5)

世界 生產總量	2,447,685	2,512,475	2,557,484	2,651,401	2,731,278	2,806,888	2,878,720	2,930,332	3,054,071
伊朗 出口量	—	358 (0.06)	670 (0.11)	3,413 (0.54)	3,560 (0.52)	4,735 (0.65)	5,727 (0.76)	6,023 (0.77)	4,246 (0.52)
OPEC 出口量	125,433 (23.6)	123,723 (22.4)	130,985 (22.4)	142,745 (22.6)	147,784 (21.5)	157,300 (21.7)	166,055 (22.1)	181,079 (23.2)	192,711 (23.8)
世界 出口總量	530,548	553,464	585,285	631,415	688,770	723,410	752,225	779,939	810,630

Source: *OPEC Annual Statistical Bulletin* 2008.

Note：括弧中之數字指該項目占世界總量之百分比，為作者計算所得。

　　公元二〇〇一年時，伊朗每日石油產能約為三百五十萬桶，目前提升到四百萬桶（請參表一），但比起一九七九年革命前之最高峰六百萬桶，[2]仍有一段距離。產量減少，主要是老舊油田產量每年自然衰退百分之八至百分之十三所致；不過，伊朗二〇一〇年之五年計畫規劃要在二〇一五年達到每日五百一十萬桶[3]。若能達成目標，則伊朗之影響力將更為提升。不過，伊朗雖有豐富原油，但煉油能力不佳，目前尚無法完全供應國內消費所需，還需從國外進口，此為其弱點。

　　在天然氣方面，伊朗儲存量位居全球第二位，約占世界總存量的百分之十五（如表二）；在天然氣需求日增、消耗量日益攀升下，其重要性也隨之提升。更且，伊朗於二〇〇七年四月九日與俄國、卡達、阿爾及利亞及委內瑞拉等五大天然氣出口國，[4]討論設立類似OPEC的天然氣輸出國家論壇（Gas Exporting Countries Forum）；相

2　OPEC, *OPEC Annual Statistical Bulletin 2005*. (2006), 55.

3　Energy Information Administration, "Country Analysis Briefs: Iran," <file://Z:\PRJ\New-CABs\V6\Iran\Full.html> (January 2010).

4　全球前五大天然氣儲存國，依序為俄國、伊朗、卡達、阿爾及利亞及委內瑞拉。

較於石油，天然氣集中於少數國家，[5]更突顯伊朗的能源地位。

　　一九七九年伊朗革命引發的第二次石油危機，說明世界重要產油國的國內政權特質與政策，會導致全球性的影響。在當前，石油作為世界的主要能源，且是獲利豐厚的經濟商品，像伊朗這種世界級的產油國，可透過石油而對世界經濟產生影響。同時，石油也是戰略物資，一旦供應不足，也將對個別國家之安全或世界秩序產生衝擊；尤其是世界強權，更重視油源之取得、自由流通、石油產量及油價穩定等。

　　從正面看，伊朗擁有廣大石油資源可以影響國際經濟，甚至作為政治籌碼；例如，石油豐厚的利益及戰略特性，使美國的盟邦及國際石油公司難以割捨與伊朗的能源合作。但從負面看，基於伊朗對與美國的敵對關係，美國視伊朗以豐富石油作為國際運作籌碼，是某種程度制約了美國的影響力，也是對其中東利益的一種損害，因此將伊朗視為中東區域的威脅，也對之採取敵對態度。擁有石油是一種優勢，也可能是禍端；例如一九五三年時，伊朗總理穆沙迪（Muhammad Musaddiq）試圖將石油國有化，妨礙強權利益，不僅引來國際石油公司杯葛，強權甚至將穆沙迪政權推翻。而美國於一九九一年及二〇〇三年出兵伊拉克，也都與石油利益有關。

二、戰略優勢

　　伊朗之面積達一百六十四萬八千平方公里，是波灣及中東地區幅

5　*Time* (Magazine), 16 April 2007, p. 10.

員第二大之國家，而伊拉克之面積僅約四十三萬平方公里；換言之，伊朗之面積接近其強鄰伊拉克的四倍。伊朗除了國土面積在波灣居於優勢外，戰略地位亦極佳；伊朗領土銜接整個波灣北半部沿岸，虎視位居波灣咽喉位置之荷姆茲海峽，綿延至阿曼灣（Gulf of Oman），跨入阿拉伯海，係與波灣接壤最長的國家。相對地，波灣國家中戰力最足以與伊朗匹敵之伊拉克，卻為缺少與波灣之接觸面而苦；其唯一瀕臨波灣之對外港口為位於阿拉伯河口之巴斯拉（Basra）。

　　特別是，伊朗可以透過荷姆茲海峽之戰略水道控制海上交通，[6] 使伊朗之戰略位置更形重要，也成為其在波灣之重要優勢。荷姆茲海峽是聯繫波灣與阿曼灣之運輸航道，長約一百八十公里，寬度介於六十至一百公里之間；伊朗之主要海軍基地班德拉阿巴斯（Bander-e Abbas），與凱欣島（Qeshm）、拉羅克島（Larak）及加立瑞島（Jazireh）之基地，均跨越並虎視荷姆茲海峽。而穿越荷姆茲海峽之東西向主要航道，長約三十至三十五公里、寬約八至十三公里，分成向內及向外兩個航道，各寬約二公里，深約七十五至兩百公尺；此東西向航道位於在荷姆茲海峽中間點之南方，正好穿過伊朗之十二英里的界線。而且，此一東西向航道不僅必須通過伊朗所控制之大小通布島（the Greater and Lesser Tunbs）之十至十五公里內，更且，航道之較深的水域是靠近伊朗這一邊。[7] 由此可見，伊朗對荷姆茲海峽之掌控程度，正突顯其在波灣之戰略位置。

　　伊朗在波灣的戰略利益與其石油利益息息相關；伊朗所賴以生存的石油資源，絕大部分分布在伊朗位於波灣之大陸礁層，而石油進

---

6 Nadia El-Sayed El-Shazly, *The Gulf Tanker War: Iran and Iraq's Maritime Swordplay* (London: Macmillan Press Ltd, 1998), p. 119.

7 Anthony H. Cordesman & Ahmed S. Hashim, *Iran-Dilemmas of Dual Containment* (Colorado: Westview Press, 1997), pp. 128,133.

出也仰賴波灣之交通。再者，伊朗有百分之八十的貿易及近乎百分之
一百的石油輸出是透過波灣；而主要港口、石油集散中心、離岸石油
與天然氣之生產及龐大的漁業也都在此一區域。[8]由此，波灣對伊朗
經濟生存之重要性不言可喻。

　　伊朗控制荷姆茲海峽，即可影響波灣之石油進出，除了維護伊
朗之戰略安全外，也能對以石油生產爲經濟命脈的波灣國家，及仰賴
波灣石油之西方國家造成重大威脅。基本上，波灣之油產約有百分之
八十必須經過荷姆茲海峽，[9]而伊朗所控制之許多島嶼群聚在海峽附
近，其結果，平均每十一分鐘就有一艘油輪必須經過伊朗所控制之島
嶼附近。[10]所以，伊朗在兩伊戰爭期間，及近年面對美國之嚴厲制裁
及可能動武傳言時，皆曾威脅以封鎖荷姆茲海峽報復，即基於其在荷
姆茲海峽所具有之優勢地位。

　　伊朗作爲半陸地閉鎖國家，波灣是其唯一臨海及通往世界之門
戶，[11]而且，伊朗所賴以生存的石油資源絕大部分分布於波灣之大陸
礁層，且石油進出也仰賴波灣之交通。[12]這不僅突顯波灣對伊朗之戰
略布署及海上通路的重要性，也使伊朗對波灣極爲敏感。此外，伊朗
在一九九二年占據阿布目沙島及大小通布島，其意圖亦在進一步鞏固
荷姆茲海峽及波灣之戰略優勢。事實上，伊朗於第一次波灣戰爭後

8　Hooman Peimani, *Iran and the United States: The Rise of the West Asian Regional Grouping.* (Connecticut: Praeger, 1999), pp. 22-24.

9　Bruce R. Kuniholm, *The Persian Gulf and United States Policy: A Guide to Issues and References* (Claremont, California: Regina Books, 1984), p. 81.

10 Nadia El-Sayed El-Shazly, *The Gulf Tanker War: Iran and Iraq's Maritime Swordplay, op. cit.,* p. 119.

11 T. Shireen Hunter, *Iran and the World: Continuity in a Revolutionary Decade* (Bloomington & Indianapolis: Indiana University Press, 1990), p. 6.

12 Hooman Peimani, *Iran and the United States: The Rise of the West Asian Regional Grouping, op. cit.,* pp. 22-24.

占領波灣之阿布目沙及大小通布島，並宣布擁有此三島之主權，其主要原因之一是美國海軍勢力於波灣戰爭時大幅進入波灣，造成伊朗在波灣之威脅所致。依照研究伊朗之軍事專家寇茲曼（Anthony H. Cordesman）的分析指出，伊朗控制阿布目沙島，可以確保由波灣南面通行之油輪，必須經過伊朗所控制之島嶼的附近水域；而掌握大、小通布島，則有助提升伊朗以飛彈威脅波灣之油輪航道，及進行海上攻擊之能力。[13]而伊朗在波灣擁有最長的海岸線，且毗鄰阿曼灣；因此，波灣及阿曼灣成為伊朗防衛南面軍事攻擊的第一道防線。[14]

再者，伊朗位處亞洲重要商業及軍事通道，且在歷史上扮演歐亞陸橋之角色，具有獨特之地緣戰略位置。但從弱點看，此一戰略位置也使其對於移動之部隊及軍事強權之擴張壓力非常脆弱；例如伊朗曾遭受希臘、阿拉伯、蒙古及土耳其與俄國之多次侵略。[15]而且，伊朗的地形屬於半陸地閉鎖（semi-land-locked）國家，除了南面之波灣外，伊朗對外之直接通路皆由曾與其敵對或可能敵對的國家掌控；因此，若沒有位於波灣之港口，伊朗將如同阿富汗一樣成為陸地閉鎖（land-locked）國家。[16]由此，伊朗在波斯灣有戰略位置之優勢；至於位居歐亞通道及其地理特性，或許可以扮演歐亞橋梁角色，但也可能形成戰略上的弱點。

---

13 Anthony H. Cordesman & Ahmed S. Hashim, *Iran-Dilemmas of Dual Containment, op. cit.*, p. 133.

14 Hooman Peimani, *Iran and the United States: The Rise of the West Asian Regional Grouping, op. cit.*, pp. 22-24.

15 T. Shireen Hunter, *Iran and the World: Continuity in a Revolutionary Decade, op, cit.*, pp. 6-7.

16 T. Shireen Hunter, "Gulf Security: An Iranian Perspective," *The Gulf and International Security: The 1980s and Beyond.* (London: The Macmillan Press LTD, 1989), pp. 34-35.

參、伊朗之外在困境

　　伊朗長期所面對的主要外在問題，是與美國所領導之西方強權間的衝突；特別是美國對伊朗的敵對態度及主張，導致伊朗數十年來受國際孤立所苦惱，也形成其國家發展的重要障礙與困境。

　　伊朗在國際上的坎坷命運，始於一九七九年何梅尼（Ruhollah Musavi Khomeini）發動革命成功及兩伊戰爭後與美國等西方國家及波灣區域鄰國之不睦。何梅尼取得伊朗政權後，試圖向波斯灣鄰國推展伊斯蘭革命及神權政治體制，既造成區域世俗政權的恐慌，也影響國際強權在區域的利益，於是伊拉克在美英等國際強權的支持下於一九八〇年發動兩伊戰爭；此一「被迫式戰爭」（imposed war）的爆發，正是伊朗面臨國際孤立的開始。此後，伊朗一直陷入國際孤立的困局，更於九一一恐怖攻擊事件後，美國以伊朗支持恐怖主義及具核子威脅等為由進一步予以箝制。

　　針對伊朗當前的外在困境，分別從幾個層面分析：一、美國與伊朗之區域戰略利益衝突；二、美國之軍事威脅；三、美國之政權更替政策的威脅；四、伊朗遭國際孤立與制裁。

一、美伊區域戰略利益衝突

　　如前所述，伊朗位處亞洲重要商業及軍事通道，且在歷史上扮演歐亞陸橋之角色，此一戰略位置使其面對移動之部隊及軍事強權之擴張壓力非常脆弱；另外，伊朗作為半陸地閉鎖國家，波斯灣成為其唯一臨海及通往世界的門戶。由於伊朗所賴以生存的石油資源絕大部分分布於波灣的大陸礁層，而石油進出也仰賴此一海上交通，因此伊朗對波斯灣極為敏感。然而美國則認為，伊朗長期破壞其在中東區域的努力，因此試圖遏制伊朗的區域活動及權力投射。[17]

　　九一一恐怖攻擊事件後約一年半的時間，美國依序在伊朗兩側發動阿富汗及伊拉克戰爭；既改變了西南亞及波灣的區域情勢，也影響伊朗的區域角色，並構成伊朗的新區域威脅。阿富汗是伊朗的東鄰，伊拉克在其西側，且這兩個國家不僅與伊朗有綿延的邊界，也有複雜糾葛的利害關係。伊朗認為，美國在區域戰略上咄咄進逼，且與伊朗之周邊國家結盟，俱形成其安全威脅；美國除了在中亞及波灣駐軍、支持以色列與土耳其的聯盟關係外，更在九一一後占領阿富汗及伊拉克，進一步對伊朗構成包圍態勢。美國則認為，伊朗在塔里班（Taliban）政權倒臺後干擾戰後之阿富汗，且伊朗什葉派力量在戰後伊拉克的影響力將增加等，都可能危及美國在區域的布局。無疑地，九一一後美伊之區域利益衝突，形成兩國關係發展的新阻礙。

　　就阿富汗而言。美國與伊朗雖然曾在九一一後的反塔里班戰爭中攜手合作，但塔里班倒臺後，美伊之差異即浮現檯面。美國擔心伊朗挾其在阿富汗境內的影響力，導致喀布爾（Kabul）成為一個脆弱政權，或受到伊朗的擺布。因此，美國於二〇〇一年底指責伊朗派遣戰士至阿富汗，及支持某些地區領袖，試圖造成阿富汗政府之不穩定，並且認為伊朗提供安全庇護給部分蓋達組織的領袖，且未強力防堵他們從阿富汗邊境逃走。[18]德黑蘭方面則擔心阿富汗建立親美政權後，將配合美國對伊朗的敵對政策，以致構成其安全威脅，也可能妨礙其與中亞地區之合作關係。

　　至於二〇〇三年伊拉克戰爭，則涉及美伊在波斯灣戰略利益的變

---

17 Mahmood Sariolghalam, "Understanding Iran: Getting Past Stereotypes and Mythology," *The Washington Quarterly*, Vol. 26, No. 4 (2003), p. 69.

18 Gawdat Bahgat, "Iran, the United States, and the War on Terrorism," *Studies in Conflict & Terrorism*, 26 (2003), pp. 95-96.

化。誠如前述，伊朗基於地緣戰略考量，對波灣區域極為敏感。伊朗視西方強權與波灣阿拉伯國家之雙邊安全關係，是刻意反對伊朗在區域的適當地位。[19]特別是，美國於一九九一年波灣戰爭後大幅在區域駐軍，引起伊朗之不滿與不安。而美國於二〇〇三年占領伊拉克後，象徵其超強勢力的進一步延伸，更增添伊朗之安全威脅。

另就以色列與阿拉伯的衝突問題而言；伊朗長期反對阿—以和平進程，並呼籲巴勒斯坦人持續以武裝鬥爭對付以色列，不要與之談判協商。伊朗反對以色列，兼具意識型態與軍事面目的：在意識型態方面，伊朗非屬阿拉伯民族，但伊朗善將伊斯蘭因素與阿—以衝突相連結，強調以色列為伊斯蘭之共同敵人；伊朗以同為穆斯林兄弟之身分對以色列採強硬態度，頗贏得阿拉伯人之認同，也藉此與阿拉伯世界建立互動的橋梁，淡化其與阿拉伯世界的差異。在軍事上，阿—以衝突涉及以色列長期對阿拉伯世界所造成的武力威脅，因此在以色列構成伊朗與阿拉伯世界之共同威脅下，有助增進伊朗與阿拉伯世界之聯盟關係。當然，美國與伊朗對阿—以衝突的立場及利益不同，成為兩國關係發展的重大障礙。

上述所論美國與伊朗之區域戰略利益衝突，使雙方產生疑懼及敵意，是構成美伊關係難以突破的重要原因。

---

19 Jamal S. al-Suwaidi, "The Gulf Security Dilemma: The Arab Gulf States, the United States, and Iran," in Jamal S al-Suwaidi ed., *Iran and the Gulf: A Search for Stability* (Abu Dhabi: The Emirates Center for Strategic Studies and Research, 1996).

二、美國之軍事威脅

伊朗革命後之伊斯蘭政權認為，美國是影響其政權穩固的重大威脅，也是阻礙其在波灣推動區域目標的絆腳石。何梅尼政權對美國之敵意及與美國關係之惡化，使伊朗政權視美國為大撒旦（Great Satan）；特別是伊朗認為，兩伊戰爭之爆發是美國煽動伊拉克所致。由於伊美之敵意及衝突，使伊朗對美國之軍力介入波灣，及其與其他波灣國家進行之軍事合作相當敏感，亦視之為安全防衛上的一大威脅。

美國早在一九七八年伊朗發動革命期間，就開始在沙烏地阿拉伯部署F-15戰機；一九七九年南北葉門邊界戰爭時，美國進一步部署空中預警系統（AWACS）至沙國。[20]兩伊戰爭爆發後，沙烏地阿拉伯要求美國協助對抗伊朗之可能攻擊；美國隨即以空中預警系統之偵察機及飛彈，加強波灣阿拉伯國家之空防，並將沙國武裝成為前哨，以對抗伊朗的可能威脅。依照美國與波灣阿拉伯國家所簽署之條約，美國在自己及盟邦之利益遭受或瀕臨威脅時，其快速部署部隊可以使用設置於此等國家之基地，及陸海空後勤設施；此等安排旨在使美國於波灣國家提供必要協助下，可快速派遣其部隊以維護其利益。而依照卡特計劃，北約國家也將積極參與波灣之防衛；該計劃也規定，波灣阿拉伯國家在面臨威脅時，必須協助美國及其他西方部隊之快速部署。[21]

對伊朗而言，美國軍力介入波灣之威脅是一直存在的，但美軍

20 Joseph Wright Twinam, *The Gulf, Cooperation and The Council: An American Perspective* (Washington: Middle East Policy Council, 1992), pp. 104-105.
21 Seyed Mohsen Tavakkoli, "United States Perception of Persian Gulf Security," *Echo of Islam* (January 1995).

眞正進入波灣則始於一九八七年三月美國同意護衛十一艘科威特油輪；當時美國勢力進入波灣後，不僅美國海軍與伊朗在波灣常因發生衝突，而刺激彼此之敵意，而且美國之介入態度，更增加伊朗之危機感，及對兩伊戰爭情勢之憂慮。事實上，一九八七至一九八八年美國海軍進入波灣，大幅改變了區域之權力平衡，也阻止了伊朗之區域目標。[22]

　　事實上，伊朗自一九七九年革命後及兩伊戰爭期間，即因長期缺乏西方之供應武器及零組件，使其陸海空之軍力受影響，而無法與伊拉克之擴張軍力及從事軍事現代化相提並論。在一九七九至一九八三年間，伊朗只訂購價值五十四億美元的武器，而伊拉克則有一百七十六億美元；一九八四至一九八八年期間，伊朗訂購武器數字爲一百零五億美元，而伊拉克則爲二百九十七億美元。這些數字顯示，伊拉克在兩伊戰爭期間，進口比伊朗高約三倍的武器，而伊朗相對只能向中國及北韓取得低位階之武器。[23]

　　而在波灣戰爭發生後之一九九○至一九九三年間，伊朗武器進口金額爲五十七億美元，科威特之進口金額也是五十七億美元，而沙烏地阿拉伯則高達三百五十一億美元，GCC六國之武器進口總數更達四百四十一億美元。換言之，在這幾年期間，光是科威特一國之武器進口金額即與伊朗相當，而沙烏地阿拉伯約是伊朗的六倍，GCC之進口總額則接近伊朗的八倍；波灣阿拉伯國家之武器主要從美國及歐洲等西方國家進口，而此等軍售對伊朗是一種威脅。

22 T. Shireen Hunter, *Iran and the World: Continuity in a Revolutionary Decade, op, cit.*, pp. 19-20.
23 Anthony H. Cordesman, "Threats and Non-Threats from Iran," *Iran and the Gulf: A Search for Stability* (Abu Dhabi: The Emirates Center for Strategic Studies and Research, 1996), p. 223.

　　伊朗認為，美國一直在波灣區域以製造他國危機之方式為自己開闢道路。[24]兩伊戰爭讓卡特計劃在波灣有實施的環境；但兩伊戰爭結束，美國持續在波灣駐軍。特別是伊拉克於一九九〇年八月入侵科威特，伊朗最擔心的問題之一就是美國在波灣駐軍問題。美國自歐洲調派其一半的部隊，持續在波灣駐軍，並與一些波灣國家簽署防衛協議；[25]包括於一九九一及一九九二年間分別與科威特、巴林及卡達簽署十年效期之安全防衛協議。波灣戰爭後，美國持續在波灣駐軍，並與阿拉伯半島之波灣國家簽署一連串的軍事合作計劃，使得美國軍事介入波灣之程度愈來愈深，也令伊朗愈發感到不安。當時的伊朗總統洛夫桑亞尼（Akbar Hashemi Rafsanjani）及外交部長瓦歷亞提均曾指出，伊拉克之入侵科威特，提供外國勢力進駐的條件，如果伊拉克不和平撤軍，美國就會順理成章地在沙烏地阿拉伯駐軍。[26]

　　小布希於二〇〇二年一月提出之「邪惡軸心」（axis of evil）論，明確將伊朗與伊拉克及北韓並列為「世界最危險的政權」；小布希點名伊朗：「野心勃勃地追求發展大規模毀滅性武器、輸出恐怖主義。」。[27]此後，兩國高層隔空發表情緒性言論，使原本有機會和緩的美伊關係再次回到對立。美國並對伊朗的核子發展等問題展開一連串鍥而不捨地施壓動作，造成兩國關係之緊張。

---

24 Murtaza Ansari Dezfuli, "Persian Gulf through the Century (III)." *Echo of Islam* (February 1997), pp. 32-34.

25 W. S. Mehrzad, "U.S. Military Alliances with Persian Gulf Countries," Echo of Islam (February 1992), pp. 18-19.

26 Andrew T. Parasiliti, "Iran and Iraq: Changing Relations and Future Prospects," in Hooshang Amirahmadi and Nader Entessar eds., *Iran and the Arab World* (London: Macmillan Press Ltd., 1993), pp. 217-243; Nader Entessar, "Realpolitik and Transformation of Iran's Foreign Policy: Coping with the 'Iran Syndrome,'" in Hamid Zangeneh ed., *Islam, Iran, and World Stability* (New York: St. Martin's Press, 1994), p. 151.

27 George W. Bush, *The President's State of the Union Address*, 29 January 2002.

　　二○○三年美國入侵伊拉克，更使伊朗感到唇亡齒寒；美國數十萬大軍壓境伊拉克，以其精良的武器及軍隊，勢如破竹地將海珊政權推翻，此後仍駐紮約十五萬軍隊在伊拉克。這使得長期與美國交惡的伊朗，擔心美國同樣以核子問題為藉口，做出對伊朗不利的舉動。固然歐巴馬政府於二○一一年底將美軍撤出伊拉克，但伊拉克政權在美國掌握之中，乃不言而喻之事；美國掌控伊拉克，等於在中東的勢力再下一城，也使伊朗倍感壓力。

三、美國對伊朗之政權更替政策

　　美國對伊朗之威脅，除軍事面向之外，還有政治面向。小布希總統於二○○二年七月對伊朗發表談話時明確指出，伊朗的真正統治者既是「非民選的」，又堅持「不妥協、毀滅性的」（uncompromising, destructive）政策，且壓迫伊朗人民的自由及阻礙改革。[28]許多論者解讀，小布希總統之上述談話，象徵美國對伊朗改採政權更替（regime change）的新政策。[29]其實，小布希之口吻的確語帶一些暗示；例如他指出：「伊朗人民將邁向一個以更自由、更容忍所定義的未來」，「伊朗的未來將由伊朗人民決定」。[30]這些談話頗有直接訴

28 George W. Bush, *Statement by the President, White House*, <http://www.whitehouse.gov/news/releases/2002/07/20020712-9.html> (12 July 2002).

29 Jahangir Amuzegar, "Iran's Crumbling Revolution," *Foreign Affairs*, Vol. 82, No.1 (2003), pp. 47- 48; Ray Takeyh, "Iran at a Crossroads," *Middle East Journal*, Vol. 57, No.1 (2003), pp. 42-56; Kenneth Katzman, "Iran: Current Developments and U.S. Policy," Congressional Research Service: Issue Brief for Congress. *CRS Web*. Order Code: IB93033, http://www.fpc.state.gov/documents/organization/17326.pdf (11 September 2002).

30 George W. Bush, *Statement by the President, op, cit.*

諸伊朗人民，以推動政治改變的味道。基本上這意味著，小布希政府對非民選官員之政策的不滿而呼籲政權變遷，但美國並不強迫伊朗接受改變，而是支持伊朗人民自己追求民主，且相信他們能促成政權更替。[31]

事實上，美國採取更替伊朗政權之政策，源自一九九六年之金瑞契法案（Gingrich Act）。該法案雖未明示使用武力或直接推翻伊朗政府，但卻授權撥款兩千萬美元以鼓勵伊朗之政治改變及民主化。伊朗方面視此法案違反國際法，威脅要訴諸國際法院，其國會並編列預算以對抗美國的陰謀。[32]不過，一九九七年伊朗哈塔米（Sayyid Mohammad Khatami）總統上臺後，兩國關係走向和睦，此一議題並不突顯。

然而，小布希在前述之二〇〇二年七月的談話，重新燃起美國試圖更替伊朗政權之臆測。伊朗改革派歷經一九九七年及二〇〇一年的兩次總統勝選，且在二〇〇〇年贏得國會大選，基本上已掌握了民選之行政及立法機構，但他們的政策影響力顯然不符美國的預期。事實上，美國方面也已厭煩保守與改革兩派的鬥爭，而且據報導，布希政府在二〇〇二年中做出結論認為，美國對哈塔米總統之交往政策將不再具有成效，因而轉為公開支持伊朗人民推動民主改革。[33]

更且，美國所在意的幾個議題，伊朗政權之改革派與保守派的主張似相去不遠。就核子發展計劃的立場而言，代表改革派的哈塔米總統，也與精神領袖哈梅奈伊（Seyed Ali Hoseyni Khamenei）的觀

---

31 Jahangir Amuzegar, "Iran's Crumbling Revolution," *op, cit*., pp. 47-48.

32 Anthony H. Cordesman & Ahmed S. Hashim, *Iran-Dilemmas of Dual Containment*, op. cit., pp. 9-16; R. K. Ramazani, "The Shifting Premise of Iran's Foreign Policy: Towards a Democratic Peace？" *The Middle East Journal*, 52 (1998), pp. 177-187.

33 Kenneth Katzman, "Iran: Current Developments and U.S. Policy," *op, cit.*

點無太大差異；又如阿—以衝突議題，從二〇〇〇年九月開始，伊朗所有派系都支持巴勒斯坦以暴力方式對抗以色列。[34]而美國過去的施壓及制裁，並無助於改變伊朗的行為，至於未來也無法預期會有所改變。更棘手的是，美國所感到最不滿的行為都出自伊朗政權中無須負責任的強硬派之手，這導致華府試圖從伊朗內部促成政權移轉。[35]

小布希政府直接訴求伊朗人民積極推動其改變伊朗保守政權的政策，是師法雷根政府對付蘇聯的做法；目的在於堅定地支持異議人士以加速其既有政權的敗亡，並培養與未來政府繼任人選之間的善意。[36]美國係採取不明確的方式支持「伊朗人民」，推動伊朗之軟性政權變遷；例如二〇〇三年底，小布希政府採金援方式資助以伊朗年青人為廣播對象的「法達電臺」（Radio Farda）。[37]

追根究柢，美伊關係惡化的源頭是伊朗保守的教士政權；因為保守政權對美國採取敵視態度，在以色列問題上態度強硬而尖銳，也因此其核子發展企圖令美國等強權憂心。對美國而言，若能更替保守派政權，不啻為改變伊朗政策之斧底抽薪的方法。

四、國際孤立與制裁

美國在九一一後的反恐基本政策之一就是：對支持恐怖主義國家

---

34 Ibid.

35 Gary Sick, "Iran: Confronting Terrorism," *The Washington Quarterly*, Vol. 26, No. 4 (2003), pp. 95-96.

36 Ray Takeyh, "Iran at a Crossroads," *op, cit*., pp. 42-56.

37 Jim Muir, "Iran: Bam and beyond," *Middle East International* (9 January 2004), pp. 12-13.

採取「孤立」政策並對之施壓，以改變其行為。[38]美國以伊朗之支持
恐怖主義、發展大規模毀滅性武器及阻礙中東和平進程等為理由，引
導國際社會對伊朗採對立及孤立政策，試圖逼迫伊朗改變政策。

　　基本上，關於伊朗與國際社會的核子問題的角力，伊朗只願遵守
核不擴散條約（Nuclear Nonproliferation Treaty，NPT）之一般會員
國的義務，而不願接受國際社會之特別要求。迄今，伊朗核子活動仍
繼續進行，國際社會對伊朗核子問題之處理仍陷入膠著狀態。

　　由於美國認為伊朗庇護恐怖主義，且其在核子議題上的作為，
不符合美國及聯合國的期待，於是遭受到一連串的國際制裁。國際制
裁既影響伊朗的經濟發展，也使其蒙受重大損失。依照估計，以二
〇〇五年油價每桶五十美金計算，若廢除對伊朗的制裁，則伊朗的
經濟收益在五年內將增加六百一十億美金，約占伊朗國民生產總值
（GDP）的百分之三十二；如果以油價每桶一百美金計算，則上述
五年間之每年又將增加約八十億美金。[39]經濟制裁對於當前經濟狀況
不佳的伊朗而言，實在是雪上加霜。

　　小布希時代對伊朗核子問題的處理，主要是由英、法、德等歐盟
三國（俗稱EU-3）出面與伊朗協商，美國不願直接與伊朗接觸。但
有別於小布希，歐巴馬（Barack Obama）總統不希望伊朗問題的處
理繼續假手歐洲，而主張直接與伊朗接觸談判。他認為，美國應該以
強硬但直接的方式與伊朗接觸，對伊朗施壓要求其改變行為。[40]他主

---

38 U.S. Department of State, "U.S. Counterterrorism Policy," <http://www.state.gov/s/ct/>
   (2004).

39 Dean A. DeRosa & Gary Clyde Hufbauer, *Normalization of Economic Relations: Conse-
   quences for Iran's Economy and the United States.* Paper prepared for the National Foreign
   Trade Council, <http://www.nftc.org/default/trade/NFTC%20Iran%20Normalizaton%20Bo
   ok.pdf> (21 November 2008).

40 Barack Obama, "Foreign Policy," *Obama'08 website*, <http://www.barackobama.com/is

張提供經濟接觸、安全保證及外交關係等，做為其放棄核武的誘因。同時，也認為美國可在外交上應用強硬制裁及央請伊朗貿易夥伴對其施壓之方式，增加其持續發展核子計畫的成本。[41]

　　歐巴馬主張給予伊朗軟與硬兩個選項：若放棄核子計畫，則美國幫助伊朗進入世界貿易組織、對伊朗從事經濟投資、提供安全保證及進行正常化外交關係；若不放棄，則施以經濟制裁及政治孤立。[42]總之，歐巴馬對伊朗的政策，主張外交先於制裁，軟性手段優於強硬手段，且要充分善用非軍事手段。

　　歐巴馬對伊朗核子問題的協商，改採由聯合國五個常任理事國加上德國的P5＋1架構。二〇〇九年十月一日，美國與伊朗首次在日內瓦進行實質會談，美國提出燃料交易計畫。該計畫是把伊朗的低度濃縮鈾（low-enriched uranium，LEU）先後送至俄國及法國進行進一步濃縮及製成燃料，以換取國際社會提供伊朗核子反應爐所需的燃料。唯至二〇〇九年底，伊朗未在最後期限前就美國等提出的計劃作出回應。二〇一〇年六月九日，聯合國通過對伊朗制裁決議，主要是加緊金融制裁及擴大武器禁運；伊朗則宣布將新建四處核反應爐、擴充核子燃料，以抗議聯合國的制裁。

　　隨著各國陸續擴大制裁行動，伊朗也展開報復。二〇一一年十一月底，伊朗國會表決通過降低與英國外交與經濟關係的法案，並且要求外交部在驅逐英國駐德黑蘭大使；而伊朗示威者為抗議英國之制裁，進行示威並闖入英國位於德黑蘭的大使館進行破壞及襲擊。二〇一一年十一月八日，受國際信賴的國際原子能總署（IAEA）首度指

sues/foreignpolicy/>
41 Barack Obama, "Renewing American Leadership," *Foreign Affairs*, Vol. 86, No. 4 (July/August 2007), p. 6.
42 Barack Obama, "Foreign Policy," *op, cit.*, p. 7.

出伊朗之核子活動與核武計畫有高度相關後，引起美國及西方強權之
譴責，並採取聯合的金融制裁手段，主要包括切斷伊朗的國際金融體
系，對象為伊朗中央銀行及商業銀行；美國更對參與伊朗核子及石化
相關產業的國際公司予以制裁，進一步切斷伊朗的石油煉製能力及對
伊朗石化業的投資。針對西方強權的撻伐及制裁，伊朗一如過去般採
取軟、硬兼具的回應方式。伊朗一方面致信給歐盟，表達與P5＋1等
六國重啟談判的意願；另一方面則強硬且高調地回應國際制裁聲浪，
並刻意漠視國際壓力與制裁。當前，西方國家仍對伊朗核子問題採取
外交手段，可能繼續重覆著過去十年的協商、施壓、拖延、僵局、選
擇性合作及制裁等程序的循環。對伊朗而言，核武的緊箍咒，使制裁
愈逼愈緊，而其國際處境更形孤立。

肆、伊朗之內在隱憂

　　伊朗內部的隱憂，主要包括經濟上的瓶頸、保守政權與西方國家不睦、武器供應不足及國內少數民族的問題，以下分別述之。

一、經濟狀況有瓶頸

　　伊朗雖是產油國，但經濟狀況不佳，而長期的國際孤立與制裁，對伊朗更是雪上加霜。由於伊朗歷經一九七九年革命之動盪，其後又與伊拉克進行了八年的消耗戰爭，包括戰爭破壞及國際之經濟制裁與政治孤立，使伊朗經濟條件日益惡化，通貨膨脹率居高不下。雖然兩伊戰爭後，伊朗總體經濟的各項指標均有明顯成長趨勢，但其經濟過於仰賴石油，且因核子問題遭到國際經濟制裁，經濟發展有其瓶頸。

　　伊朗經濟主要是以國營部門主導的計畫經濟，經濟發展高度仰賴石油產業。伊朗石油輸出約占其出口總收益的百分之八十，而出口收益占政府收益的一半。[43] 由於石油收益占伊朗國內生產總值（GDP）之大部分，所以，石油收益與經濟成長有直接的連動關係。伊朗之國民經濟是以石油生產為主體，此也突顯伊朗有經濟過於單一化的問題。

---

43 Energy Information Administration, "Country Analysis Briefs: Iran," <file://Z:\PRJ\New-CABs\V6\Iran\Full.html> (January 2010), pp. 6-7..

表三　伊朗經濟指標，二〇〇六至二〇一二

指標＼年	2006	2007	2008	2009	2010	推估(projections)	
						2011	2012
國內生產總值 Nominal GDP (Billion, US$)	222.128	309.054	353.842	362.574	407.382	475.052	
經濟成長率 Real GDP growth (annual %)	5.849	10.820	0.589	3.538	3.244	2.515	
國民所得 GDP Per Capita (Current Prices, US Dollars)	3,150.934	4,320.507	4,874.927	4,922.863	5,449.146	6,259.991	
失業率 Unemploy-ment, total (% of total labor force)	12.091	10.575	9.925	11.400	14.600	15.330	
通膨率 Inflation, con-sumer prices (annual %)	11.9	18.4	25.4	10.8	12.4	22.5	

資料來源：各項數據以IMF各年度經濟展望報告為依據：

http://www.imf.org/external/pubs/ft/weo/2011/02/weodata/weorept.aspx?sy=19
97&ey=2012&scsm=1&ssd=1&sort=country&ds=.&br=1&c=429&s=NGDP_
RPCH%2CNGDPD%2CNGDPDPC%2CPCPIPCH%2CLUR&grp=0&a=&pr.
x=59&pr.y=18

IMF. 2011. *World Economic Outlook: Slowing Growth, Rising Risks*. Washington,
DC：International Monetary Fund.

http://www.imf.org/external/pubs/ft/weo/2011/02/index.htm

IMF. 2011. *Regional Economic Outlook: Middle East and Central Asia*. Washing-
ton, DC: International Monetary Fund.

http://www.imf.org/external/pubs/ft/reo/2011/mcd/eng/mreo1011.htm

　　觀察近幾年伊朗的經濟發展，尚屬差強人意。請參考表三。我們以伊朗現任總統二〇〇五年就任第一任期的隔年起算至今（二〇〇六至二〇一二年）來看幾項經濟指標，首先是國內生產總值（Gross Domestic Product，GDP），二〇〇六年為二千二百二十一億美元，預估二〇一一年將達四千七百五十一億美元，二〇一二年將達約四千九百四十五億美元，亦及增長將超過一倍多。伊朗GDP在世界排名的第十八到二十名之間。這些年，伊朗經濟成長率也都是正成長，平均約百分之四點八，最高為二〇〇七年的百分之十點八，最低是發生全球金融海嘯的二〇〇八年的百分之零點五九，總體經濟成長表現還不差。但國民所得仍偏低，二〇〇六年只有三千一百五十美金，二〇一二年預估可能提高到六千四百一十九美金。伊朗的平均國民所得在世界上排名是倒數的，不過從趨勢看，其國民所得數據逐年增加。

　　另外，與民生直接相關的兩項數據——失業率及通貨膨脹率，從二〇〇六至二〇一二年的數字觀察，略顯隱憂。平均失業率接近百分之十三，二〇〇六年約百分之十二點一，二〇〇七至二〇〇九年控制在百分之九點九到百分之十一點四之間，但二〇一〇年上升至百分之十四點六，預估二〇一一年及二〇一二年將再提高到百分之十五點三及百分之十五點六，這顯示出伊朗的經濟有隱憂。至於通貨膨脹率起伏頗大，平均值高達百分之十六點二七；二〇〇八年曾竄升到最高為百分之二十五點四，最低是二〇〇九年的百分之十點八，預估二〇一一年將達百分之二十二點五的高檔，二〇一二年會降到百分之十二點五。通貨膨脹率高，平均國民所得又偏低，可看出伊朗人民生活的壓力及生活水平不佳，痛苦指數頗高。

　　除了基本經濟指標之外，有兩項因素使伊朗的經濟受到負面影響。首先是伊朗對能源採取補貼及價格控制，造成政府沉重的財政負荷。在伊朗目前一公升汽油僅約美金一角多，折合新臺幣大約是三至四元，而在臺灣的汽油以一公升大約三十五元，所以伊朗汽油價格大概是臺灣的十分之一。伊朗自二〇〇七年開始實施燃料配給制度的改良，以減低用油需求，從而降低進口，若能收效將可減輕伊朗的財政負擔。

其次，由於美國認為伊朗庇護恐怖主義，且其在核子議題上的作為，不符合美國及聯合國的期待，於是遭受到一連串的國際制裁。國際制裁既影響伊朗的經濟發展，也使其蒙受重大損失。依照估計，以二〇〇五年油價每桶五十美金計算，若廢除對伊朗的制裁，則伊朗的經濟收益在五年內將增加六百一十億美金，約占伊朗國民生產總值（GDP）的百分之三十二；如果以油價每桶一百美金計算，則上述五年間之每年收益又將增加約八十億美金。[44]經濟制裁對於當前經濟狀況不佳的伊朗而言，實在是雪上加霜。

二、保守派政權與西方不睦

伊朗宗教領袖所領導之保守派勢力主導伊朗之內外政策，而此種政策取向與美國的利益格格不入，也形成伊朗與美國等西方國家關係難以突破的瓶頸。

從制度面看，伊朗政治體系為宗教領導與政治領導之雙元架

---

44 Dean A. DeRosa & Gary Clyde Hufbauer, *Normalization of Economic Relations: Consequences for Iran's Economy and the United States*. Paper prepared for the National Foreign Trade Council, <http://www.nftc.org/default/trade/NFTC%20Iran%20Normalizaton%20Book.pdf> (21 November 2008).

構；**45**但實際上，重大決策主導權卻是在宗教領袖身上。伊朗在
一九七九年何梅尼推翻巴勒維政權後，開始實施以伊斯蘭法學權威
（faqih）統治的神權體制，伊斯蘭什葉教義爲伊朗內外政策的唯一
標準。在伊朗憲法中，亦具體而明文賦予宗教領袖許多權力，包括指
揮行政、立法、司法三權，擬定國家大政方針，擔任三軍統帥，宣
戰、媾和、動員軍隊，任命監護委員會之半數委員、國家司法最高首
長、國家廣播及電視之負責人、革命衛隊及三軍之總司令等實質權
力。此外，宗教領袖尚透過任命約兩千名高階教士代表，進入主要的
中央行政部門、省級機構、軍事及安全部門、宗教及革命組織及海外
單位等，以貫徹宗教領袖之權威及確保伊斯蘭意識型態。**46**

　　事實上，一九七九年革命後之伊斯蘭化，形塑伊朗的世界觀及
其決策者的甄拔及組成。前者影響伊朗之界定國際上的敵友及親疏關
係：伊朗認爲，美國及以色列是政治與經濟上的壓迫者及道德上的腐
敗者，因此都是伊斯蘭的敵人；至於穆斯林國家，則屬兄弟之邦，應
有更多的合作。後者則影響伊朗的政策形成；凡與主流之伊斯蘭信仰
相左的決策很難被提出。因此，革命後伊朗決策體系中的伊斯蘭因子
更爲純化。承上述，伊斯蘭什葉革命意識型態之主導伊朗決策，導致
伊朗反對阿—以和平進程，及支持阿拉伯國家以武裝暴力對抗以色列
壓迫；另外，伊斯蘭世界觀使伊朗對於對抗以色列之武裝團體是否爲
恐怖主義的解讀，與美國大相逕庭。而這兩項政策立場，是造成美國

---

45 伊朗之統治正當性基礎有兩個：一個是宗教繼承，另一則是政治選舉。宗教領導是繼
　承自先知穆罕默德及阿里以降之王位，此一正當性由伊朗之宗教領袖「法基」（faq-
　ih）所代表，它不僅是國家的精神象徵，更是伊朗政府運作的最高權威；另一正當性
　基礎則是由人民選舉產生之總統及諮議會（Majlis）議員等所代表，進行類似西方權
　力分立架構之憲政運作。
46 Wilfried Buchta, *Who Rules Iran? The Structure of Power in the Islamic Republic* (Washington: Washington Institute for Near East Policy, 2000), pp. 47-52.

視伊朗影響其區域利益的重要原因。

三、武器及零組件供應問題

　　由於巴勒維國王執政時的軍事建置來自西方支持，但一九七九年革命後，伊斯蘭政權對國際強權採取「不東，不西」（neither east, nor west）之立場，特別是其對美國的敵意，使巴勒維時代所建構之軍事體系的武器及零件供應產生問題。尤其，伊朗歷經兩伊戰爭之破壞，一些武器裝備受創，而硬體設備老舊問題又一一浮現，使其軍力受到影響。更且，伊朗與西方關係一直不理想，在國際制裁及孤立下，武器及軍事設備之取得相對困難。

　　第一次波灣戰爭之發生帶來區域不安，波灣各國紛紛增加軍事建置。過去波灣國家有大馬士革宣言（Damascus Declaration），提議將埃及與敘利亞之軍隊引進；而美國又藉著波灣戰爭在區域駐軍。無可諱言地，外來軍力之進入波灣，及區域鄰國的軍備增加，都使伊朗的安全憂慮日益提高。對伊朗不利的是，九一一事件後，美國為首之西方國家以伊朗核子發展威脅為由，陸續對伊朗進行武器管制等制裁措施，且二〇一〇年六月的聯合國決議更擴大武器禁運，形成伊朗軍力上更大的隱憂與困局。目前，伊朗取得武器的出路，比較可能透過中國或俄國，突破國際封鎖。

四、少數民族問題

少數民族問題涉及國家認同及對中央權威的挑戰，因此影響一國之政治體系及中央政權之穩固。伊朗有龐大的少數族群，且大都位於邊界地帶，形成對伊朗之國家認同及社會凝聚的潛在隱憂。特別是當這些族群要求更多之自主性及資源分配，又有外力加以呼應支持時，更對伊朗政權構成不小威脅。兩伊戰爭時，海珊就曾在接受科威特之報紙訪問時表示：「伊朗包含五個民族，它們都應獲得自主，而我們也將因此支助它們」。**47**

伊朗之最大族群是波斯人，然而波斯人卻只占其全國人口比例的百分之五十；第二大族群為亞塞拜然人，約占百分之二十六；再其次為庫德族占百分之六點五；阿拉伯人則約有百分之二點五。除了亞塞拜然人遍布伊朗北部之亞塞拜然省外，庫德族集中於伊朗西北部與伊拉克之交界處，阿拉伯人則聚集於伊朗西南部之胡其斯坦省（Khuzestan）。若伊朗人口以七千萬人推算，則境內約有超過一千八百萬的亞塞拜然人、四百五十萬的庫德族，及約一百七十五萬的阿拉伯人，人數相當可觀。

然而，對伊朗最感到敏感之波灣地區有直接影響的，主要是瀕臨波灣之胡其斯坦省的阿拉伯人自治問題。胡其斯坦位於伊朗西南部與伊拉克交界處，伊朗之阿拉伯人集中在此一產油豐富的省分，其宗教派別為什葉派及遜尼派約各占一半。胡其斯坦省境內的石油設施，包括擁有伊朗主要煉油設施的阿巴丹（Abadan）、有重要運輸終站之候拉姆沙（Khorramshahr），及位於重要油管連結處之地日佛（Dez-

---

47 *Echo of Islam*, September 1988.

ful）與阿赫瓦茲（al-Ahwaz），而且這些阿拉伯人口是伊朗石油生產之主要勞動力。[48]由於他們曾要求更多之自主權，且伊拉克及其他波灣阿拉伯國家視胡其斯坦爲阿拉伯人所有，而將之稱爲「阿拉伯斯坦」（Arabestan）。因此，對伊朗政權而言，胡其斯坦問題不僅是伊朗內部之阿拉伯民族與波斯民族之間的種族緊張問題，也是伊朗政權與波灣阿拉伯國家之間的一條敏感的神經線；兩伊戰爭期間伊拉克即曾以「解放阿拉伯斯坦」作爲口號，用以鼓動該省阿拉伯人的認同，並期望他們起而反抗伊朗政權。因此胡其斯坦之自治問題，形成伊朗當局的一項隱憂。

---

48 Lenore Martin, *The Unstable Gulf: Threats from Within* (Massachusetts: LexingtonBooks, 1984), pp. 40-42, 92-93.

伍、伊朗之因應與挑戰

綜觀伊朗所面對的內外在困境與隱憂，其關鍵點主要在其對外關係，尤其是與美國關係的緊繃。從國際的角度看，伊朗主要試圖從歐洲及中、俄找尋出路，以突破僵局。以下分析伊朗在國際上的合縱連橫策略，及伊朗可能與美國找到雙贏的合作契機所在。

一、合縱連橫以對抗美國

伊朗的政經發展及國際活動空間，主要受到美國壓制而受限。事實上，美國對伊朗之策略的成效，與歐洲主要國家的態度息息相關。美國在「邪惡軸心」論後對伊朗採取對立及多邊壓制政策下，伊朗乃積極尋求歐洲主要國家之支持，以抗衡美國。伊朗認為，後冷戰結構將形成多極體系，而歐洲為一大極；此一世界觀使伊朗試圖跳過美國而與歐洲國家進一步發展關係。伊朗在面對美國步步進逼之下，致力於與歐洲結盟，對抗美國的壓力。

美國過去在柯林頓及老布希政府時即對伊朗實施的圍堵策略，但其政策總是因為歐洲強權、俄國及中國等國與伊朗之外交及貿易關係而受到侵蝕。[49]二〇〇二年中，美國開始於國際場合中針對伊朗核子計劃施壓後，伊朗更積極開闢歐洲管道，尋求奧援。美國對伊朗採取對立政策，但歐洲國家則採交往政策；美歐的不同步調，使伊朗找到夾縫求生的空間，也使德黑蘭找到牽制美國的門路。

事實上，小布希政府於九一一後籌組反恐聯盟，曾讓國際合作露

---

49 Anoushiravan Ehteshami, "Iran-Iraq Relations after Saddam," *The Washington Quarterly*, Vol. 26, No. 4 (2003), p. 122.

出曙光；然而，小布希高舉反恐名號，卻將聯合國處理國際安全問題的角色變得工具化及邊緣化，從而導致美國與法德等西歐強權關係不睦。此一背景使得伊朗面對美國就核子發展議題對其施壓時，找到聯合歐洲制衡美國的空間。

美歐對恐怖主義之反應及策略相左，有其根本原因。首先，西歐強調容忍及文化多元性，主張需找出恐怖主義的根源，並以多邊管道及強化法制與國際制度等方式解決問題；華府則因親身遭遇九一一恐怖攻擊對其本土及人民的重大創傷，較側重以單邊軍事行動處理國際恐怖主義。[50]其次，西歐對於本土遭受大規模毀滅性武器的恐懼不像美國那麼強烈，因此主張把反恐焦點放在蓋達組織本身；美國則認為，反恐作戰應擴及至潛在支持恐怖主義的國家。[51]九一一事件後，隨著伊拉克危機日趨緊張，歐洲日益不滿美國的單邊主義，而美國也對法德等盟邦之不願配合逐漸失去耐性，以致美歐之歧見日益加深；美國國防部長倫斯斐（Donald Rumsfeld）甚至曾譏諷反對美國作為之法德等國為「舊歐洲」。[52]而二○○三年伊拉克戰爭之爆發，更進一步導致美國與法德等強權之分裂。

針對伊朗問題，美歐之立場及評估也不一樣。西歐認為，愈能支持伊朗溫和派，愈有助於改變伊朗之內外政策（包括伊朗對區域衝突、大規模毀滅性武器礦散、恐怖主義及人權等議題之政策），因此主張採取「交涉」政策；布希政府則認為，西歐之政策過於天眞而短

50 Jiri Sedivy & Marcin Zaborowski, "Old Europe, New Europe and Transatlantic Relations," *European Security*, 13 (2004), pp. 201-203.

51 Anouar Boukharo & Steve A. Yetiv. "9/11 and the Growing Eruo-American Chasm over the Middle East," *European Security*, 12 (2003), p. 66..

52 Donald H. Rumsfeld, "*Secretary Rumsfeld Briefs at the Foreign Press Center*," <http://www.defenselink.mil/transcripts/2003/t01232003_t0122sdfpc.html> (22 January 2003).

視。[53]美國主張對伊朗等所謂支持恐怖主義的國家採取對立政策，以改變其行為。[54]

　　簡言之，美歐之分裂及對伊朗之政策態度不同，正是伊朗得以採取「聯歐制美」策略之原因所在。值得注意的是，二〇〇三年美伊戰爭所突顯的事實是：歐洲主要強權除英國之外，雖大都反對美國出兵伊拉克，但它們既無意願，也無能力形成軍事上的反霸聯盟以對抗美國。不過，美國在伊拉克戰爭之後試圖修復與歐洲之關係，且其長期反恐政策仍有賴歐洲強權之合作，方易克竟其功。於是，在美國允許下，法德英三強得以代表歐洲，介入處理伊朗核子發展問題。

　　伊朗之運用「聯歐制美」策略，係在美歐關係的大框架下而為之。因此，伊朗之「聯歐制美」策略的落實及限制，涉及美國—歐洲—伊朗之三角關係；其中主要受到美歐互動架構之影響，次受伊朗各別與美歐關係的影響。

　　歐巴馬執政後，美國以P5＋1架構處理伊朗子問題，中俄的加入意味伊朗核子問題的處理，由歐洲層次直接走向聯合國層次；中俄對於伊朗問題的處理，可以有更積極而直接的角色。當然，中國與俄國比起歐洲國家更能支持伊朗，因此伊朗之合縱連橫策略的操作，有更多游刃的空間。

二、與美協商、掙脫孤立

　　伊朗要突破孤立，根本的破解方式是要與美國協商並找出雙贏

---

53 Gawdat Bahgat, "Iran, the United States, and the War on Terrorism," *op, cit*., pp. 93-104.
54 U.S. Department of State. "U.S. Counterterrorism Policy," *op, cit.*

的契機，從而伊朗才能從美國的鬆綁下走出困局。事實上，美國與伊朗在阿富汗及伊拉克兩大區域議題上尚有合作空間，而此二議題之協商，可以成為美伊溝通及改善關係的重要平臺。特別是美國在歐巴馬總統上任後，對於中東問題的處理，已改弦易轍，較著重以外交協商方式解決。伊朗與美國的對立，或許可以透過合作處理此兩個國家之問題，找到共同利益，從而進行協商及對話，並緩和彼此的對立。

伊朗與阿富汗及伊拉克有長期互動，更因分別支持該兩國之反抗運動而對其政局產生影響力。由於美國所推翻的這兩個政權都是伊朗的宿敵，因此，預期伊朗基於文化宗教淵源及政治等因素，將增加對這兩國之戰後局勢的影響力，而伊朗也將會更積極關注此二鄰國遭軍事占領後所涉及的地緣政治變化。因此，美國征服阿富汗及伊拉克後，要在這兩個國家建立穩定政權，尚需有伊朗從旁協助；反之，則伊朗可能成為此二政權不穩定的因素，徒增美國的困擾。

就阿富汗而言，美國終結塔里班政權之過程中，曾與伊朗有不錯的合作關係；因為打倒塔里班是兩國的共同利益。就美國來說，其在九一一後把出兵阿富汗塔里班政權及清剿蓋達基地視為外交首務，而伊朗在阿富汗有深厚影響力，且與塔里班政權敵意頗深。[55]因此，美國在此一基礎上與伊朗一拍即合；塔里班倒臺，美伊皆大歡喜。

其實，伊朗過去除了與塔里班政權敵對外，更因與阿富汗有長達九百公里的邊界，而受到阿富汗難民及邊界毒品走私所衍生之諸多問題所苦惱。就伊朗的立場而言，塔里班垮臺後，若阿富汗能成為好鄰

55 伊朗與阿富汗有數百年的文化、經濟及政治關係。一九九二年親蘇聯之共產政權垮臺後，伊朗支持取而代之的北方聯盟（Northern Alliance），然北方聯盟卻在一九九六年遭巴基斯坦所支持的塔里班（Taliban）趕出首都喀布爾（Kabul）。其後，伊朗提供武器及訓練給反抗塔里班之北方聯盟及其他反抗軍領導人，而塔里班則支持伊朗反對團體「人民戰士組織」，因此德黑蘭與塔里班交惡。請參考Gawdat Bahgat, "Iran, the United States, and the War on Terrorism," *op, cit*., p. 94.

居，不構成威脅，則德黑蘭方面應會期待其建立穩定而又有效能的政府，以便防堵毒品走私及處理難民問題。至於美國方面，當然期待阿富汗維持一個穩定而且強有力的政權，以便對抗塔里班之殘餘勢力及清除蓋達份子，並作為美國在區域的灘頭堡。綜述之，阿富汗建立穩定而有效能的政府，基本上對美伊雙方都有利。雖然美伊在戰後阿富汗問題上仍有歧見，但還是有許多合作及互利空間。

至於伊拉克方面，與阿富汗議題有異曲同工之妙；伊朗與伊拉克在兩伊戰爭發生後就正式成為宿敵，並採推翻海珊政權的政策。兩伊關係惡化始於何梅尼革命後新政府的「輸出革命」（export of revloution）政策，而它們衝突的背後尚有深層的意識型態對立、主權衝突及政治衝突。[56]伊朗對於海珊政權倒臺，一則以喜，一則以憂。喜的是，此一長期的敵對政權垮臺；憂的是，伊拉克新政權是否仍會採取反伊朗的政策。伊拉克戰後政權的動向及對伊朗政策，是伊朗與美國雙方合作及競爭的空間所在。

就美國而言，其所掌握者主要是其基於占領的事實而能調控伊拉克的政局，至於伊朗則主要憑恃其對大批伊拉克什葉教徒的影響力。伊拉克的什葉教徒約占其總人口的六成，而伊朗宗教重鎮孔姆（Qom）在海珊倒臺前是回教什葉派的精神堡壘；無論未來伊拉克之政局如何發展，此一宗教連結關係，勢必是影響兩伊互動的重要因

---

56 在意識型態方面，伊朗是回教什葉派（Shiite）的領導國，而伊拉克之人口雖有六成為什葉派教徒，但執政者卻屬於遜尼派（Sunni），這使得海珊政權對何梅尼鼓舞伊拉克人民發動什葉革命推翻海珊政權，既深惡痛絕也戒慎恐懼，以致兩伊成為不相容的鄰居；更何況，海珊政權是巴斯（Baath）社會主義之世俗、民族主義意識型態，與何梅尼宗教的、普遍性的意識型態相互矛盾。在主權衝突方面，主要是兩國阿拉伯界河之主權畫分問題。在政治衝突方面，則是兩伊各自支持對方之政治反對勢力；伊朗長期支持伊拉克北部庫德族及南方之什葉派社群對抗海珊政權，伊拉克則支持何梅尼政權之主要反對團體「人民戰士組織」。

素。因此，伊拉克新政權的穩定及其區域政策，可以成為美國與伊朗
協商的重要議題。

陸、結　論

　　本論文的旨趣在於探討伊朗追求發展的過程中，所具備之石油及戰略上的優劣勢條件，及面臨的內外在局限與隱憂。尤其是，針對伊朗在西方主導的國際環境中，如何遭到美國等強權的威脅與孤立，及伊朗採取之突破策略與可能出路做解析與評估。

　　從石油的優劣勢而言，伊朗擁有廣大石油資源可以影響國際經濟，甚至作為政治籌碼。但伊朗也因為石油，而遭到強權的覬覦，引發強權試圖控制及影響其政局及對外關係。從戰略的優劣勢看，伊朗位居橫跨世界兩大能源區——波斯灣與裏海——的戰略通道，更扼住波斯灣的咽喉位置，對國際能源的運輸安全及地緣戰略部署，有重大影響性。但伊朗的戰略弱點是，對於移動之部隊及軍事強權之擴張壓力非常脆弱。

　　伊朗面對之外在問題，主要包括美伊區域戰略利益衝突、美國的軍事及政治威脅、國際強權在區域之軍售，及國際社會對伊朗的孤立與制裁措施。伊朗的內在隱憂，包括經濟狀況不佳、保守政權與西方不睦、武器與零組件供應，及少數民族問題。

　　伊朗面對外在困境，採取了因應策略，也仍面臨一些挑戰。伊朗的政經發展及國際活動空間，主要受到美國壓制的影響。而美國對伊朗之策略的成效，與歐洲主要國家的態度息息相關。於是，伊朗在面對「邪惡軸心」論後美國之對立及多邊壓制政策，乃積極尋求歐洲主要國家之支持，以抗衡美國。過去，美歐的不同步調，使伊朗找到夾縫求生的空間，也使德黑蘭找到牽制美國的門路。然而，歐巴馬上任後的美歐關係日益修好，伊朗更須尋求中國及俄國協助，以減緩美歐的壓力。

　　伊朗要突破國際孤立，根本的破解之道是要能與美國改善關係，以走出困局；其實兩國也存在雙贏的合作機會。歐巴馬對於中東問題的處理，較著重以外交協商方式解決，且對伊朗採取交往政策，為美伊關係開啓一條大路。而兩國除了核子問題有直接協商管道外，在阿富汗及伊拉克兩大區域議題，可望成為美伊溝通及關係改善的重要平臺，從中可能找到共同利益，緩和彼此的對立。不過，當前伊朗的保守派政權對於核子問題及區域政策的強硬立場未見鬆動，而國際社會對伊朗的制裁也日益趨緊，此為伊朗的發展蒙上陰影。

參考文獻

Jamal S. al-Suwaidi, "The Gulf Security Dilemma: The Arab Gulf States, the United States, and Iran," in Jamal S al-Suwaidi ed., *Iran and the Gulf: A Search for Stability* (Abu Dhabi: The Emirates Center for Strategic Studies and Research, 1996).

Amirahmadi, Hooshang, "Iran and the Persian Gulf: Strategic Issues and Outlook." in Hamid Zangeneh ed., *Islam, Iran, and World Stability* (New York: St. Martin's Press, 1994).

Amuzegar, Jahangir, "Iran's Crumbling Revolution," *Foreign Affairs*, Vol. 82, No.1 (2003).

Bahgat, Gawdat, "Iran, the United States, and the War on Terrorism," *Studies in Conflict & Terrorism*, 26 (2003), pp. 93-104.

Boukharo, Anouar & Steve A. Yetiv, "9/11 and the Growing Eruo-American Chasm over the Middle East," *European Security*, 12 (2003), pp. 64-81.

Buchta, Wilfried, *Who Rules Iran? The Structure of Power in the Islamic Republic* (Washington: Washington Institute for Near East Policy, 2000).

Bush, George W., *The President's State of the Union Address*, 29 January 2002.

Bush, George W., *Statement by the President*, White House, http://www.whitehouse.gov/news/releases/2002/07/20020712-9.html (12 July 2002)

Cordesman, Anthony H., "Threats and Non-Threats from Iran," *Iran and the Gulf: A Search for Stability* (Abu Dhabi: The Emirates Center for Strategic Studies and Research, 1996).

Cordesman, Anthony H. & Ahmed S. Hashim, *Iran-Dilemmas of Dual Containment*

(Colorado: Westview Press, 1997).

DeRosa Dean A. & Gary Clyde Hufbauer, *Normalization of Economic Relations: Consequences for Iran's Economy and the United States.* Paper prepared for the National Foreign Trade Council, <http://www.nftc.org/default/trade/NFTC%20Iran%20Normalizaton%20Book.pdf> (21 November 2008).

Dezfuli, Murtaza Ansari, "Persian Gulf through the Century (III)." *Echo of Islam* (February 1997).

Echo of Islam, September 1988.

Ehteshami, Anoushiravan, "Iran-Iraq Relations after Saddam," *The Washington Quarterly,* Vol. 26, No. 4 (2003).

El-Shazly., Nadia El-Sayed, *The Gulf Tanker War: Iran and Iraq's Maritime Swordplay* (London: Macmillan Press Ltd, 1998).

Energy Information Administration, "Country Analysis Briefs: Iran," <file://Z:\PRJ\NewCABs\V6\Iran\Full.html> (January 2010).

Entessar, Nader, "Realpolitik and Transformation of Iran's Foreign Policy: Coping with the 'Iran Syndrome,'" in Hamid Zangeneh ed., *Islam, Iran, and World Stability* (New York: St. Martin's Press, 1994).

Fitzpatrick, Mark, "Iran: The Fragile Promise of the Fuel-Swap Plan," *Survival*, Vol. 52, No. 3 (June-July 2010).

Howard, Roger, *Iran Oil: The New Middle East Challenge to America* (London: I. B. Tauris & Co. Ltd, 2007).

Hunter, T. Shireen, "Gulf Security: An Iranian Perspective," in M. E. Ahrari ed., *The Gulf and International Security: The 1980s and Beyond* (London: The Macmillan Press LTD, 1989).

Hunter, T. Shireen, *Iran and the World: Continuity in a Revolutionary Decade* (Bloomington & Indianapolis: Indiana University Press, 1990).

Katzman, Kenneth, "Iran: Current Developments and U.S. Policy," Congressional Research Service: Issue Brief for Congress. *CRS Web*. Order Code: IB93033, http://www.fpc.state.gov/documents/organization/17326.pdf (11 September 2002).

Kuniholm, Bruce R., *The Persian Gulf and United States Policy: A Guide to Issues and References* (Claremont, California: Regina Books, 1984).

Martin, Lenore, *The Unstable Gulf: Threats from Within* (Massachusetts: Lexington-Books, 1984).

Mehrzad, W. S., "U.S. Military Alliances with Persian Gulf Countries," *Echo of Islam*

(February 1992).

Muir, Jim, "Iran: Bam and beyond," *Middle East International* (9 January 2004).

Obama, Barack, "Foreign Policy," *Obama'08 website*, <http://www.barackobama.com/issues/foreignpolicy/>

Obama, Barack, "Renewing American Leadership," *Foreign Affairs*, Vol. 86, No. 4 (July/August 2007).

OPEC, *OPEC Annual Statistical Bulletin 2005* (2006).

OPEC, *OPEC Annual Statistical Bulletin* 2008 (2009).

Parasiliti, Andrew T., "Iran and Iraq: Changing Relations and Future Prospects," in Hooshang Amirahmadi and Nader Entessar eds., *Iran and the Arab World* (London: Macmillan Press Ltd., 1993), pp. 217-243.

Peimani, Hooman, *Iran and the United States: The Rise of the West Asian Regional Grouping.* (Connecticut: Praeger, 1999).

Ramazani, R. K., "The Shifting Premise of Iran's Foreign Policy: Towards a Democratic Peace？" *The Middle East Journal*, 52 (1998).

Rumsfeld, Donald H., "*Secretary Rumsfeld Briefs at the Foreign Press Center*," <http://www.defenselink.mil/transcripts/2003/t01232003_t0122sdfpc.html> (22 January 2003).

Sariolghalam, Mahmood, "Understanding Iran: Getting Past Stereotypes and Mythology," *The Washington Quarterly*, Vol. 26, No. 4 (2003).

Sedivy, Jiri & Marcin Zaborowski, "Old Europe, New Europe and Transatlantic Relations," *European Security*, 13 (2004).

Sick, Gary, "Iran: Confronting Terrorism," *The Washington Quarterly*, Vol. 26, No. 4 (2003).

Takeyh, Ray, "Iran at a Crossroads," *Middle East Journal*, Vol. 57, No.1 (2003), pp. 42-56.

Tavakkoli, Seyed Mohsen, "United States Perception of Persian Gulf Security." *Echo of Islam* (January 1995).

Time (Mzgazine), 16 April 2007, p. 10.

Twinam, Joseph Wright, *The Gulf, Cooperation and The Council: An American Perspective* (Washington: Middle East Policy Council, 1992).

U.S. Department of State, "U.S. Counterterrorism Policy," <http://www.state.gov/s/ct/>(2004).

國家圖書館出版品預行編目資料

金磚國家之俄羅斯及歐亞地區研究／崔琳等
著；林碧炤，鄧中堅主編. ──初版.──臺
北市：五南，2012.01
　面；　公分
ISBN 978-957-11-6579-0（平裝）
1.國際關係　2.俄國　3.歐亞大陸
578.1948　　　　　　　　101001143

1PZO

金磚國家之俄羅斯及歐亞地區研究

主　　編 ― 林碧炤　鄧中堅
作　　者 ― 崔琳　連弘宜　許菁芸　魏百谷　林永芳
　　　　　　邱瑞惠　楊三億　趙竹成　陳文生
發 行 人 ― 楊榮川
總 編 輯 ― 王翠華
編　　輯 ― 陳姿穎
封面設計 ― P. Design視覺企劃
出 版 者 ― 五南圖書出版股份有限公司
地　　址：106台北市大安區和平東路二段339號4樓
電　　話：(02)2705-5066　傳　　真：(02)2706-6100
網　　址：http://www.wunan.com.tw
電子郵件：wunan@wunan.com.tw
劃撥帳號：01068953
戶　　名：五南圖書出版股份有限公司
台中市駐區辦公室/台中市中區中山路6號
電　　話：(04)2223-0891　傳　　真：(04)2223-3549
高雄市駐區辦公室/高雄市新興區中山一路290號
電　　話：(07)2358-702　傳　　真：(07)2350-236
法律顧問　元貞聯合法律事務所　張澤平律師
出版日期　2012年1月初版一刷
定　　價　新臺幣420元